计算力学前沿丛书

海洋脐带缆结构分析计算与优化设计

阎 军 杨志勋 卢青针 著

科学出版社

北 京

内 容 简 介

深海油气资源的开发是世界各国海洋能源和资源开发战略"高地"。中国拥有辽阔的海洋面积和丰富的海洋油气资源，海洋强国战略成为国家发展战略之一。海洋脐带缆是深海资源开发系统中的关键装备之一，由于其结构功能的重要性，被形象地称作海洋资源开发系统中的"血管"和"神经线"。本书围绕海洋脐带缆结构的基本特征和工程应用实际，详细介绍了海洋脐带缆的结构特点，我国在海洋脐带缆研究中的突出贡献，螺旋缠绕结构特点和水动力分析理论，结构力学行为研究和试验测试，以及结构优化算法在海洋脐带缆截面设计、整体线型水动力分析和优化设计中的探索等。

本书可为从事海洋工程技术研究的广大科研人员和相关设计、施工、管理人员提供重要参考。

图书在版编目（CIP）数据

海洋脐带缆结构分析计算与优化设计 / 阎军, 杨志勋, 卢青针著. -- 北京：科学出版社, 2025.1. -- (计算力学前沿丛书). -- ISBN 978-7-03-079783-4

I. U173.9

中国国家版本馆 CIP 数据核字第 2024FW5145 号

责任编辑：赵敬伟　田轶静 / 责任校对：彭珍珍
责任印制：张　伟 / 封面设计：无极书装

科学出版社 出版
北京东黄城根北街 16 号
邮政编码：100717
http://www.sciencep.com

北京建宏印刷有限公司印刷
科学出版社发行　各地新华书店经销
*
2025 年 1 月第 一 版　开本：720×1000　1/16
2025 年 1 月第一次印刷　印张：14 1/2
字数：288 000
定价：139.00 元
(如有印装质量问题，我社负责调换)

编 委 会

丛 书 序

力学是工程科学的基础，是连接基础科学与工程技术的桥梁。钱学森先生曾指出，"今日的力学要充分利用计算机和现代计算技术去回答一切宏观的实际科学技术问题，计算方法非常重要"。计算力学正是根据力学基本理论，研究工程结构与产品及其制造过程分析、模拟、评价、优化和智能化的数值模型与算法，并利用计算机数值模拟技术和软件解决实际工程中力学问题的一门学科。它横贯力学的各个分支，不断扩大各个领域中力学的研究和应用范围，在解决新的前沿科学与技术问题以及与其他学科交叉渗透中不断完善和拓展其理论和方法体系，成为力学学科最具活力的一个分支。当前，计算力学已成为现代科学研究的重要手段之一，在计算机辅助工程（CAE）中占据核心地位，也是航空、航天、船舶、汽车、高铁、机械、土木、化工、能源、生物医学等工程领域不可或缺的重要工具，在科学技术和国民经济发展中发挥了日益重要的作用。

计算力学是在力学基本理论和重大工程需求的驱动下发展起来的。20 世纪 60 年代，计算机的出现促使力学工作者开始重视和发展数值计算这一与理论分析和实验并列的科学研究手段。在航空航天结构分析需求的强劲推动下，一批学者提出了有限元法的基本思想和方法。此后，有限元法短期内迅速得到了发展，模拟对象从最初的线性静力学分析拓展到非线性分析、动力学分析、流体力学分析等，也涌现了一批通用的有限元分析大型程序系统和可不断扩展的集成分析平台，在工业领域得到了广泛应用。时至今日，计算力学理论和方法仍在持续发展和完善中，研究对象已从结构系统拓展到多相介质和多物理场耦合系统，从连续介质力学行为拓展到损伤、破坏、颗粒流动等宏微观非连续行为，从确定性系统拓展到不确定性系统，从单一尺度分析拓展到时空多尺度分析。计算力学还出现了进一步与信息技术、计算数学、计算物理等学科交叉和融合的趋势。例如，数据驱动、数字孪生、人工智能等新兴技术为计算力学研究提供了新的机遇。

中国一直是计算力学研究最为活跃的国家之一。我国计算力学的发展可以追溯到近 60 年前。冯康先生 20 世纪 60 年代就提出"基于变分原理的差分格式"，被国际学术界公认为中国独立发展有限元法的标志。冯康先生还在国际上第一个给出了有限元法收敛性的严格的数学证明。早在 20 世纪 70 年代，我国计算力学的奠基人钱令希院士就致力于创建计算力学学科，倡导研究优化设计理论与方法，引领了中国计算力学走向国际舞台。我国学者在计算力学理论、方法和工程应用研究中都做出了贡献，其中包括有限元构造及其数学基础、结构力学与最优控制的相互模拟理论、结构拓扑优化基本理论等方向的先驱性工作。进入 21 世纪以来，我国计算力学研究队伍不断扩大，取得了一批有重要学术影响的研究成果，也为解决我国载人航天、高速列车、深海开发、核电装备等一批重大工程中的力学问题做出了突出贡献。

"计算力学前沿丛书"集中展现了我国计算力学领域若干重要方向的研究成果，广泛涉及计算力学研究热点和前瞻性方向。系列专著所涉及的研究领域，既包括计算力学基本理论体系和基础性数值方法，也包括面向力学与相关领域新的问题所发展的数学模型、高性能算法及其应用。例如，丛书纳入了我国计算力学学者关于 Hamilton 系统辛数学理论和保辛算法、周期材料和周期结构等效性能的高效数值预测、力学分析中对称性和守恒律、工程结构可靠性分析与风险优化设计、不确定性结构鲁棒性与非概率可靠性优化、结构随机振动与可靠度分析、动力学常微分方程高精度高效率时间积分、多尺度分析与优化设计等基本理论和方法的创新性成果，以及声学和声振问题的边界元法、计算颗粒材料力学、近场动力学方法、全速域计算空气动力学方法等面向特色研究对象的计算方法研究成果。丛书作者结合严谨的理论推导、新颖的算法构造和翔实的应用案例对各自专题进行了深入阐述。

本套丛书的出版，将为传播我国计算力学学者的学术思想、推广创新性的研究成果起到积极作用，也有助于加强计算力学向其他基础科学与工程技术前沿研究方向的交叉和渗透。丛书可为我国力学、计算数学、计算物理等相关领域的教学、科研提供参考，对于航空、航天、船舶、汽车、机械、土木、能源、化工等工程技术研究与开发的人员也将具有很好的借鉴价值。

"计算力学前沿丛书"从发起、策划到编著，是在一批计算力学同行的响应和支持下进行的。没有他们的大力支持，丛书面世是不可能的。同时，丛书的出版承蒙科学出版社全力支持。在此，对支持丛书编著和出版的全体同仁及编审人员表示深切谢意。

感谢大连理工大学工业装备结构分析优化与 CAE 软件全国重点实验室对"计算力学前沿丛书"出版的资助。

钟万勰 程耿东

2022 年 6 月

前　言

能源是社会持续发展的重要物资根本,随着陆上油气资源开采量逐年减少,海洋油气资源的开发,特别是深海油气资源的开发成为各个国家能源战略角逐的热点。党的二十大报告提出要"加快建设海洋强国",而海洋科技是推动海洋开发的第一生产力。但是中国的海洋工程技术探索起步较晚,现阶段中国的海洋能源开发装备的设计制造技术和挪威、英国等海洋工程领域强者相比还具有较大差距。面对日益严峻的海洋领域的竞争,掌握海洋能源装备设计制造技术对我国在海洋领域的竞争和开发具有重要的战略意义。

海洋脐带缆是面向海洋苛刻的环境荷载而形成的创新性海洋能源开发装备之一。海洋脐带缆面对几千米水深的海洋环境荷载,其结构要求具有"刚柔并济"的力学性能——既具有结构拉伸刚度性能,承受较大的拉伸荷载,又具有较小的弯曲刚度性能,使得海洋脐带缆结构成为柔顺性结构,能够更好地适应海洋环境荷载下的安装铺设和在位运行等多工况荷载条件。

海洋脐带缆为大长细比多层螺旋缠绕结构,海洋脐带缆的大长细比特点将导致结构的仿真分析计算十分困难;多层结构特点将导致海洋脐带缆受到接触摩擦等非线性因素影响,结构力学性能呈现高度非线性特点;螺旋缠绕的结构特点将使得海洋脐带缆的力学性能 (拉伸、弯曲、扭转等) 具有多荷载耦合的特殊性能。

由于海洋脐带缆特殊的结构特点、复杂的力学性能和严苛的工作环境,海洋脐带缆被称作海洋油气开发系统的"血管"和"生命线"。一旦海洋脐带缆结构发生失效,其结构修复将变得异常困难,将造成较大的经济损失和环境破坏。因此,加强海洋脐带缆结构的设计可靠性和安全性是保证海洋脐带缆在海洋环境中长期安全运行的前提和保障。

结构优化设计技术是在给定的约束条件下,针对结构特点和设计目标,给出结构最优的设计方案。通过结构的优化设计,实现结构的创新设计或加强设计是提高结构安全性和可靠性的方法之一。将结构优化设计技术应用于海洋脐带缆结构的高性能设计,是探索海洋脐带缆结构创新性设计和提高结构设计可靠性的途径之一。

我国从 2009 年开始大力支持海洋装备的自主知识产权能力建设。笔者有幸能够得到国家 863 计划和重点研发计划等多个项目的大力支持,参与多项海洋脐带缆结构的设计、制造、测试、安装、运维等方面的技术突破和国产化应用研究。本书总结了笔者多年来从事海洋脐带缆结构设计和分析的技术和经验。同时，笔者先后从事过结构优化领域和海洋脐带缆结构设计领域的研究工作。通过多年的探索，将结构优化设计技术和海洋脐带缆结构的设计进行交叉融合，能够大幅度提高海洋脐带缆结构设计的效率和可靠性。笔者希望本书能够将所从事的结构优化设计技术在海洋脐带缆结构设计中的部分探索工作展示给广大读者，为海洋工程专业领域的技术人员和从事结构优化设计和海洋脐带缆结构设计的研究人员提供部分参考，同时希望能够为探索学科交叉融合的教育科研工作者提供一些借鉴。

　　本书首先从海洋脐带缆的研究背景开始介绍，详细总结了海洋脐带缆国内外的发展现状。其次，针对海洋脐带缆结构的螺旋缠绕结构特点，阐述了螺旋缠绕结构现阶段最常用的分析计算方法。再次，针对螺旋缠绕结构特点，阐述了在结构优化和计算力学领域中的计算方法，研究了多尺度计算方法在细长螺旋缠绕结构力学性能快速分析中的应用，探索了计算力学领域和海洋脐带缆结构设计领域交叉研究的可行性。然后，进一步介绍了细长螺旋缠绕结构整体水动力分析的基本理论。最后，探索了结构优化技术在海洋脐带缆结构设计中的交叉应用，包括结构优化技术在脐带缆截面布局和整体线型优化设计中的应用探索。

　　书中所涉及的关键技术研究得到了科技部多个项目的支持，并且得到中海油研究总院有限责任公司、上海电缆研究所、大连理工大学、大连理工大学宁波研究院、哈尔滨工程大学、挪威科技大学、宁波东方电缆股份有限公司、河北恒安泰油管有限公司、亨通集团有限公司等的大力支持和广大科研工作者的技术指导。在此，向为本书中关键技术突破和研究给予支持和帮助的单位和个人表示衷心感谢！

　　本书可作为从事海洋脐带缆设计、制造、安装、运维及海洋油气行业相关工程技术人员参考用书。海洋脐带缆结构研究涉及学科较多，研究内容丰富，本书主要以力学性能作为研究基础，研究深度有限。同时鉴于笔者的学术水平有限，书中难免存在疏漏和不足之处，敬请各位读者朋友、同行批评指正。

目　　录

第 1 章　引　言

1.1　海洋脐带缆结构介绍

1.1.1　海洋动态脐带缆

在海洋环境应用过程中，海洋动态海缆上端连接生产控制模块，下端连接海底生产设备，起到了为海下的管汇系统提供能源动力，为开闭管汇系统和采油树的阀门提供液压通道，为采油及储油设备提供必需的化学药剂注入 (如甲醇等)、为浮体模块传递控制信号及为水下生产设备传递传感器数据的作用，因海洋动态海缆的功能特点，又将其称为脐带缆。

典型的脐带缆结构如图 1.1 所示，脐带缆包括以下 8 类单元：钢管、电缆、光缆、填充、内护套、铠装钢丝、防磨层以及外护套，各单元的作用与组成如下。

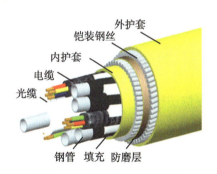

图 1.1　典型的脐带缆结构

(1) 钢管：主要用于提供液压或者化学药剂注入。钢管单元一般为聚合物护套包裹不锈钢管，护套避免了钢管单元的直接摩擦。

(2) 电缆：主要为水下生产系统提供能源动力或者电信号，由铜导体、绝缘层和屏蔽层组成，在电缆最外面包裹聚合物护套层。

(3) 光缆：光缆是通信传输最主要的载体，传输上部控制信号以及传感器信号。光纤材料比较脆弱，一般需要放置在高强度不锈钢管中加以保护。

(4) 填充：用于填充截面的空隙，使结构更加密实。支撑截面内其他单元，减少各单元间摩擦。有多种材料可供选择，常见的有聚丙烯 (PP)、聚乙烯 (PE)、聚偏氟乙烯 (PVDF) 等。

(5) 内护套：主要用于保护内部功能单元 (电单元、光单元、管单元) 及填充单元，主要为聚合物材料。

(6) 铠装钢丝：一般为双层或四层钢丝以一定角度反向缠绕着缆芯，铠装钢丝既可以承担拉伸荷载增大截面的抗拉能力，又可以增加脐带缆重量，增强整体的稳定性。

(7) 防磨层：布置于铠装钢丝之间，防止钢丝发生互相磨损。

(8) 外护套：主要用于防止所有内部单元与海水直接接触，主要为聚合物材料。

脐带缆中大部分单元均以一定角度铺设，其中电、光、管单元及填充单元缠绕角度比较小 (一般小于 10°)，而铠装钢丝缠绕角度较大一些 (一般大于 10°)，各个单元非黏结并且可相互滑动。

1.1.2 海洋静态海缆

海底静态海缆按用途可以分为电力电缆和通信电缆两类。电力电缆用于远距离输电；通信电缆则用于跨海通信。海洋静态海缆和脐带缆结构类似，但因为主要铺设于海底，相较于脐带缆其服役条件较为温和，但会与海床存在明显的相互作用，由于与脐带缆类似的结构特点，因此针对脐带缆结构的分析设计方法同样适用于海洋静态海缆。

1.2 海洋脐带缆产品发展及结构研究现状

1.2.1 海洋脐带缆产品发展历程

20 世纪 60 年代，水下生产系统多为液压控制模式，70 年代，水下生产系统开始采用电力和液压复合控制方式，80 年代，随着石油开发的水深逐渐增加，为了增加脐带缆抵抗较大海洋环境荷载和自重的能力，在脐带缆功能单元外增加双层或者四层密布的螺旋缠绕铠装钢丝，伴随海洋石油开采迈向深水，软管脐带缆中原先采用的热塑性内部管体逐渐暴露出一些问题，例如管中流体渗透、液压压力及水密性等，进入 20 世纪 90 年代，金属管被引入脐带缆截面中，较好地解决了上述问题；钢管脐带缆与多种化学药剂有较好的兼容性，抗液压压溃的能力更强以及强度重量比更高，因此在深水油气开采中被广泛应用；21 世纪以来由于超深海的油气开发领域的出现，为抵抗更大的海水压力及更恶劣的环境条件，新型先进材料逐渐被用于脐带缆设计中，如碳纤维棒加强形式的脐带缆；国外脐带缆应用的深度和长度在不断增加，功能与材料也逐渐多样化，目前，脐带缆的铺设深度从水下 50m 到 3000m 不等，最深的是墨西哥湾的 White Tiger 油田应用的 2743m 深的钢管脐带缆；脐带缆的铺设长度则从 500m 到 130km 不等，最长的是 2005 年耐克森 (Nexans) 公司为挪威国家石油公司 (Statoil) 天然气田生产的 145km 单根大长度脐带缆。

全球生产脐带缆产品的公司主要有以下四家：耐克森 (Nexans)、Aker Solution、Oceaneering Multiflex 以及 DUCO 等，他们通过和石油企业如雪佛龙德士古 (ChevronTexaco)、巴西石油 (Petrobras)、康菲石油 (ConocoPhillips)、英国石油 (BP)、荷兰皇家壳牌石油公司 (Royal Dutch Shell Group of Companies) 等合作，长期向海洋石油领域提供脐带缆，处于垄断地位；与国外的脐带缆设计分析及测试等方面的技术相比，国内的脐带缆技术还有待提高；国内对于脐带缆的研究起步较晚，南海油气田 (如流花 11-1 油田、陆丰 22-1 油田、惠州 32-5、惠州 26-1 油田) 等用的脐带缆都是国外产品，随着国际海洋石油开发的逐步发展，国外几个垄断公司的脐带缆通常供不应求，价格比较昂贵，订单通常需要等到一两年后，这将严重影响我国南海油气开发的安全性和经济性。自从 "十一五" 期间开始，国家通过科研项目牵引，聚焦脐带缆核心技术研究，目前已经掌握了脐带缆设计、分析、加工、试验和安装等系统性技术，实现了国产化。

1.2.2 海洋脐带缆结构研究现状

1. 理论研究

理论分析是通过一系列的假设与简化 (假设包括小变形、线弹性材料及忽略单元间摩擦作用等) 进而得到结构拉伸、弯曲等荷载与变形的关系，该方法的优点是可以进行快速计算分析，方便确定设计参数，但由于多种假设的存在，其准确度往往还需要试验进行验证。

作为脐带缆主要承载层，铠装钢丝主要为小角度螺旋缠绕结构，小角度螺旋缠绕结构力学行为的理论研究开展得较早，最早的解析模型仅考虑了单根钢丝的轴向行为，并对其进行叠加，忽略了钢丝本身的弯曲和扭转刚度，如 Hruska(1953) 便是采用这种方法，在此基础上，McConnell 和 Zemke(1982) 通过考虑钢丝的扭转刚度修正了 Hruska 的模型；基于 Love 曲梁方程 (2013) 的梁单元理论假设，一些学者提出了更复杂的解析模型；Machida 和 Durelli(1973) 的模型考虑了钢丝的弯曲和扭转刚度的影响，Knapp(1979) 针对承受单一扭转荷载作用的铠装钢丝提出了线性解析模型，并根据分析结果提出了一种精确高效的设计方法，随后，Knapp(1981) 基于多年的分析研究成果提出了关于铠装钢丝变形和内部应力的理论分析模型，并推导了相应的迭代计算方程表达式；Utting 和 Jones(1987) 考虑螺旋钢丝的泊松效应以及钢丝之间的接触和摩擦影响后对脐带缆进行拉伸行为分析，结果表明钢丝间摩擦对螺旋缠绕结构的拉伸行为几乎没有影响；Jolicoeur 和 Cardou(1991) 将多个螺旋缠绕结构拉伸解析模型与 Utting 和 Jones 的试验模型进行了比较；Custódio 和 Vaz(2002) 进行了脐带缆和柔性管在轴对称荷载作用下的结构响应分析，分析考虑了层间间隙影响、材料非线性、螺旋单元曲率的改变及螺旋单元之间的接触压力。

小角度螺旋缠绕结构的轴对称荷载的分析研究经过近些年的发展已经比较成熟，虽然众多学者的假设不同，模型有所不同，但总体来说分析结果与试验结果相差不太大，有较好的一致性。但小角度螺旋缠绕结构同时还承担着抵抗弯曲荷载的任务，对小角度螺旋缠绕结构在弯曲荷载作用下力学行为的分析相比较于拉扭荷载要困难得多，大部分弯曲行为分析工作同样基于多种假设：一般包括假设铠装钢丝层中的每一根钢丝的弯曲力学行为都是相同的，只考虑钢丝的线弹性行为，忽略端部效应等。

Costello(1997) 以 Love 螺旋杆理论为基础，对螺旋钢丝绳的弯曲情况做了详细的研究，计算只考虑弯曲作用下单根无任何约束的钢丝发生的变形和应力大小；Leclair 和 Costello(1988) 通过把螺旋结构的几何变量描述应用到 Love 的曲梁方程中，估计了螺旋缠绕结构的弯曲响应，由于曲梁理论的数学表达式比较复杂，因此得到的弯曲响应表达式有很强的非线性，求解比较困难；Witz 和 Tan(1995) 对脐带缆的螺旋缠绕结构弯曲行为进行了详细的分析，研究发现由于单元间摩擦的存在，当脐带缆的弯曲曲率超过一定的临界曲率时，单元间会发生相互滑动，在脐带缆弯曲过程中为克服内部摩擦会造成比较大的能量损失，因此结构弯曲行为往往表现出滞后现象；Kraincanic 和 Kebadze(2001) 考虑了层间非线性滑动对整体弯曲行为的影响，基于虚功原理和库仑摩擦对整个弯曲过程中单元间相对滑动的机制做了详细研究，从开始滑动到扩展过程，管缆整体的弯曲刚度是随层间摩擦系数、层间接触压力、弯曲曲率等变化而变化的；Hong 等 (2005) 对缆的螺旋缠绕结构受到拉弯组合工况时的力学行为进行分析，并提出了相应的模型，在考虑摩擦力的作用下，推导了弯曲刚度的计算表达式；相较于 Love 曲梁方程推导而来的弯曲行为数学表达式，Lutchansky(1969) 提出了另外一种分析途径，即根据变形前后不同的几何外形来直接计算螺旋单元的变形状态，随后他在考虑摩擦和不考虑摩擦两种情况下，分别研究了缆在施加弯曲荷载时钢丝的轴向应变响应状态，研究发现在不同的条件下，响应的理论值相差很大；Spillers 等 (1983) 采用类似的办法对螺旋钢丝缠绕在圆柱体上的弯曲力学行为进行了研究；Out(1989) 使用与 Feret 和 Bournazel 相同的假设开展相关研究，指出螺旋缠绕结构的弯曲滞后曲线大体上可以被分为两部分，第一部分是没有发生滑动，并且展现出较大的倾斜度，第二部分是滑动达到最大值，倾斜度相对变小，但是 Out 在他的工作中没有提供一个可以预测弯曲滞回关系的方法，随后，Out 和 Morgen(1997) 对弯曲荷载作用下缠绕在圆柱上的螺旋钢丝滑动进行研究，并推导出螺旋钢丝的滑动计算公式，得到螺旋钢丝曲率改变的计算方程。

2. 数值分析

基于解析模型进行脐带缆拉伸、弯曲等力学行为分析时,虽然容易进行并可以快速给出计算结果,但是由于结构复杂,解析模型多基于一系列假设和简化,在一定程度上不能反映真实的响应状态,其结果的适用性往往需要大量试验进行验证。同时随着应用水深不断加深,海洋环境条件的愈加恶劣,对结构安全性的要求也逐步提高,因此传统解析分析模型已经难以满足结构设计和分析工作的要求,20 世纪 50 年代后,计算机和有限元方法的不断发展为采用有限元分析理论和技术对脐带缆结构进行研究打下了基础,尤其从 20 世纪 90 年代开始,有限元在脐带缆结构分析中的应用得到了极大发展。通过有限元方法及其相应的软件,可以方便准确地对脐带缆在复杂荷载条件下的变形、应力及疲劳等结构性能进行分析,尤其是对解析模型中无法考虑的几何大变形、材料非线性以及层间接触应力等给予较为准确的模拟。

Nawrocki 和 Labrosse(2000) 使用笛卡儿等参数方程建立有限元分析模型,计算了螺旋缠绕结构钢丝的运动形式,分析指出整体结构的轴向荷载响应由螺旋钢丝的转动决定,而整体结构的弯曲荷载响应由螺旋线的滑动决定。Ghoreishi 等 (2007) 对螺旋缠绕结构的钢丝绳进行三维有限元拉伸分析并与理论模型和试验结果进行比较,验证了分析模型的适用范围。

Knapp 等 (1989) 建立了脐带缆的二维有限元模型进行截面变形和应力分析,研究中将螺旋铠装钢丝、聚合物护套等所有单元采用环形宏单元进行模拟,每个宏单元仅在与其邻接的单元的连接点处采用一个有限元节点模拟,每个节点假定有两个自由度,通过构造傅里叶级数形式的有限元位移差值格式,结合最小总势能原理,推导了宏单元的单元刚度矩阵;这种有限元格式由于仅在接触点处设置节点,大大减小了结构分析的规模,节省了有限元分析时间和计算资源,特别适合于计算机计算能力有限的情况。

针对脐带缆结构受力时位移很大但变形量较小的柔性结构特点,Sævik(1993) 采用比较适合这类结构分析的曲梁单元来模拟,同时使用弹簧单元设置各个单元之间的非线性接触摩擦,非线性方程基于 Newton-Raphson 方程进行求解;Sævik 和 Bruaseth(2005) 基于上述分析方法开发了应用于脐带缆复杂截面结构分析的专用软件 UFLEX,该软件中管单元和护套单元采用薄壁壳单元,其他功能单元、填充单元及钢丝单元等采用曲梁单元,单元之间的相互作用采用接触单元模拟,UFLEX 可以计算截面变形和单元应力大小,主要能完成以下任务:①对所有不同层数组成的缠绕单元都可以进行建模分析;②模型材料包括弹性、超弹性和弹塑性材料;③可分析初始应变对结构分析的影响;④接触单元可设置摩擦;⑤可进行内压、外压、拉伸、扭转、弯曲和外部挤压荷载下的结构分析,该软件的特点在于数值分析模型与试验验证紧密配合，通过小尺度材料和全尺度结构试验和疲劳试验，对软件进行验证和修正，提高软件的可靠性，试验结果显示 UFLEX 可得到比解析理论模型更好的结果，但该软件是基于平面分析假设 (如无自重，忽略端部效应，同层的任意单元有相同轴向伸长和转动，所有钢丝应力状态相同等)，因此无法得到各单元的三维应力分析。

AkerSolution 公司 2005 年开发的脐带缆应力分析软件 USAP 主要针对无铠装钢丝缠绕的脐带缆结构，可同时计算储存、安装及在位工况下残余应变、拉力、压力、温度等荷载以及荷载组合作用下结构的应力和应变，并评估结构的疲劳寿命，该软件具有如下特点：①考虑足够的螺旋长度方向，并且螺旋单元可以同时考虑内压和温度的影响；②对于环向应力分析基于厚壁理论；③考虑弯曲引起的端部效应以及摩擦效应；④考虑材料的非线性和单元间的间隙。

非黏结管道中弯曲和拉伸承载层同样为小角度螺旋缠绕结构，相关的研究对于脐带缆结构的分析也有很大意义，Tang 等 (2015) 基于非黏结性柔性管道弯曲行为的有限元分析模型，比较了七种文献中的理论模型，讨论了各模型的有效性和局限性，最后基于弹簧理论提出了一种适用范围较广的理论模型。Lu 等 (2020) 提供了一种三维非线性有限元模型用于描述非黏结性柔性管道受弯曲荷载和轴对称荷载作用时的响应情况，并通过已发表的试验结果验证了模型的正确性，进一步讨论了数值模型中的铠装钢丝滑动、摩擦及应力分布情况。

3. 试验研究

由于理论分析以及数值分析都存在一些假设及不完善性，目前对脐带缆设计分析还需要配合试验进行验证，以检验设计及分析方法的正确性；脐带缆试验一般采用室内足尺度的原型试验方法，模拟其承受拉伸、弯曲、静水压力，测量整体或者内部单元响应，国外相关规范中对性能相关试验的要求和内容仅进行一般性的简略描述，在具体操作中对试验的设计 (包括试件长度选取，装置的搭建及响应的测量) 还有待进一步明确和细化。

Kagoura 等 (2003) 为了去除脐带缆自身重力的影响，在横向拉伸测试时将试件垫平；Probyn 等 (2007) 为验证有限元分析模型的正确性，对 DUCO 公司生产的脐带缆进行拉伸试验，试验之前为达到均匀受拉的效果，对脐带缆接头部分进行树脂填充；Hoffman 等 (2001) 为建立可以考虑动态响应下单元之间摩擦的疲劳寿命预测模型，对 DUCO 公司的脐带缆试件进行疲劳试验并对试验数据进行了分析；Kagoura 等 (2003) 对脐带缆进行了拉断破坏测试，测试结果发现缆最先在接头处发生失效破坏；Troina 等 (2003) 通过对脐带缆自由端施加横向集中力的方式测得缆的弯曲刚度；Sævik(2010) 依靠 Marintek 所有的大型专用拉弯组合疲劳测试设备，研究了脐带缆与浮体连接处的抗拉铠装钢丝与抗压铠装层的疲劳行为，在测试过程中，在抗拉铠装钢丝中嵌入光纤，实时测量其应变的变化。

1.2.3 我国在海洋脐带缆研究中的贡献

在国内，以大连理工大学工业装备分析国家重点实验室阎军教授团队为代表的大量学者对海洋脐带缆展开了相关研究，阎军教授团队长期致力于脐带缆的研究工作，突破了一系列"卡脖子"的关键技术问题。杨志勋教授 (2019) 针对脐带缆结构拉扭力学行为建立了内核截面二维数值模拟与三维拉扭刚度理论分析模型相结合的半解析分析方法，并建立了脐带缆结构几何双尺度 (局部截面力学性能和整体线型变形) 等效快速分析方法，同时提出了脐带缆结构局部截面和整体线型几何双尺度集成优化模型；卢青针副教授 (2013) 分别建立了脐带缆的拉伸性能、弯曲性能以及疲劳性能的预测模型，并提出原型试验方法对模型进行验证，最后还提出了单元布局优化设计的量化方法；陈金龙 (2018) 瞄准传统线型试算设计方法效率低下、成本高，甚至无法获取可行设计的问题，引入先进的设计方法，对在位与铺设过程中柔性立管整体线型相关问题展开了研究。

在结构分析理论推导方面，董俊宏等 (2004) 基于螺旋缠绕刚性圆柱的假设，对双层铠装的海底光缆的拉伸强度进行了分析；胡斌等 (2008) 探讨了铠装钢丝拉断力的计算方法，其研究同样基于螺旋缠绕圆柱刚性假设且不考虑其径向收缩。

在数值计算方面，孙丽萍等 (2011) 基于通用有限元分析软件开发了针对螺旋缠绕结构的建模和求解模块，实现了快速建模和计算分析；姜豪等 (2013) 也利用 Abaqus 软件建立了海洋柔性管道梁壳模型，并对其拉伸和扭转作用下的力学行为进行了研究，值得一提的是，模型中异型截面螺旋单元的等效包括柱坐标系三个方向，其中径向的等效材料性质通过一定外压下位移等效的方法得到；卢青针等 (2011) 通过 ANSYS 建立了高效的钢管脐带缆三维有限元模型，采用梁单元模拟螺旋缠绕构件，在相互接触的构件之间设置线–线接触模拟其相互作用，并采用库仑摩擦模拟构件间的摩擦行为，分析了不同螺旋角度以及不同摩擦因数对脐带缆弯曲刚度的影响；于晶晶等 (2021) 基于 ABAQUS 软件建立了非黏结钢管脐带缆的三维有限元模型，并计算了其弯曲刚度；张克超等 (2019) 利用 ANSYS 软件分别对无铠装和有铠装脐带缆进行数值模拟分析，采用梁单元和壳单元模拟管件，并用点–点和点–面接触单元模拟管件之间的相互作用，探讨了不同的管件缠绕角度、摩擦因数对脐带缆弯曲刚度的影响。

在试验研究方面，大连理工大学工业装备结构分析国家重点实验室探索性地研究了脐带缆的测试方法，搭建了包括深水压力舱试验系统、六自由度运动平台试验系统、柔性管缆拉弯组合疲劳试验机等一系列测试平台 (图 1.2 ~ 图 1.5)，并开展了大量相关的结构力学性能试验，全面具备海洋脐带缆结构测试能力。

图 1.2　　深水压力舱试验系统

图 1.3　　六自由度运动平台试验系统

图 1.4　　柔性管缆拉弯组合疲劳试验机 (小型) 试验系统

图 1.5　柔性管缆拉弯组合疲劳试验机试验系统

参 考 文 献

陈金龙. 2018. 海洋柔性立管线型基本设计方法研究. 大连: 大连理工大学.

董俊宏, 王瑛剑, 赵四新, 等. 2004. 双层铠装海底光缆抗拉强度的计算. 光纤与电缆及其应用技术, (1): 28-31.

胡斌, 周学军, 王瑛剑. 2008. 浅海双层铠装海底光缆破断拉力的计算. 舰船电子工程, (9): 98-99.

姜豪, 杨和振, 刘昊. 2013. 深海非粘结柔性立管简化模型数值分析及实验研究. 中国舰船研究, 8(1): 64-72.

卢青针. 2013. 水下生产系统脐带缆的结构设计与验证. 大连: 大连理工大学.

卢青针, 肖能, 阎军. 2011. 钢管脐带缆弯曲刚度有限元分析. 计算机辅助工程, 20(2): 16-19.

孙丽萍, 周佳. 2011. ABAQUS 二次开发在海洋柔性立管设计分析中的应用. 船舶工程, 33(6): 88-91.

吴尚华. 2021. 海洋柔性管道螺旋铠装加强层的承载能力研究. 大连: 大连理工大学.

杨志勋. 2019. 海洋脐带缆结构几何双尺度分析及优化设计研究. 大连: 大连理工大学.

于晶晶, 郭海燕, 刘震, 等. 2021. 非粘结钢管脐带缆弯曲滞回参数敏感性分析. 中国海洋大学学报 (自然科学版), 51(11): 110-116.

张克超, 郭海燕, 赵伟, 等. 2019. 海洋脐带缆截面力学性能分析与数值模拟. 中国海洋大学学报 (自然科学版), 49(S1): 128-134.

Costello G A. 1997. Theory of Wire Rope. New York: Springer.

Costello G A, Bert C W. 1992. Theory of wire rope. Journal of Applied Mechanics, 59(2): 469.

Custódio A B, Vaz M A. 2002. A nonlinear formulation for the axisymmetric response of umbilical cables and flexible pipes. Applied Ocean Research, 24(1): 21-29.

Dobson A, Fogg D. 2008. Fatigue testing and analysis of a deep water steel tube umbilical. ASME 2008 27th International Conference on Offshore Mechanics and Arctic Engineering, 8: 133-140.

FéRet J J, Bournazel C L. 1987. Calculation of stresses and slip in structural layers of unbonded flexible pipes. Journal of Offshore Mechanics and Arctic Engineering, 109(3): 263-269.

Ghoreishi S R, Messager T, Cartraud P, et al. 2007. Validity and limitations of linear analytical models for steel wire strands under axial loading, using a 3D FE model. International Journal of Mechanical Sciences, 49(11): 1251-1261.

Hoffman J, Dupont W, Reynolds B. 2001. A fatigue-life prediction model for metallic tube umbilicals. Offshore Technology Conference, 13203.

Hong K J, Der Kiureghian A, Sackman J L. 2005. Bending behavior of helically wrapped cables. Journal of Engineering Mechanics, 131(5): 500-511.

Hruska F H. 1953. Tangential forces in Wire Ropes. Wire and Wire Products, 28(5): 455-460.

Jolicoeur C, Cardou A. 1991. A numerical comparison of current mathematical models of twisted wire cables under axisymmetric loads. Journal of Energy Resources Technology, 113(4): 241-249.

Kagoura T, Ishii K I, Abe S, et al. 2003. Development of a flexible pipe for pipe-in-pipe technology. Furukawa Review, 24: 69-75.

Knapp R H. 1979. Derivation of a new stiffness matrix for helically armoured cables considering tension and torsion. International Journal for Numerical Methods in Engineering, 14(4): 515-529.

Knapp R H. 1981. Torque and stress balanced design of helically armored cables. Journal of Engineering for Industry, 103(1): 61-66.

Knapp R H. 1989. Structural modeling of undersea cables. Journal of Offshore Mechanics and Arctic Engineering, 111(4): 323-330.

Kraincanic I, Kebadze E. 2001. Slip initiation and progression in helical armouring layers of unbonded flexible pipes and its effect on pipe bending behaviour. The Journal of Strain Analysis for Engineering Design, 36(3): 265-275.

Leclair R A, Costello G A. 1988. Axial, bending and torsional loading of a strand with friction. Journal of Offshore Mechanics and Arctic Engineering, 110(1): 38-42.

Love A E H. 1920. A Treatise on the Mathematical Theory of Elasticity. Cambridge: Cambridge University Press.

Lu H, Vaz M A, Caire M. 2020. A finite element model for unbonded flexible pipe under combined axisymmetric and bending loads. Marine Structures, 74: 102826.

Lutchansky M. 1969. Axial stresses in armor wsires of bent submarine cables. Journal of Engineering for Industry, 91(3): 687-691.

Machida S, Durelli A J. 1973. Response of a strand to axial and torsional displacements. Journal of Mechanical Engineering Science, 15(4): 241-251.

McConnell K G, Zemke W P. 1982. A model to predict the coupled axial torsion properties of ACSR electrical conductors. Experimental Mechanics, 22(7): 237-244.

Nawrocki A, Labrosse M. 2000. A finite element model for simple straight wire rope strands. Computers & Structures, 77(4): 345-359.

Out J M M. 1989. On the prediction of the endurance strength of flexible pipe. Offshore Technology Conference, 6165.

Out J M M, Von Morgen B J. 1997. Slippage of helical reinforcing on a bent cylinder. Engineering Structures, 19(6): 507-515.

Probyn I, Dobson A, Martinez M. 2007. Advances in 3-D FEA techniques for metallic tube umbilicals. The Seventeenth International Offshore and Polar Engineering Conference.

Sævik S. 1993. A finite element model for predicting stresses and slip in flexible pipe armouring tendons. Computers & Structures, 46(2): 219-230.

Sævik S. 2010. Comparison between theoretical and experimental flexible pipe bending stresses. ASME 2010 29th International Conference on Ocean, Offshore and Arctic Engineering, 395-402.

Sævik S, Bruaseth S. 2005. Theoretical and experimental studies of the axisymmetric behaviour of complex umbilical cross-sections. Applied Ocean Research, 27(2): 97-106.

Spillers W R, Eich E D, Greenwood A, et al. 1983. A helical tape on cylinder subjected to bending. Journal of Engineering Mechanics, 109(4): 1124-1133.

Tang M, Yang C, Yan J, et al. 2015. Validity and limitation of analytical models for the bending stress of a helical wire in unbonded flexible pipes. Applied Ocean Research, 50: 58-68.

Troina L A, Rosa L Z, Viero P F, et al. 2003. An experimental investigation on the bending behaviour of flexible pipes. ASME 2003 22nd International Conference on Offshore Mechanics and Arctic Engineering, 637-645.

Utting W S, Jones N. 1987. The response of wire rope strands to axial tensile loads—Part I. Experimental results and theoretical predictions. International Journal of Mechanical Sciences, 29(9): 605-619.

Utting W S, Jones N. 1987. The response of wire rope strands to axial tensile loads—Part II. Comparison of experimental results and theoretical predictions. International Journal of Mechanical Sciences, 29(9): 621-636.

Witz J A, Tan Z. 1992. On the flexural structural behaviour of flexible pipes, umbilicals and marine cables. Marine Structures, 5(2/3): 229-249.

Witz J A, Tan Z. 1995. Rotary bending of marine cables and umbilicals. Engineering Structures, 17(4): 267-275.

第 2 章　脐带缆结构力学行为分析

2.1　拉伸行为特征分析计算

随着功能需求的增多和科学技术的发展，脐带缆结构逐渐复杂化，当前脐带缆主要为多功能单元、多层次构建螺旋缠绕复合的相互非黏结接触的结构，如图 2.1 和图 2.2 所示。

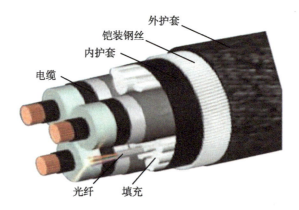

图 2.1　双层铠装钢管脐带缆

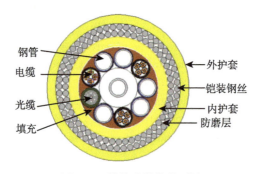

图 2.2　铠装脐带缆截面图

基于对脐带缆的组成结构的分析，由螺旋单元和圆柱单元组成的典型脐带缆一般在理论分析中被简化为螺旋缠绕圆柱结构。理论分析模型的建立往往需要简化模型并引入大量假设，对于螺旋缠绕圆柱结构的理论模型分析思路为：①分别单独分析螺旋单元的力与变形的关系、圆柱单元的力与变形的关系；②忽略同一层内相邻单元的相互作用，只考虑层间的相互作用，对多个单元进行叠加，建立理论分析模型；③基于小变形假设、线弹性材料假设和忽略单元之间相互摩擦作用等假设，得到螺旋缠绕圆柱结构的拉伸荷载、弯曲荷载与变形界面的关系。此理论模型的优点是：计算分析快速、方便确定设计参数等。但由于所涉及的假设条件过多，在实际分析时还需进行试验验证 (卢青针，2014)。

在进行拉伸刚度理论分析时，铠装钢丝作为主要承担拉力单元，且缆芯结构较为复杂，一般将缆芯结构进行简化处理：将内部缆芯简化为直的实心圆柱，外部两层螺旋铠装单元反向螺旋缠绕，如图 2.3 所示。

图 2.3　脐带缆简化示意图

常用的铠装钢丝螺旋缠绕结构的拉伸刚度理论分析模型主要有三类：HR 拉伸刚度模型、KNA 拉伸刚度模型、COS 拉伸刚度模型 (吴尚华，2023)。

1. HR 拉伸刚度模型

HR 拉伸刚度模型由 Hruska 提出，简称为 HR 模型。HR 模型基于材料力学理论，以 "螺旋钢丝缠绕一个刚性的圆柱" 为假设，进行钢丝的叠加以计算整体刚度。该模型仅考虑了单根钢丝的轴向行为，忽略了钢丝和缆芯的相互作用，以及钢丝本身的弯曲和扭转刚度。

拉伸刚度 K_{T} 由缆芯的拉伸刚度与钢丝拉伸刚度叠加而成

$$K_{\mathrm{T}} = \sum_{i=1}^{n} (AE)_i \cos^3 \alpha_i + (AE)_0 \tag{2.1}$$

其中，n 为钢丝根数；$(AE)_0$ 为内核拉伸刚度；$(AE)_i$ 为第 i 根钢丝的面积和弹性模量；α_i 为铠装螺旋钢丝与轴向方向的夹角。

2. KNA 拉伸刚度模型

KNA 拉伸刚度模型由 Knapp 提出，简称为 KNA 模型。Knapp 认为中心缆芯在相邻的铠装层压力作用下发生径向收缩，导致钢丝发生滑动，缠绕半径减小，拉伸刚度下降。针对刚性芯体和不可压缩软质芯体两种极端情况，给出了拉伸刚度解析分析表达式：

$$K_{\mathrm{T}} = (AE)_0 + \sum_{i=1}^{n} (AE)_i \left(1 - \frac{\Theta R_{\mathrm{c}}}{2R_i} \tan^2 \alpha_i \right) \cos^3 \alpha_i \tag{2.2}$$

其中，$(AE)_0$ 为缆芯的面积和弹性模量；R_{c} 为缆芯半径；R_i 为钢丝到圆柱中心的距离；Θ 为变量：当缆芯为刚性材料时，Θ 取 0，此时 KNA 模型退化为 HR 模型，当缆芯为不可压缩的软质材料时，Θ 取 1。

3. COS 拉伸刚度模型

COS 拉伸刚度模型由 Costello 等提出，简称 COS 模型。Costello 等认为拉伸力较大时会引起螺旋缠绕结构各层的几何大变形，因此首先给出了螺旋钢丝缠绕中心圆柱的几何非线性分析模型，考虑了钢丝半径和螺旋角随轴向伸长的几何非线性变化，推导得到一系列非线性方程，并通过迭代法对其进行求解。忽略层间压力引起的径向收缩，推出该理论的线性化形式。Kumar 等假设螺旋缠绕结构的径向变化仅由钢丝的拉力通过钢丝本身的泊松效应导致，得到刚度分析模型的线性解析表达式

$$K_{\mathrm{T}} = (AE)_0 + \sum_{i=1}^{n} (AE)_i \left(1 - \nu \tan^2 \alpha_i \right) \cos^3 \alpha_i \tag{2.3}$$

其中，ν 为钢丝的泊松比。

2.2 拉扭行为特征分析计算

本节对同时受到轴对称拉伸和扭转荷载的螺旋缠绕结构进行分析，结构模型如图 2.4 所示。

在图 2.4 结构中，螺旋缠绕层数为 M，第 j 层内部包含的螺旋构件数目为 n_j，i 表示该层内某一个螺旋构件。整个结构上下两截面分别承受对称的拉力 $F(F')$ 和扭矩 $T(T')$，产生拉伸变形 $u(u')$ 和扭转角度 $\phi(\phi')$。假设内部的内核圆柱表面受到的径向压强为 P，在螺旋缠绕层作用下的径向变形为 Δr。

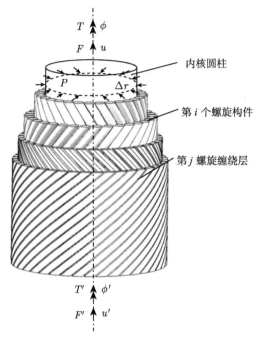

图 2.4 螺旋缠绕结构受力示意图

结构施加的荷载 $\Pi^{\mathrm{T}} = \{F, T, F', T', P\}$，产生的变形 $U = \{u, \phi, u', \phi', \Delta r\}$，两者之间的关系可由下式表示：

$$\Pi = KU \tag{2.4}$$

式中，K 表示刚度矩阵。

为方便后续推导，选取多根螺旋缠绕构件其中的一根作为分析对象。内部缆芯半径为 R_{c}，螺旋缠绕构件截面半径为 R_{h}，以角度 α_{ij} (下标分别表示第 j 螺旋缠绕层的第 i 个螺旋构件) 缠绕于内部圆柱表面，螺旋缠绕半径 r_{ij} 为 R_{c} 与 R_{h} 之和。

螺旋构件缠绕角度 α_{ij} 与其自身轴线方向一致，根据平截面假定，受到拉扭荷载的螺旋缠绕结构的变形见图 2.5。

螺旋构件发生轴向伸长、环向扭转和径向收缩。假设圆柱原高度为 h，螺旋构件原长度为 l，沿着螺旋构件轴向的应变值为 ε_{ij}，结构整体的轴向应变为 ε_1，缠绕角度变化为 $\Delta\alpha_{ij}$，变形后缠绕角度、缠绕半径、圆柱高度和螺旋构件长度分别为 $\tilde{\alpha}_{ij}$、$\tilde{r}_{ij}$、$\tilde{h}$、$\tilde{l}$。由相应力学及数学知识可得如下关系式：

$$e_1 = \frac{\tilde{h} - h}{h} \tag{2.5}$$

$$e_{ij} = \frac{\tilde{l} - l}{l} \tag{2.6}$$

$$h = l \cdot \cos \alpha_{ij} \tag{2.7}$$

$$\tilde{h} = \tilde{l} \cdot \cos \tilde{\alpha}_{ij} \tag{2.8}$$

$$\cos \tilde{\alpha}_{ij} = \cos \alpha_{ij} + Da \sin \alpha_{ij} \tag{2.9}$$

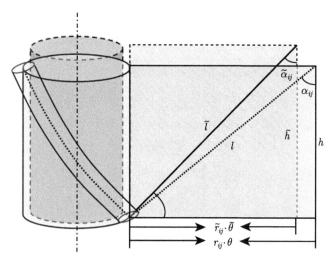

图 2.5　螺旋缠绕结构在拉扭荷载下的变形示意图

经过推导可得两应变之间的关系为

$$\varepsilon_1 = \varepsilon_{ij} + \Delta\alpha_{ij} \cdot \tan \alpha_{ij} + \varepsilon_{ij} \cdot \Delta\alpha_{ij} \cdot \tan \alpha_{ij} \tag{2.10}$$

假设螺旋构件初始的环向角度为 ϕ_{ij}，而变形后的角度为 $\widetilde{\phi}_{ij}$。略去高阶小量的影响，推导得到单位长度对应的扭转变形为

$$\Delta\phi_{ij} = \frac{1}{r_{ij}} \frac{r_{ij}}{\tilde{r}_{ij}} \cdot \left(\left((1 + \varepsilon_1) \tan \alpha_{ij} - \Delta\alpha_{ij} \right) - \tan \alpha_{ij} \right) \tag{2.11}$$

由于螺旋构件相比整个结构截面较小，其泊松效应略去不计，假设变形前后的缠绕半径差值为 Δr_{ij}，可得

$$\widetilde{r}_{ij} = r_{ij} - \Delta r_{ij} \tag{2.12}$$

综上分析，式 (2.10) ～ 式 (2.12) 联立即可求得螺旋构件在拉扭荷载作用下，其沿着自身轴线的轴向应变表达式：

$$\varepsilon_{ij} = \cos^2 \alpha_{ij} \cdot \varepsilon_1 - \frac{\sin^2 \alpha_{ij}}{r_{ij}} \cdot \Delta r_{ij} + r_{ij} \sin \alpha_{ij} \cos \alpha_{ij} \cdot \Delta\phi_{ij} \tag{2.13}$$

假设沿着螺旋构件自身轴线的拉伸荷载大小为 F'_{ij}，其投影到整体结构轴向的拉力大小为 F_{ij}，扭矩即可表达为 F'_{ij} 环向分量对结构中心线产生的力矩 T_{ij}，可得

$$F_{ij} = \cos \alpha_{ij} \cdot F'_{ij} = \cos \alpha_{ij} E^{\mathrm{h}}_{ij} A^{\mathrm{h}}_{ij} \cdot \varepsilon_{ij} \tag{2.14}$$

$$T_{ij} = \sin \alpha_{ij} \cdot r_{ij} \cdot E^{\mathrm{h}}_{ij} A^{\mathrm{h}}_{ij} \cdot \varepsilon_{ij} \tag{2.15}$$

螺旋构件与内部圆柱之间的相互作用如图 2.6 所示。任一螺旋线的每个截面存在一定的曲率与扭率 (Costello, 1997)。根据几何关系, 螺旋构件内部拉伸张力将对内部圆柱表面产生径向压力 q_{ij}, 其大小为拉伸张力和螺旋构件轴线几何曲率的乘积, 经过推导可得

$$q_{ij} = \frac{\sin^2 \alpha_{ij}}{r_{ij}} \cdot E^{\mathrm{h}}_{ij} A^{\mathrm{h}}_{ij} \cdot \varepsilon_{ij} \tag{2.16}$$

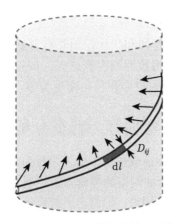

图 2.6　螺旋缠绕结构径向挤压示意图

图 2.6 中, D_{ij} 为螺旋构件的截面直径, $\mathrm{d}l$ 为沿其自身轴线的单位长度。可得螺旋构件单位长度所覆盖的面积为

$$S_{ij} = D_{ij} \cdot \mathrm{d}l \tag{2.17}$$

径向压力作用于内核圆柱表面的压强大小为

$$P_{ij} = \frac{q_{ij}}{S_{ij}} \tag{2.18}$$

考虑第 j 层螺旋缠绕构件变形导致的径向压强。由于螺旋缠绕构件之间存在缝隙, 非密实排布, 故引入密实度系数 F_{f}, 依照工程经验通常取为 0.95 (Fergestad 和 Lotveit, 2014)。则上述几何参数之间存在如下关系式:

$$n_j D_{ij} \mathrm{d}l = 2\pi r_{ij} \cos \alpha_{ij} \mathrm{d}l \cdot F_{\mathrm{f}} \tag{2.19}$$

综上分析，式 (2.16) ~ 式 (2.19) 联立即可求得螺旋构件产生的径向压强与其轴向应变的关系，如下式所示：

$$P_{ij} = \frac{n_j E_{ij}^{\mathrm{h}} A_{ij}^{\mathrm{h}} \cdot \varepsilon_{ij} \sin^2 \alpha_{ij}}{2\pi r_{ij}^2 F_{\mathrm{f}} \cos \alpha_{ij}} \tag{2.20}$$

上述推导过程仅仅针对单一螺旋构件的荷载与变形关系。当考虑单位轴向长度的多层螺旋缠绕结构时，将各层螺旋构件的作用力和变形叠加，即将前述式 (2.14)、式 (2.15) 和式 (2.20) 合为矩阵的表达形式，如式 (2.21) 所示：

$$\begin{bmatrix} F \\ T \\ P \end{bmatrix} = \sum_{j}^{M} \sum_{i}^{nj} E_{ij}^{\mathrm{h}} A_{ij}^{\mathrm{h}} \begin{bmatrix} \cos^3 \alpha_{ij} & r_{ij} \sin \alpha_{ij} \cdot \cos^2 \alpha_{ij} & -\dfrac{\sin^2 \alpha_{ij} \cdot \cos \alpha_{ij}}{r_{ij}} \\ \dfrac{\sin^2 \alpha_{ij} \cdot \cos \alpha_{ij}}{2\pi r_{ij}{}^2 F_{\mathrm{f}}} & \dfrac{\sin^3 \alpha_{ij}}{2\pi r_{ij} F_{\mathrm{f}}} & -\dfrac{\sin^4 \alpha_{ij}}{2\pi r_{ij}{}^3 F_{\mathrm{f}} \cos \alpha_{ij}} \end{bmatrix}$$

$$\tag{2.21}$$

该表达式对于类似结构拉伸和扭转行为具有普适性，假使令式 (2.18) 中的扭转和径向变形为零，便可获得拉伸刚度表达式。如忽略轴向和径向收缩对扭转行为的影响，即令式 (2.21) 中的拉伸和径向变形为零，便可得到扭转刚度表达式。

2.3   弯曲行为特征分析计算

螺旋缠绕圆柱结构在弯曲荷载作用下的力学行为难以分析。由于脐带缆由多种单元、多种材料缠绕而成，弯曲刚度的理论分析模型常常基于大量假设，大部分的弯曲理论分析模型多基于以下假设：①假定所有钢丝发生相同的变形，且截面形状保持不变；②每根钢丝在弯曲荷载作用下的力学行为都是相同的；③只考虑钢丝的线弹性行为，忽略钢丝两端的端部效应。基于上述假设，脐带缆在弯曲荷载作用下的理论分析中通常被看作螺旋单元缠绕圆柱单元的结构，如图 2.7 所示。

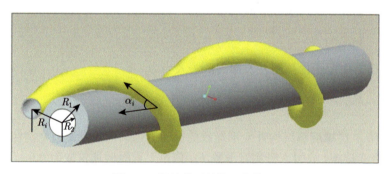

图 2.7   螺旋单元缠绕圆柱单元

当前用于脐带缆弯曲刚度的分析模型主要有三类：Costello 模型、Witz 模型、Ramos 模型。

1. Costello 弯曲刚度理论模型

Costello 等基于 Love 螺旋杆理论，对单根螺旋结构进行研究，忽略单元间的相互接触作用，推导出纯弯曲时一根自由螺旋钢丝的弯曲刚度。对结构中的所有单元进行叠加，得到结构总体的弯曲刚度 K_B 计算公式：

$$K_\mathrm{B} = (EI)_0 + \frac{2E_i I_i \cos\alpha_i}{2 + \nu_i \sin^2\alpha_i} \tag{2.22}$$

其中，$(EI)_0$ 为垂直单元的弯曲刚度；$E_i I_i$ 为第 i 个单元的弯曲刚度；α_i 为螺旋单元 i 的缠绕角度；ν_i 为螺旋单元 i 的泊松比。

2. Witz 弯曲刚度理论模型

Witz 等在考虑单元间相互摩擦作用的情况下，通过对脐带缆的螺旋缠绕结构的力学行为分析，将脐带缆在弯曲荷载作用下的弯曲变形分为两个阶段：无滑动阶段和全滑动阶段。当弯曲曲率较小，小于临界曲率时，各单元一起运动，无相对滑动；当弯曲曲率较大，大于临界曲率时，各单元将发生相互滑动，且弯曲行为出现滞后现象。假设螺旋单元只沿自身的螺旋轴进行滑动。基于最小应变能准则推导出无滑动和全滑动的弯曲刚度表达式

$$K_\mathrm{no\text{-}slip} = (EI)_0 + \sum_{i=1}^{n} \frac{1}{2} E_i I_i R_i^2 \cos^4\alpha_i \tag{2.23}$$

$$K_\mathrm{full\text{-}slip} = (EI)_0 + \sum_{i=1}^{n} \frac{1}{2}(E_i I_i + E_i I_i \cos^2\alpha_i) \tag{2.24}$$

其中，$K_\mathrm{no\text{-}slip}$ 为无滑动阶段的弯曲刚度值；$K_\mathrm{full\text{-}slip}$ 为全滑动阶段的弯曲刚度值。

3. Ramos 弯曲刚度理论模型

Ramos 等认为螺旋滑动后，螺旋单元始终与内部圆柱贴在一起，不发生相对滑动，所有螺旋在负法线方向没有弯矩，即螺旋界面负法线弯曲刚度对于弯曲刚度没有贡献，从而得到螺旋的弯曲刚度为

$$K_\mathrm{full\text{-}slip} = (EI)_0 + \sum_{i=1}^{n} \cos\alpha_i \left[G_i J_i + \frac{3}{2}(E_i I_i - G_i J_i)\cos^2\alpha_i \right] \tag{2.25}$$

其中，$G_i J_i$ 为螺旋单元 i 的扭转刚度。

2.4 轴向压缩行为特征分析计算

脐带缆在安装、在位及受到意外荷载时，铠装层受到轴向荷载作用，易发生轴向失效：径向屈曲和侧向屈曲。通过分析径向屈曲和侧向屈曲两类由轴向压缩导致的局部失效形式，可以更好地分析脐带缆在受轴向压缩时的行为特征。目前针对脐带缆铠装层屈曲的研究尚处于空白阶段，多数学者大多针对柔性管道的铠装层屈曲开展研究。由于脐带缆与柔性管道的铠装形式类似，因此脐带缆铠装层的屈曲可参考柔性管道的研究方法。

铠装钢丝屈曲是一个大变形小应变问题，属于几何非线性；在铠装钢丝发生屈曲后，材料可能发生塑性变形，属于材料非线性；层与层之间存在摩擦，导致铠装钢丝屈曲问题非线性极强。

2.4.1 径向屈曲

径向屈曲 (图 2.8)，作为两类脐带缆局部轴向失效中的一类，是指铠装钢丝沿径向突出，因其变形形状类似鸟笼，故也称作“鸟笼现象”。径向屈曲主要出现在外护套强度不足或损坏的情况。在外护套完整时，铠装层之间存在很大的摩擦力。当其受到较大的轴向荷载时，铠装钢丝上会形成很大的应力区。若外护套强度不足或损坏，则较大的轴向压力促使紧密接触的铠装钢丝出现向外开口运动的趋势，进而冲破外护套引发该处的钢丝沿径向向外突出，形成鸟笼形状的径向屈曲。

图 2.8 径向屈曲 (鸟笼现象)

对于螺旋缠绕结构，当其承受轴向压力作用时，随着荷载的增大，外部的螺旋钢丝开始发生变形。当螺旋钢丝与内核之间的接触压力为零时，可认为径向屈曲开始发生并蔓延。继续加载时，螺旋钢丝发生径向大变形。当荷载增大到一定值时，即临界值时，结构整体丧失了承载能力。整个加载过程中位移与荷载的关系大致如图 2.9 所示，F_{cr} 为临界屈曲荷载。

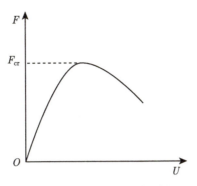

图 2.9   位移–荷载曲线示例

Sævik 经过大量简化假设针对单根螺旋钢丝在发生径向屈曲后继续承载的荷载即临界径向屈曲荷载值做了推导，可用于更好地对径向屈曲的发生做初步分析。

Love 推导了三维空间下薄壁弹性曲梁的平衡方程。在右手曲线坐标系下，定义初始正扭矩，即沿着曲线正方向移动时定义为正旋转。曲梁微元如图 2.10 所示。

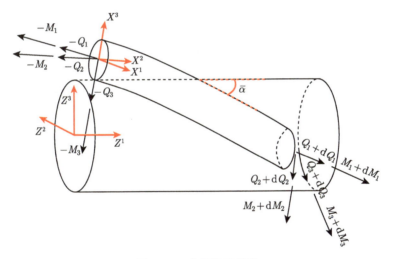

图 2.10   曲梁微元示例

曲梁微元侧向平衡的控制方程为

$$Q_{2,1} + \kappa_3 Q_1 - \kappa_1 Q_3 + q_2 = 0 \tag{2.26}$$

$$Q_{3,1} - \kappa_2 Q_1 + \kappa_1 Q_2 + q_3 = 0 \tag{2.27}$$

$$M_{2,1} + \kappa_3 M_1 - \kappa_1 M_3 - Q_3 + m_2 = 0 \tag{2.28}$$

$$M_{3,1} - \kappa_2 M_1 + \kappa_1 M_2 + Q_2 + m_3 = 0 \tag{2.29}$$

其中，Q_i 为合力；$Q_{2,1}$ 为 x_1 轴与 x_2 轴的合力，其中 x_1 轴为沿轴线的切线方向，x_2 轴为螺旋钢丝与中心圆柱切线平行的弯曲中截面上与 x_1 轴垂直的方向；κ_1 为初始扭转曲率；q_i 为沿 i 轴的均布力；M_i 为合弯矩；$M_{2,1}$ 为 x_1 轴与 x_2 轴的合弯矩；m_i 为对 i 轴的均布弯矩；κ_2 和 κ_3 分别为各自轴对应的初始曲率。

通过式 (2.26) 和式 (2.27) 可得到 Q_2 和 Q_3 的表达式，再将这两个式子代入式 (2.28) 中，忽略均布弯矩，假定弹簧约束 $q_3 = -cu_3$，建立径向平衡方程：

$$M_{2,11} + \kappa_3 M_{1,1} - 2\kappa_1 M_{3,1} + \kappa_1 \kappa_2 M_1 - \kappa_1^2 M_2 - \kappa_2 Q_1 + cu_3 = 0 \tag{2.30}$$

忽略剪切变形，只考虑弯曲变形，可将弯矩表达为

$$M_1 = GJ(\kappa_3 u_{3,1} - 2\kappa_1 \kappa_2 u_3) \tag{2.31}$$

$$M_2 = EI_2(-u_{3,11} + (\kappa_1^2 - \kappa_2^2)u_3) \tag{2.32}$$

$$M_3 = -EI_3(2\kappa_1 u_{3,1} + \kappa_2 \kappa_3 u_3) \tag{2.33}$$

其中，E 为钢丝的弹性模量；G 为钢丝的剪切模量；I_2、I_3 为钢丝对 X^2、X^3 轴的惯性矩，对圆形截面，$I_2 = I_3$；J 为钢丝扭转极惯性矩；u_i 为钢丝沿方向 i 的分项位移。

$\kappa_2 Q_1$ 项描述了螺旋法向曲率和轴向力对径向荷载的影响。在径向变形过程中，法向曲率 κ_2 改变了 $\Delta \kappa_2 = -U_{3,11} + (\kappa_1^2 - \kappa_2^2)u_3$，因此变形状态总的法向曲率变为 $\kappa_2 + \Delta \kappa_2$，考虑到变形过程中压缩 Q_1 为正，忽略高阶位移项，可得到微分方程：

$$u_{3,1111} + \left[\frac{Q_1}{EI_2} + \kappa_2^2 - 2\kappa_1^2 \right] u_{3,11} + \left[\frac{c}{EI_2} + 2\frac{GJ}{EI_2}\kappa_1^2 \kappa_2^2 - (\kappa_1^2 \kappa_2^2)\frac{Q_1}{EI_2} u_3 \right] = 0 \tag{2.34}$$

假定在式 $u_3 = u_0 \sin \dfrac{m\pi X^1}{l}$ 上存在弦波解并且施加非奇异条件，可得到单根钢丝的临界径向屈曲荷载的表达式

$$Q_{1,\text{cr}} = \frac{\pi^2 EI_2 \left[\left(\frac{m}{l}\right)^4 - \frac{a_1}{\pi^2}\left(\frac{m}{l}\right)^2 + \frac{a_2}{\pi^4} \right]}{\left(\frac{m}{l}\right)^2 - \frac{a_3}{\pi^2}} = \frac{\pi^2 EI_2 \left[\left(\frac{l}{m}\right)^{-4} - \frac{a_1}{\pi^2}\left(\frac{l}{m}\right)^{-2} + \frac{a_2}{\pi^4} \right]}{\left(\frac{l}{m}\right)^{-2} - \frac{a_3}{\pi^2}} \tag{2.35}$$

其中，

$$a_1 = \kappa_2^2 - 2\kappa_1^2 - 4\frac{EI_3}{EI_2}\kappa_1^2 \tag{2.36}$$

$$a_2 = \frac{c}{EI_2} + 2\frac{GJ}{EI_2}\kappa_1^2\kappa_2^2 + \kappa_1^4 - \kappa_1^2\kappa_2^2 \tag{2.37}$$

$$a_3 = \kappa_2^2 - \kappa_1^2 \tag{2.38}$$

其中，m 为半波数；c 为外护套对螺旋钢丝的约束刚度。

可得单根钢丝的轴向荷载临界承载力为

$$F_{\mathrm{cr}} = \cos\alpha Q_{1,\mathrm{cr}} = \frac{\pi^2 EI_2 \cos\alpha \left[\left(\dfrac{l}{m}\right)^{-4} - \dfrac{a_1}{\pi^2}\left(\dfrac{l}{m}\right)^{-2} + \dfrac{a_2}{\pi^4}\right]}{\left(\dfrac{l}{m}\right)^{-2} - \dfrac{a_3}{\pi^2}} \tag{2.39}$$

由式 (2.39) 可知，铠装层的径向屈曲主要与铠装钢丝的螺旋角度、缠绕半径、截面尺寸、相当长度、材料和根数有关。

2.4.2　侧向屈曲

侧向屈曲如图 2.11 所示，作为两类脐带缆局部压缩失效中的一类，主要发生在外护套存在少部分破坏，但并未出现鸟笼现象的情况。外护套局部破坏将会导致海水进入铠装层，使铠装层层间的摩擦力急剧降低。轴向荷载及弯曲循环荷载的共同作用会使铠装层聚集很大的能量，这会迫使铠装钢丝沿缆表面进行滑动以寻找另一种平衡状态，从而形成了侧向屈曲。

图 2.11　侧向屈曲

在铠装钢丝发生径向屈曲时，一部分钢丝离开内核圆柱，运动轨迹复杂，难以用数学表达式进行描述；而侧向屈曲指沿内核圆柱表面进行滑移，可通过相关推导得到临界荷载的近似表达式，进而得到影响临界荷载的参数，这些参数同样可作为铠装钢丝径向屈曲的参数。

Love 推导三维空间下薄壁弹性曲梁的平衡方程：在右手曲线坐标系下，定义初始正扭矩，即沿着曲线正方向移动时定义为正旋转。曲梁微元如图 2.12 所示。

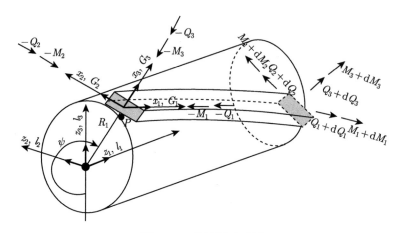

图 2.12　曲梁微元示例

ψ 为扭转角；G_3 为 x_3 方向的剪切模量；R_1 为圆柱半径；P 为临界压力

曲梁微元侧向平衡的控制方程为

$$Q_{2,1} + \kappa_3 Q_1 - \kappa_1 Q_3 + q_2 = 0 \tag{2.40}$$

$$M_{2,1} + \kappa_3 M_1 - \kappa_1 M_3 - Q_3 + m_2 = 0 \tag{2.41}$$

$$M_{3,1} - \kappa_2 M_1 + \kappa_1 M_2 + Q_2 + m_3 = 0 \tag{2.42}$$

其中，Q_i 为合力；$Q_{2,1}$ 为 x_1 轴与 x_2 轴的合力，其中 x_1 轴为沿轴线的切线方向，x_2 轴为螺旋钢丝与中心圆柱切线平行的弯曲中截面上与 x_1 轴垂直的方向；κ_1 为初始扭转曲率；q_i 为沿 i 轴的均布力；M_i 为合弯矩；$M_{2,1}$ 为 x_1 轴与 x_2 轴的合弯矩；m_i 为对 i 轴的均布弯矩；κ_2 和 κ_3 分别为各自轴对应的初始曲率。

忽略摩擦的均布力和弯矩，将式 (2.40) 和式 (2.41) 代入式 (2.42) 中可得

$$-M_{3,1} + \kappa_2 M_{1,1} - 2\kappa_1 M_{2,1} - \kappa_1 \kappa_3 M_1 + \kappa_1^2 M_3 + \kappa_3 Q_1 = 0 \tag{2.43}$$

在直管 (曲率为零) 和无摩擦条件下考虑单根铠装钢丝的侧向屈曲，引入约束条件：

$$\theta_1 = \kappa_1 u_1 - \kappa_1 u_2 \tag{2.44}$$

其中，θ_1 为缠绕角度；u_i 为位移；κ_1 为侧向曲率。

假定铠装钢丝沿着支撑面移动，侧向曲率 κ_t 的计算式为

$$\kappa_t = \frac{\cos^2 \theta}{R_1} \tag{2.45}$$

其中，θ 为螺旋角度；R_1 为中心圆柱半径。

同理，基于二阶曲梁理论可得到直梁的欧拉屈曲荷载，例如，只考虑弯曲变形，忽略轴向应变，引入不可伸长条件：

$$u_{1,1} = \kappa_3 u_2 - \kappa_2 u_3 \tag{2.46}$$

忽略剪切变形和位移，弯矩可表示为

$$M_1 = GJ(\kappa_2 - \kappa_1)u_{2,1} \tag{2.47}$$

$$M_2 = EI_2(-2\kappa_1)u_{2,1} \tag{2.48}$$

$$M_3 = EI_3(u_{2,1} + \kappa_3^2 u_2) \tag{2.49}$$

其中，假定铠装钢丝侧向为 x_2 轴方向；GJ 为扭转刚度，G 为钢丝的剪切模量，J 为钢丝的扭转极惯性矩；EI_2 为弱轴的弯曲刚度，E 为钢丝的弹性模量，I_2 为钢丝对 x_2 轴的惯性矩；EI_3 为强轴的弯曲刚度，I_3 为钢丝对 x_3 轴的惯性矩；$u_{2,1}$ 为位移分量 u_2 对曲线坐标轴 x_1 的微分。

将式 (2.46) ∼ 式 (2.48) 代入式 (2.49) 并代入 $\kappa_3 = u_{2,1}$，在压缩中视 Q_1 为正，忽略高阶位移项，可得线性微分方程及 u_2 对曲线坐标轴 x_1 的四阶微分：

$$u_{2,1111} + u_{2,11}\left[\frac{Q_1 + (\kappa_1\kappa_2 - \kappa_2^2)GJ - 4\kappa_1^2 EI_2 - \kappa_1^2 EI_3}{EI_3}\right] = 0 \tag{2.50}$$

假定在 $u_2 = u_0 \sin\left(\dfrac{\pi x_1}{l}\right)$（其中 l 为钢丝长度）中存在弦波解并且施加非奇异条件，可以得到单根钢丝的临界荷载

$$Q_{1,\mathrm{cr}} = \frac{\pi^2 EI_3}{l^2} + GJ(\kappa_2^2 - \kappa_1\kappa_2) + 4\kappa_1^2 EI_2 + \kappa_1^2 EI_2 + \kappa_1^2 EI_3 \tag{2.51}$$

由式 (2.51) 可知，临界荷载包括一项屈曲长度相关项和三项屈曲长度无关项。忽略式 (2.51) 中第一项得到最小屈曲临界荷载。

同时，引入螺旋初始法向曲率和钢丝局部扭转，末端总最小临界压力

$$P = \frac{n\cos\alpha}{R^2}P = [GJ\sin^4\alpha + (4EI_2 + EI_3 - GJ)\sin^2\alpha\cos^2\alpha] \tag{2.52}$$

其中，n 为铠装根数。

由式 (2.52) 可知，铠装层的侧向屈曲主要与铠装钢丝的螺旋角度、缠绕半径、截面尺寸、长度和根数有关 (张慧赟，2023)。

2.5　数值模拟方法

相较于理论方法，通过数值模型计算方法，可以大大提高计算精度，计算复杂脐带缆以及涉及大变形、层间接触模型、变摩擦系数等非线性问题。随着计算机高速发展，越来越多的计算资源可以被利用，采用计算机软件进行数值模拟已经成为当下分析脐带缆等柔性管缆结构的主流方法；目前在进行有限元模拟时主要采用两种类型的软件进行模拟，一类为通用有限元软件，另一类则是自主开发的有限元模拟软件。

本节主要介绍采用数值模拟的方式研究工程中应用的脐带缆在拉扭组合荷载作用下的非线性力学行为特征。选取应用于我国南海某油气田的经典钢管脐带缆为实例，如图 2.13 所示为脐带缆结构，其主要由 6 根钢管、3 根电缆、1 根光缆、内护套、两层铠装钢丝、填充以及外护套组成。各个构件的名称与几何尺寸见表 2.1。考

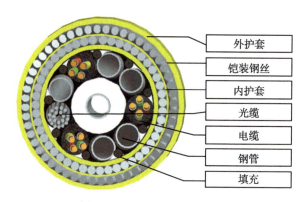

图 2.13　脐带缆实例截面图

表 2.1　钢管脐带缆结构尺寸

构件名称	材料名称		数量	结构尺寸		
				内径/mm	厚度/mm	外径/mm
电缆	铜导体		—	—	—	3.15
	交联聚乙烯绝缘		12	3.15	0.725	4.60
	聚乙烯护套		3	30.1	1.5	33.1
钢管	双相不锈钢管		6	12.7	1.0	14.7
	聚乙烯护套		6	14.7	1.0	16.7
光缆	无缝不锈钢管		1	2.6	0.2	3.0
	钢丝内层		7	3.0	2.0	7.0
	钢丝外层		13	7.0	2.0	11.0
	聚乙烯护套		1	11.0	2.5	16.0
内护套	聚乙烯护套		1	68.0	3	74.0
铠装钢丝	内层	$\alpha = 20°$	46	74.0	5	84.0
	外层	$\alpha = 20°$	52	84.0	5	94.0
外护套	聚乙烯		1	94.0	5	104.0

虑构件材料、接触和间隙等非线性因素，建立脐带缆内核截面有限元模型。施加一定径向压力得到外边界平均径向变形，分析脐带缆内核径向刚度的非线性变化规律。进一步采用前述半解析分析方法探究脐带缆拉伸和扭矩非线性力学行为的变化规律。最后，对脐带缆结构进行试验测试，通过与试验结果对比验证上述方法的有效性。

2.5.1 脐带缆结构数值模拟

1. 脐带缆构件简化

由于脐带缆内部各功能构件 (如电缆和光缆) 往往包含大量铜丝或者钢丝，因此，在建立有限元模型前需要对脐带缆构件进行合理的简化，以提高建模及分析效率。电缆由多根细铜丝与绝缘层组成，可简化为聚合物包裹圆形铜芯截面；光缆由内核钢壳、多根钢丝及聚合物护套组成，可简化为聚合物层包裹钢壳的截面。上述简化过程均依据截面刚度等效方法实现。合理简化后的钢管脐带缆的内核结构如图 2.14 所示。

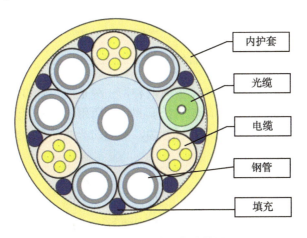

图 2.14　脐带缆内核结构图

此外，填充构件用于填充截面空白处以支撑截面内各功能构件，避免构件内过大的挤压力作用。由于填充构件是非轴向承力构件，在以往的脐带缆结构分析中一般将其忽略。但是，拉伸和扭转轴向荷载作用下，内核的径向收缩对脐带缆结构的力学行为有着显著的影响。因此，在建立内核有限元模型分析径向刚度时，填充构件的径向支撑作用不可忽略，否则得到的径向刚度结果可能偏低。

2. 材料力学性能

对于钢管和护套聚合物材料，考虑到其对脐带缆截面力学性能影响较大，特别是聚合物材料具有明显的非线性特征，因此，需要由试验获得材料的力学性能。

依据规范制作钢管材料测试试件，通过万能试验机加载测得其应力–应变关系如图 2.15 所示，呈现典型的三个阶段，线弹性阶段、屈服阶段和强化阶段。在实际工程设计中，往往不允许脐带缆结构的力学响应进入材料的塑性阶段。因此，钢管的弹性模量和屈服强度是数值模拟的重要输入参数。

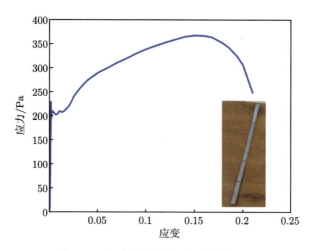

图 2.15　钢材料构件应力–应变曲线图

脐带缆结构所采用的聚合物主要有两种，一种是内护套和外护套所用的低密度聚乙烯聚合物，另一种是功能构件护套和填充所用的高密度聚乙烯聚合物。高分子聚合物材料表现为典型的黏弹性行为，典型的非线性黏弹性材料本构关系如式 (2.53) 所示

$$\sigma = c_0\varepsilon + a\varepsilon^3 + \int_0^t c(t-\tau)\frac{\partial\varepsilon(\tau)}{\partial\tau}\mathrm{d}\tau \tag{2.53}$$

其中前两项用来描述材料非线性弹性力学行为，应力与应变无时间相关性；后面积分项为材料的黏性效应，应力和应变速率 $\dot{\varepsilon}$ 具有相关性，式中相关系数需要通过试验确定。脐带缆在实际运行中，由于海洋环境荷载作用频率较慢，因此其黏性效应相对较弱，故在模拟结构中高分子材料本构关系时，往往忽略其时间相关特性，即应力–应变关系，主要关心其非线性的弹性部分。实际数值模拟过程中可以通过实时应力值获取下一增量步中的弹性模量，其实现流程如图 2.16 所示。

将脐带缆结构所采用的两种聚合物加工成标准拉伸试件，将上下两端夹持在万能试验机上进行测试，如图 2.17 所示。进而获得低密度聚乙烯材料和高密度聚乙烯材料拉伸应力–应变曲线，如图 2.18 和图 2.19 所示。数值模拟分析时采用试验所得的聚合物应力–应变曲线数据进行材料属性输入。上述材料属性见表 2.2。

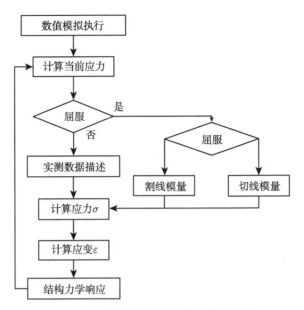

图 2.16 非线性弹性本构数值模拟流程

图 2.17 聚合物材料试件拉伸试验图

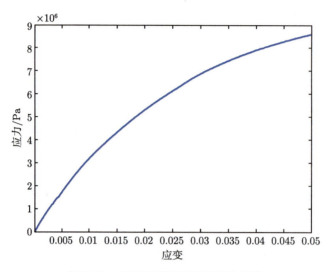

图 2.18　低密度聚乙烯材料拉伸曲线

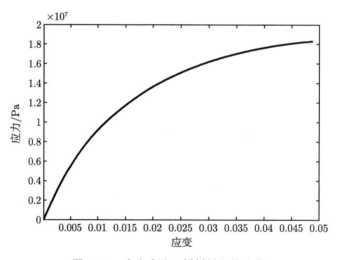

图 2.19　高密度聚乙烯材料拉伸曲线

表 2.2　脐带缆结构材料属性

构件名称	材料	弹性模量/GPa	泊松比
钢管	低碳钢	206	0.33
电缆铜导体	铜	108	0.33

3. 建立数值模型

本小节构建脐带缆内核截面二维有限元模型，通过数值模拟获得内核截面的径向力学行为。考虑到聚合物材料的非线性因素以及构件间的相互接触，采用

Abaqus 软件建立内核结构的数值模型。考虑到内核结构为二维平面应变问题，选取非协调模式 CPE4I 单元进行建模，该单元能够克服剪切自锁问题，而且在变形过程中单元扭曲度较小。此外，采用此类型单元能够缩短计算时间，提高计算精度。同时，将试验测试得到的材料的本构关系数据，输入材料设置参数中表征其非线性。考虑到铠装钢丝受拉伸和扭转荷载作用时对内核结构的径向挤压为中心对称荷载，而且在结构分析时层间摩擦因素对拉扭轴向荷载分析影响较小，因此，可忽略滑动摩擦的作用。层间及构件间采用面面接触单元的黏滞绑定状态模拟其相互作用，可在不降低分析效率和精度的前提下有效地减少计算耗时。此外，为了更加准确地模拟径向外压作用，约束设置为限制中心钢管内层上下左右四节点的径向位移和环向位移，以及外护套最外层上下左右四节点的环向位移，并在外护套最外层施加均匀径向压力。综上描述，脐带缆内核结构的截面数值模型如图 2.20 所示。通过后处理提取外层所有节点的径向变形，并进行平均值处理得到等效的径向变形，从而求得截面内核结构的等效径向刚度。

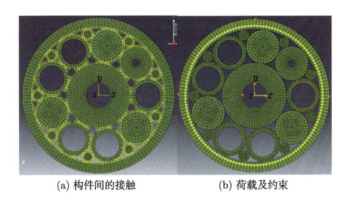

(a) 构件间的接触　　　　　　(b) 荷载及约束

图 2.20　脐带缆内核截面数值模型

4. 径向力学行为分析

在护套外层圆周节点上施加逐步增大的径向压强直到 3.0MPa，并同步获取节点上的径向位移，取平均得到结构的等效径向位移，建立径向位移随压强变化的曲线，如图 2.21 所示。不难发现，随着径向压强的增大，脐带缆内核呈现明显的非线性行为。初始阶段，随着径向压强的增大径向收缩非常明显，位移变化较快。这是因为内核截面构件之间存在着大量的空隙，当受到外部径向挤压时外护套抵抗能力较差，其变形不断地使空隙减小。当压强大于 1.5MPa 左右时，截面构件之间的缝隙几乎完全被挤压到最小极限，此时结构主要通过截面材料变形来抵抗径向压强荷载。由曲线图观察发现，随着压强的增大，材料非线性特征在径向变形中有所呈现，但由于材料的应变相对较小，其引起的非线性行为不够明显。

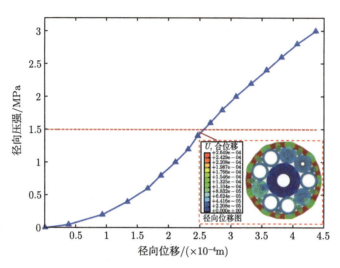

图 2.21   径向压强随径向位移变化的曲线图

同时，为了更加直观地分析脐带缆内核截面径向刚度随径向压强的变化趋势，我们换算得到脐带缆内核的径向刚度随径向压强的变化趋势及规律，其结果如图 2.22 所示。可以发现，径向刚度整体仍然呈现明显的非线性变化趋势。基本可以分为两个阶段，第一阶段，随着压强的不断增加，径向刚度呈现不断增大的趋势；第二阶段，当压强到达 1.5MPa 左右时，其所对应的径向刚度趋于平缓，几乎保持稳定的径向刚度。

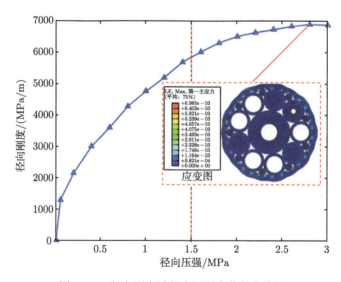

图 2.22   径向刚度随径向压强变化的曲线图

2.5.2 试验测试及结果对比分析

为了验证非线性因素对脐带缆拉伸行为的影响，本节针对该问题开展了相应的脐带缆拉伸荷载下的截面刚度测试试验，试验装置示意图如图 2.23 所示。试验方案采用卧式拉伸方式，两端约束支撑采用固定在地沟上的三脚架。脐带缆缆体试样两端为通过特殊设计的接头，其不仅可以连接外部铠装钢丝而且其内部钢管构件通过螺纹连接使其能够承力。其中一端接头通过法兰盘连接方式固定于一侧的三脚架；另一端接头同样采用法兰经过液压伺服作动器与另一侧三脚架连接。作动器能够提供稳定的荷载输入，其装有的力传感器能实时监测拉伸力的大小。此外，为了避免端部测量带来的误差，在缆体中部安装了引伸计测得缆体在拉力下的变形，如图 2.24 所示。考虑到液压伺服作动器虽然可以输出拉力，但是无法限制转动，因此在试验过程中需要添加特殊的装置限制脐带缆一端发生扭转变形。

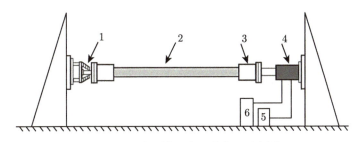

图 2.23 脐带缆拉伸试验装置示意图

1. 轴承；2. 试件；3. 接头；4. 液压伺服作动器；5. 位移监测系统；6. 力监测及控制系统

图 2.24 引伸计装置图

脐带缆结构拉伸试验装置如图 2.25 所示，具体试验方案如下。选取试件缆体长度为 300cm，装配接头并与三脚架和作动器连接。试验测试过程中作动器缓慢施加拉力直到 170kN，然后进行卸载，这样反复操作 3 次。整个试验过程中同时测量轴向伸长量及径向收缩量。为了避免试验过程中所带来的操作误差，取上述三组加载实测数据进行平均处理。计算一定拉力下的径向压强，进而可以得到试验测量的径向刚度值。同时也可以通过轴向和径向变形计算拉伸力，进而与试验所测的拉伸力进行对比分析。

图 2.25 脐带缆结构拉伸试验图

1. 径向刚度对比分析

将试验数据与非线性数值模拟的结果进行对比，其结果如图 2.26 所示。由于试验数据只将径向压力增大到 2.0MPa，为了更加清晰地讨论非线性因素对结构径向刚度的影响，在数值模拟时将径向压力增加到 3.0MPa。通过试验数据曲线可以发现，其与数值模拟结果趋势高度一致，整个压缩过程中同样可以分为两个阶段。由非线性较为明显的第一个阶段 (0~1.5MPa) 进入相对平稳的第二个阶段 (1.5~3.0MPa)，该阶段材料变形的非线性程度不够明显，整体仍然呈现线性特征。究其原因在于，根据前述试验所测试的材料本构关系曲线发现此阶段材料应变值相对较小，本构关系非线性特征较弱。

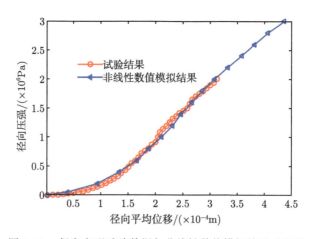

图 2.26 径向变形试验数据与非线性数值模拟结果对比图

为了更加详细地对比试验数据与数值模拟的误差，根据实测出的拉伸位移和径向收缩量换算径向刚度，并与数值模拟结果对比，作出两者随压强的变化曲线如图 2.27 所示。均匀抽取部分结果进行误差对比分析，如表 2.3 所示。不难发现试验结果和数值模拟的误差范围最大为 5.41%。

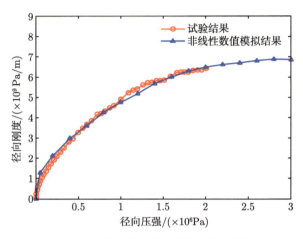

图 2.27 径向刚度随压强的变化曲线图

考虑试验操作的不确定性以及脐带缆内核结构自身的复杂性，上述误差值充分验证了基于径向刚度的理论分析方法的有效性，同时说明径向刚度呈现明显的非线性。

表 2.3 脐带缆径向刚度结果比较

拉力 /t	径向压力 /Pa	试验测量平均径向收缩/mm	试验计算的径向刚度值/(Pa/m)	数值模拟径向刚度/(Pa/m)	相对误差
4	4.438×10^5	0.143	3.103×10^9	3.249×10^9	-4.72%
6	7.226×10^5	0.173	4.179×10^9	4.102×10^9	1.86%
8	9.185×10^5	0.201	4.569×10^9	4.472×10^9	2.14%
10	1.182×10^2	0.218	5.422×10^9	5.129×10^9	5.41%

2. 轴向力学行为对比分析

除了考量脐带缆径向变形特征，脐带缆整体荷载和位移的关系也是工程设计中重要的设计指标。依据所推导的拉扭刚度表达式，将实测的拉伸应变和径向收缩量代入公式中可以获得拉伸荷载的变化规律，与实测曲线的对比如图 2.28 所示。从这两条曲线的变化规律可以发现其相互之间非常接近。初始阶段均呈现明显的非线性变化，随着荷载的施加，后期逐渐趋于稳定。根据前述讨论分析可知虽然后期数据存在一定的非线性，但是挤压密实后的内核护套材料在压强的作用下仍然处于小应变的状态。因此，宏观非线性特征不明显，总体呈现线性特征。而且实际应用中的脐带缆承载工况大部分处于该变形状态。所以有必要获得该变形阶段的脐带缆轴向拉伸刚度力学性能指标，进而方便指导工程设计。为此，将数值模拟和试验后半部分数据进行线性拟合获得轴向拉伸刚度分别为 1.181×10^8N 和 1.113×10^8N，其相对误差为 5.76%。

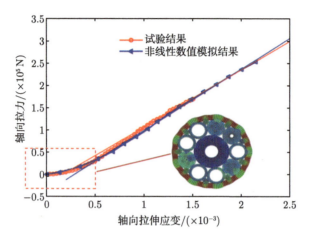

图 2.28　拉力随轴向拉伸应变变化规律模拟与试验结果对比图

由上述分析可知脐带缆拉伸非线性行为特征的主要原因在于构件之间的空隙，其在挤压的过程中造成了明显的内核半径缩小，降低了脐带缆的抗拉伸能力。为了探究本章方法与传统拉伸刚度求解方法的区别，通常选取 Knapp($\theta = 0$) 拉伸刚度模型，并代入相关参数求得其拉伸刚度值并作对比，见表 2.4。不难发现，传统忽略径向收缩的方法将会严重高估脐带缆结构的抗拉扭力学性能。

表 2.4　不同分析方法的脐带缆拉伸刚度结果比较

方法	拉伸刚度值/N	误差
试验结果	1.113×10^8	—
本章分析结果	1.181×10^8	5.76%
Knapp 模型	3.112×10^8	179.6%

参 考 文 献

卢青针. 2014. 水下生产系统脐带缆的结构设计与验证. 大连：大连理工大学.

吴尚华. 2023. 海洋柔性管道螺旋铠装加强层的承载能力研究. 大连：大连理工大学.

杨志勋. 2019. 海洋脐带缆结构几何双尺度分析及优化设计研究. 大连：大连理工大学.

张慧甍. 2023. 脐带缆铠装钢丝径向屈曲失效数值模拟及参数敏感性分析. 中国海洋平台，38(1): 30-36,103.

Costello G A. 1997. Theory of Wire Rope. New York: Springer.

Fergestad D, Lotveit S A.2014. Handbook on Design and Operation of Flexible Pipes. Trondheim: SINTEF: 101-115.

第 3 章　细长螺旋缠绕结构的多尺度分析

3.1　一维周期性结构等效分析方法

脐带缆内部构件呈现多层螺旋缠绕的特点，所以其存在着轴向排布的周期性。各层螺旋缠绕结构螺距的最大公倍数即为脐带缆结构的一个周期，以这样一个周期长度的结构作为单胞，无数的单胞沿轴向排布形成了完整的脐带缆。考虑到螺旋缠绕结构沿轴向呈现周期性的特点，且当所分析的结构更关心整体结构响应时，等效的分析方法能够很好地满足该类型结构的分析要求。其中常用的一维周期性结构等效快速分析方法包括：渐进均匀化理论以及代表体元法等。

一维周期性结构是指在宏观轴向尺寸远大于其他两个方向尺寸，且只在轴向具有周期性的细长结构；Yi 等 (2015) 对于一维周期性结构的渐进均匀化理论新格式求解方法给予了先导性研究。

代表体元法具有清晰的力学概念，实现方法简单，然而它并不是一种有着严格数学理论技术的方法。渐进均匀化方法具有严格的数学概念和推导过程，通过小参数摄动展开，求解单胞上的微分方程组从而有效地求解周期性材料的等效性能。

3.1.1　渐进均匀化理论

对于具有周期性排布的微结构的线弹性材料，如图 3.1 所示，单胞尺寸对于整个非均质材料求解域 Ω 来说是非常微小的。其上任意的随坐标 x 变化的物理场特征函数 $g^\varepsilon(x)$ 即使在 x 点的极小邻域 $\varepsilon(0 < \varepsilon \leqslant 1)$ 内也会有显著变化。这就需要考虑建立两种不同的尺度来研究此类问题。首先考虑宏观或者全局坐标 x，这样的慢变量可以描述材料性质在宏观尺度下的缓慢变化；其次考虑微观或者局部坐标 y，这样的快变量可以描述材料性质在微观尺度下的快速振荡变化。宏观坐标和微观坐标之间的关系为 $y = x/\varepsilon$，ε 为一极小值，代表着单胞尺寸与整体非均质材料之间的比值。假定微结构在其相应坐标上的周期为 Y，同时考虑到对应函数 $g^\varepsilon(x)$ 在微观坐标中的周期性，则

$$g^\varepsilon(x) = g(x, y) = g(x, y + Y) \tag{3.1}$$

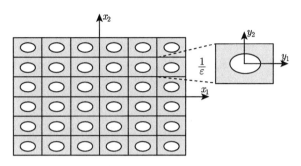

图 3.1 双尺度下的周期性非均质材料及单胞

将该函数对宏观坐标 x 的导数展开为双尺度坐标下的偏导数，即

$$\frac{\partial g^{\varepsilon}(x)}{\partial x_i} = \frac{\partial g(x, y)}{\partial x_i} + \frac{1}{\varepsilon} \frac{\partial g(x, y)}{\partial y_i} \tag{3.2}$$

由此将位移也表示成双尺度坐标的形式，根据摄动理论，按小参数 ε 进行渐进展开，得

$$u_i^{\varepsilon}(x) = u_i^{(0)}(x, y) + \varepsilon u_i^{(1)}(x, y) + \sum_{m=2}^{\infty} \varepsilon^m u_i^{(1)}(x, y) \tag{3.3}$$

对于任意的虚位移场 v，域内微结构的虚功原理的积分形式为

$$\int_{\Omega^{\varepsilon}} E_{ijkl}^{\varepsilon} \frac{\partial u_k^{\varepsilon}}{\partial x_i} \frac{\partial v_i}{\partial x_j} \mathrm{d}x - \int_{\Omega^{\varepsilon}} f_i v_i \mathrm{d}x - \int_{\Gamma} t_i v_i \mathrm{d}\Gamma = 0, \quad \forall v(x) \in V_{\Omega^{\varepsilon}} \tag{3.4}$$

其中，E_{ijkl}^{ε} 为域内基体的弹性模量；Ω^{ε} 为材料所占据的区域；v 为满足位移约束的任意函数；f_i 为结构受到的体积力；t_i 为结构受到的面力；Γ 为结构的表面界面。对虚功原理中的位移进行小参数摄动展开，整理并比较 ε 的同次幂系数，可得

$$\varepsilon^{-2}: \int_{\Omega^{\varepsilon}} E_{ijkl}^{\varepsilon} \frac{\partial u_k^{\varepsilon}}{\partial x_i} \frac{\partial v_i}{\partial x_j} \mathrm{d}x = 0 \tag{3.5}$$

$$\varepsilon^{-1}: \int_{\Omega^{\varepsilon}} E_{ijkl}^{\varepsilon} \left[\frac{\partial u_k^0}{\partial y_l} \frac{\partial v_i}{\partial x_j} + \left(\frac{\partial u_k^0}{\partial x_l} + \frac{\partial v_k^{(1)}}{\partial y_l} \right) \frac{\partial v_i}{\partial y_j} \right] \mathrm{d}x = 0 \tag{3.6}$$

$$\varepsilon^0: \int_{\Omega^{\varepsilon}} E_{ijkl}^{\varepsilon} \left(\frac{\partial u_k^0}{\partial x_l} + \frac{\partial v_k^{(1)}}{\partial y_l} \right) \frac{\partial v_i}{\partial x_j} \mathrm{d}x + \int_{\Omega^{\varepsilon}} E_{ijkl}^{\varepsilon} \left(\frac{\partial u_k^{(1)}}{\partial x_l} + \frac{\partial v_k^{(2)}}{\partial y_l} \right) \frac{\partial v_i}{\partial y_j} \mathrm{d}x$$

$$- \int_{\Omega^{\varepsilon}} f_i v_i \mathrm{d}x - \int_{\Omega^{\varepsilon}} t_i v_i \mathrm{d}\Gamma = 0 \tag{3.7}$$

此外，对任意函数 $g(x, y)$，其所对应的积分为

$$\lim_{\varepsilon \to \infty} \int_{\Omega^{\varepsilon}} g(x, y)\, \mathrm{d}x = \int_{\Omega} \left[\frac{1}{|Y|} \int_{Y} g(x, y)\, \mathrm{d}y \right] \mathrm{d}x \tag{3.8}$$

式中，Y 为单胞域的体积。

当 ε 很小的时候，对方程 (3.5)~(3.7) 分别应用上述积分算子，推导可得

$$u_i^0(x, y) = u_i^0(x) \tag{3.9}$$

$$\int_{\Omega^{\varepsilon}} \left(E_{ijkl} - E_{ijmn} \frac{\partial \chi_m^{kl}}{\partial y_n} \right) \frac{\partial v_i}{\partial y_j} \mathrm{d}x = 0, \quad \forall \chi(x) \in V_Y \tag{3.10}$$

$$E_{ijkl}^H = \frac{1}{|Y|} \int_{Y} \left(E_{ijkl} - E_{ijmn} \frac{\partial \chi_m^{kl}}{\partial y_n} \right) \mathrm{d}y \tag{3.11}$$

$$\sigma_{ij}^{(0)} = \left(E_{ijkl} - E_{ijmn} \frac{\partial \chi_m^{kl}}{\partial y_n} \right) \frac{\partial u_k^{(0)}}{\partial x_l} \tag{3.12}$$

其中，χ 为特征位移，式 (3.11) 中的 E_{ijkl}^H 即为材料的等效弹性张量，式 (3.12) 中的 $\sigma_{ij}^{(0)}$ 即为单胞内微观应力。

式 (3.9) 表明位移小参数摄动展开的第一项宏观位移只和宏观坐标有关，这样的特性使得 E_{ijkl}^H 的推导变得简单。式 (3.10) 为均匀化问题的单胞控制方程，求解此方程可获得具有周期性的特征位移 χ。这样，式 (3.11) 的等效弹性模量可以进一步求得。由于特征位移的引入，由单胞结构非均质所造成的残差项便有所体现，这表明等效弹性模量并不是简单的域内平均所得。式 (3.12) 表示单胞结构应力。考虑到 E_{ijkl}^H 的对称性，现对其形式进行适当变换。将式 (3.10) 中的任意函数 v 取为 χ，则式 (3.10) 可改写为

$$\int_{Y} \frac{\partial \chi_p^{ij}}{\partial y_q} \left(E_{pqkl} - E_{pqkl} \frac{\partial \chi_m^{kl}}{\partial y_n} \right) \mathrm{d}y = \int_{Y} \frac{\partial \chi_p^{ij}}{\partial y_q} E_{pqmn} \left(\frac{\partial \chi_m^{0kl}}{\partial y_n} - \frac{\partial \chi_m^{kl}}{\partial y_n} \right) \mathrm{d}y = 0 \tag{3.13}$$

其中，χ^0 为结构单胞在单位应变下的位移。

式 (3.11) 与式 (3.13) 相减，得

$$\int_{Y} \frac{\partial \chi_p^{ij}}{\partial y_q} \left(E_{pqkl} - E_{pqkl} \frac{\partial \chi_m^{kl}}{\partial y_n} \right) \mathrm{d}y = \int_{Y} \frac{\partial \chi_p^{ij}}{\partial y_q} E_{pqmn} \left(\frac{\partial \chi_m^{0kl}}{\partial y_n} - \frac{\partial \chi_m^{kl}}{\partial y_n} \right) \mathrm{d}y = 0 \tag{3.14}$$

3.1.2 渐进均匀化方法的有限元新格式

传统应用渐进均匀化方法预测非均质材料性能时,前人工作主要依照式 (3.14) 进行积分计算。数值积分是一个较为复杂的过程,此外,对于不同形式的单胞微结构,往往需要修改大量代码以进行相应结构的有限元计算,这个过程也非常费时费力。Cheng(2013) 在均匀化基础理论的基础上,发展了三维 (平面二维) 具有周期性微结构的材料等效性能的一种新求解方法——渐进均匀化方法的有限元新格式 (new implementation of asymptotic homogenization,NIAH)。这种方法基于具有严格数学基础的均匀化理论,并可以与商业软件结合,将其作为黑箱来求解,从而充分利用商业软件的各种单元和建模技术,在降低编程工作量的同时降低了单胞问题求解的工作量。

特征位移 χ 可通过在微单胞上求解式 (3.11) 得到,对应的有限元方程为

$$K\chi = f \tag{3.15}$$

$$K = \int_Y B^{\mathrm{T}} E B \mathrm{d}y \tag{3.16}$$

$$f = \int_Y B^{\mathrm{T}} E \mathrm{d}y \tag{3.17}$$

其中,K 为单胞细观结构的总体刚度阵;f 为总荷载向量;B 为位移应变转换矩阵;E 为组成微单胞基体材料的弹性矩阵。

再由

$$f = \int_Y B^{\mathrm{T}} E \mathrm{d}y = \int_Y B^{\mathrm{T}} E \varepsilon^0 \mathrm{d}y = \int_Y B^{\mathrm{T}} E B \chi^0 \mathrm{d}y = K\chi^0 \tag{3.18}$$

其中,ε^0 为单位应变,即与 E 同阶的单位阵;位移矩阵 χ^0 由单位应变决定,可由微观坐标表示,其具体形式并不唯一,只要满足使单胞域内产生单位应变即可。这样式 (3.18) 中的 f 可以通过单胞的总体刚度阵 K 和位移矩阵 χ^0 进行矩阵相乘而获得,具体实现过程中并不需要进行矩阵的相乘,而只需要针对给定节点位移 χ^0,由有限元软件进行一次静力分析就可以获得。

上述方程需要在周期性边界条件下求解,为表述清晰,将有限元方程改为

$$K\chi = f \tag{3.19}$$

其中,K 和 f 分别为周期性边界条件下的单胞细观结构的总体刚度阵和总荷载向量。

由式 (3.18)、式 (3.19) 可见,特征位移 χ 是结构单胞在单位应变场作用和周期性边界条件约束下的位移。有限元方程 (3.18) 的求解可以通过有限元计算软件

完成，即只需将 f 作为节点力施加到微单胞内部的有限元节点上，同时施加周期性边界条件求解获得。明确特征位移 χ 的意义之后，考虑到式 (3.18) 中符号的改变，可将式 (3.14) 改写为有限元格式

$$E^{\mathrm{H}} = \frac{1}{|Y|} \left(\chi^0 - \chi\right)^{\mathrm{T}} K \left(\chi^0 - \chi\right) \tag{3.20}$$

若将特征位移 χ 作为微单胞域内有限元节点上的指定位移，可以用类似式 (3.19) χ 的求法，得到对应的节点力 f^*，

$$f^* = K\chi \tag{3.21}$$

这样式 (3.20) 化为

$$E^{\mathrm{H}} = \frac{1}{|Y|} \left(\chi^0 - \chi\right)^{\mathrm{T}} \left(f^0 - f^*\right) \tag{3.22}$$

上式即为渐进均匀化方法的有限元新格式。可由此格式得到等效弹性矩阵。从式 (3.22) 可以看出，等效弹性矩阵 E^{H} 具有能量的量纲，可以认为是某种应变场所对应的单胞域内的平均应变能。

现考虑均匀化理论框架下细观组成构件的应力计算求解，将式 (3.12) 写成有限元格式

$$\sigma^{(0)} = \left(E - E\varepsilon^*\right) \varepsilon^{(0)} = \left(E\varepsilon^0 - E\varepsilon^*\right) \varepsilon^{(0)} = \left(\sigma^0 - \sigma^*\right) \varepsilon^{(0)} \tag{3.23}$$

其中，ε^* 和 σ^* 分别为周期性边界条件下的应变和应力；σ^0 为单位应变 ε^0 对应的应力，$\varepsilon^{(0)}$ 为宏观尺度下的应变。

通过以上推导过程可以发现，式 (3.22) 和式 (3.23) 中的各量都已求得，只需进行简单的矩阵相乘运算即可获得非均质材料复合结构的宏观等效弹性性质和微观应力。渐进均匀化方法的有限元新格式省去了较为复杂的数学推导和数值积分过程，充分利用商用有限元软件提供的丰富单元库和建模技术，显著降低了建模和编程的工作量。

下面总结使用渐进均匀化方法的有限元新格式计算非均质材料复合结构等效弹性参数和微观应力的实施步骤。

(1) 根据非均质复合结构特征选取单胞模型，计算使单胞产生单位应变 ε^0 的节点位移 x^0，位移场函数的选择不唯一。

(2) 在通用有限元软件中建模，将节点位移 x^0 作用到微单胞节点上，在有限元软件中执行一次静力分析，根据式 (3.18) 可得节点的广义特征力 f，并提取节点应力 σ^0。

(3) 将上一步得到的广义特征力 f 作用于单胞，并施加周期性边界条件，通过有限元软件进行静力分析即可得到特征位移χ，并提取节点应力 σ^*。

(4) 将χ施加到单元节点上，执行一次静力分析，计算对应的节点力 f^*。

(5) 根据式 (3.22) 计算出材料的等效弹性矩阵 E^{H}。

(6) 建立宏观等效模型，并赋予计算得到的等效属性 E^{H}。

(7) 给宏观模型施加荷载，提取单胞的宏观应变 ε^0。

(8) 根据式 (3.23) 计算出微观应力 $\varepsilon^{(0)}$。

由于以上计算过程中，对单胞域内的求解步骤均是由通用有限元软件完成的，因此该方法可以适应更为复杂的结构和不同荷载、边界条件形式的单胞构型，如三维实体单胞、二维板壳单胞及一维梁单胞等，不同单胞只需选择相应的有限元单元即可，使得对具有更加复杂单胞构型的复合材料的分析大为简化。

3.1.3 一维周期性梁结构的渐进均匀化理论

Yi 等 (2015) 在没有涉及有限元数值方法的一维周期性结构均匀化理论的理论模型和一些简单结构的解析解的基础上，进一步发展了一维周期性结构均匀化理论，并给出了有限元数值求解过程，形成了一维周期性结构的均匀化新格式。

一维周期性结构是在宏观轴向尺寸远大于其他两个方向尺寸，且只在轴向具有周期性的细长复合结构。如图 3.2 所示，假设梁一维结构仅在 x_1 方向上具有周期性，定义一个周期段 Y 为单胞，图中斜线表示螺旋缠绕的构件。

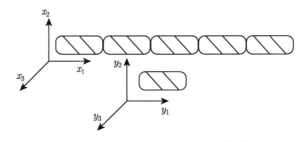

图 3.2 一维周期性复合梁结构及其单胞

相比于三维实体结构，一维梁结构在进行均匀化计算时将三维模型降为了一维模型，即为模型降维过程，使得庞大的计算量能够得到缩减。经过模型降维后，一维周期性梁模型仍然能够和三维实体模型一样在统一的均匀化新格式框架内进行建模和求解。但是，不同的是，在求解过程中，特征位移场由三维模型的 6 个变成一维模型的 4 个，分别代表轴向拉伸，两个方向上的弯曲以及扭转。特征位移场的取值较为随意，只需能满足对应的广义单位应变场 ε 即可，而 ε 定义为

$$
\varepsilon = \left\{ \begin{array}{c} \varepsilon_{11} \\ \varepsilon_{22} \\ \varepsilon_{33} \\ \gamma_{xy} \\ \gamma_{yz} \\ \gamma_{zz} \end{array} \right\}, \varepsilon_1^0 = \left\{ \begin{array}{c} 1 \\ 0 \\ 0 \\ 0 \\ 0 \\ 0 \end{array} \right\}, \varepsilon_2^0 = \left\{ \begin{array}{c} -y_2 \\ 0 \\ 0 \\ 0 \\ 0 \\ 0 \end{array} \right\}, \varepsilon_3^0 = \left\{ \begin{array}{c} -y_3 \\ 0 \\ 0 \\ 0 \\ 0 \\ 0 \end{array} \right\}, \varepsilon_4^0 = \left\{ \begin{array}{c} 0 \\ 0 \\ 0 \\ -y_3 \\ 0 \\ y_2 \end{array} \right\}
$$

$$(3.24)$$

在广义单位应变场中，下标 1 表示拉伸，2 和 3 表示弯曲，4 表示扭转，这就表示总共有四个荷载工况。

一维梁结构均匀化理论在推导时将梁看作是欧拉伯努利梁，从而忽略横向剪切和翘曲的影响，其等效刚度阵定义为

$$
\left\{ \begin{array}{c} N_1 \\ M_2 \\ M_3 \\ T_4 \end{array} \right\} = \left[\begin{array}{cccc} D_{11} & D_{12} & D_{13} & D_{14} \\ D_{21} & D_{22} & D_{23} & D_{24} \\ D_{31} & D_{32} & D_{33} & D_{34} \\ D_{41} & D_{42} & D_{43} & D_{44} \end{array} \right] \left\{ \begin{array}{c} \bar{\varepsilon}_1 \\ \bar{k}_2 \\ \bar{k}_3 \\ \bar{k}_4 \end{array} \right\}
$$

$$(3.25)$$

根据上述下标的定义，D_{11} 代表拉伸刚度，D_{22} 和 D_{33} 代表弯曲刚度，D_{44} 代表扭转刚度，而其余非对角元上的各项代表与下标相对应的两种工况下的耦合刚度。

在进行均匀化计算时，每个实体单元的节点在有限元中仅有三个平动自由度，则单位应变场对应的节点位移场 χ^0 为

$$
\chi_1^0 = \left\{ \begin{array}{c} x \\ 0 \\ 0 \end{array} \right\}, \quad \chi_2^0 = \left\{ \begin{array}{c} -xz \\ x^2/2 \\ 0 \end{array} \right\}, \quad \chi_3^0 = \left\{ \begin{array}{c} -xy \\ 0 \\ x^2/2 \end{array} \right\}, \quad \chi_4^0 = \left\{ \begin{array}{c} 0 \\ -xy \\ xz \end{array} \right\}
$$

$$(3.26)$$

但是，对于结构中的梁单元，则需要考虑 6 个自由度，包括 3 个平动自由度和 3 个转动自由度，单位应变场对应的节点位移场 χ^0 为

$$
\chi_1^0 = \left\{ \begin{array}{c} x \\ 0 \\ 0 \\ 0 \\ 0 \\ 0 \end{array} \right\}, \quad \chi_2^0 = \left\{ \begin{array}{c} -xz \\ x^2/2 \\ 0 \\ 0 \\ 0 \\ x \end{array} \right\}, \quad \chi_3^0 = \left\{ \begin{array}{c} -xy \\ 0 \\ x^2/2 \\ 0 \\ -x \\ 0 \end{array} \right\}, \quad \chi_4^0 = \left\{ \begin{array}{c} 0 \\ -xy \\ x \\ 0 \\ 0 \\ 0 \end{array} \right\}
$$

$$(3.27)$$

此外，将梁的等效刚度矩阵表示成如式 (3.21) 的形式，即单胞域内应变能和互应变能的形式：

$$D^{\mathrm{H}} = \frac{1}{\mid Y \mid} \left(\chi^0 - \chi \right)^{\mathrm{T}} \left(f^0 - f^* \right) \tag{3.28}$$

3.2 典型螺旋缠绕结构的等效分析

3.2.1 螺旋缠绕结构的均匀化等效分析

螺旋缠绕结构的均匀化等效分析主要包括：模型建立与网格划分、边界条件施加、网格收敛性检验、等效性能数值结果分析四个部分，具体如下。

1. 模型建立与网格划分

在典型的螺旋缠绕结构中，当缠绕构件与被缠绕构件直径相当，且缠绕角小于 $20°$ 时，可以近似看作椭圆形状。实际工程中不论海底海缆或者钢绞线，其关键构件之间的螺旋角度一般都在 $10°$ 左右，甚至更小。在密布圆周情况下，缠绕构件螺旋截面中心与被缠绕构件截面中心之间的距离称为节圆半径 R_0，其与构件截面半径存在如下关系式：

$$R_0 = R_{\mathrm{s}} \sqrt{1 + \left(\frac{\cot \left(180°/n \right)}{\cos \alpha} \right)^2} \tag{3.29}$$

其中，R_0 为外层螺旋缠绕构件的半径；α 为外层螺旋缠绕构件的角度；n 为外层螺旋缠绕构件的数目。

本算例选取"6+1"经典螺旋缠绕结构模型进行模拟，包括一根中心圆柱构件以及以一定螺旋角度缠绕在外层的 6 根圆柱构件，如图 3.3 所示。所有构件均看作均质各向同性线弹性材料，材料弹性模量为 $2 \times 10^{11}\mathrm{Pa}$，泊松比为 $\nu = 0.3$。假定缠绕构件的半径 $R_{\mathrm{s}} = 2.590\mathrm{mm}$，$\alpha = 8.18°$，那么依据上述公式，中间核心圆柱构件的半径 $R_{\mathrm{c}} = 2.630\mathrm{mm}$。

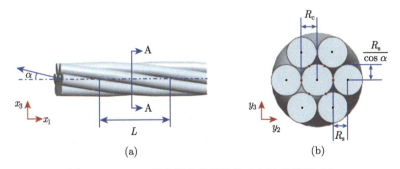

图 3.3 "6+1"经典螺旋缠绕结构 (a) 及其截面 (b)

　　根据前述理论选择单胞，由于结构具有环向旋转对称性，最短单胞的长度可定义为一个周期的 1/6。这样每个单胞一端截面上的位置与另一端截面上的单胞的位置相同，使得 1/6 周期长度的结构为最小单胞。本节仅考虑小变形情况，忽略构件变形后的相互滑动，假定中心圆线和外层螺旋线之间运动耦合，即构件相互之间相切处节点通过耦合方式使其具有共同的位移。依据螺旋结构几何尺寸，基于实体单元建立螺旋缠绕结构有限元模型，如图 3.4 所示。

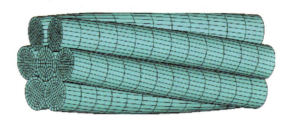

图 3.4　螺旋缠绕结构有限元模型

　　通过计算不难发现，基于实体单元的求解要使得结果收敛，往往要求划分的实体单元数目较大，因此运算过程也需要耗费大量的时间。如前所述，基于渐进均匀化的等效方法可适用于各种具有周期性特征的结构模型。图 3.3 所示的螺旋缠绕结构的组成构件为典型的细长梁，因此，基于梁单元建立上述结构的有限元等效分析模型可以有效地降低计算量。中心构件和外层螺旋构件之间的接触利用刚性梁单元之间的节点耦合来模拟，如图 3.5 所示。在截面内，刚性梁单元一端连接梁单元，一端连接接触面，将接触面上的刚性梁单元节点进行耦合连接。

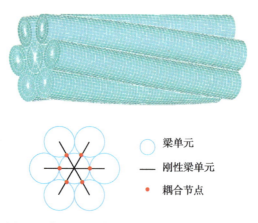

○　梁单元

—　刚性梁单元

●　耦合节点

图 3.5　螺旋缠绕结构有限元分析模型及其截面

外层螺旋构件的圆截面与中心构件的截面不相互平行，而是存在着一定的角度 α。为了保证计算精度，对实体单元模型进行大量网格划分，同时为了降低计算量，中心构件的网格较外层圆线网格略粗。此外，为了保证节点完美耦合，对中心圆线进行网格划分时也需沿着螺旋线。图 3.6 给出了两种划分网格的方式。

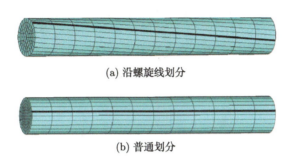

(a) 沿螺旋线划分

(b) 普通划分

图 3.6 沿螺旋线划分网格和普通划分网格

不同网格划分会对节点耦合产生影响，对中心构件的普通网格划分无法让接触面上的点完美耦合，但是可以使某一点与附近的点进行耦合。计算结果见表 3.1，对于等效刚度来说，两种网格的划分的影响并不大，相对误差不超过 2%。这是因为在均匀化理论中，等效刚度的求解是对整个域内进行积分而得到的，微小的位移差在整个积分中产生的影响微乎其微。但是这些微小的位移差会对微观应力场有较大影响。微观应力是对各个节点的精确求解，而不是对域内的积分。因此在计算微观应力或保证更高精度时，需要将接触面上的节点完美耦合。具体计算过程通过 ANSYS 脚本命令流构造并施加单位位移实现，依据前述均匀化求解流程对各个有限元模型进行分析。

表 3.1 两种网格划分对等效刚度的影响

等效刚度	沿螺旋线划分	普通划分	相对误差/%
$D_{11}/(\times 10^6 \text{N})$	28.18	27.69	1.73
$D_{22}/(\text{N} \cdot \text{m}^2)$	333.38	327.66	1.71
$D_{33}/(\text{N} \cdot \text{m}^2)$	332.93	327.50	1.63
$D_{44}/(\text{N} \cdot \text{m}^2)$	52.14	51.54	1.15
$D_{14}/(\times 10^3 \text{N} \cdot \text{m})$	17.90	17.62	1.56

2. 边界条件施加

在非均质材料多尺度分析中，想要得到准确的宏观等效模量和微观力学响应必须选取合适的周期性边界条件，在单胞边界上需同时满足变形协调条件和应力连续条件。Whitcomb 系统地推导了一般周期性结构的边界条件的数学表达形式。张超给出了非周期性网格下的一般周期性边界条件，并将其应用到单胞的有限元分析当中。

对于一个完整周期的单胞来说,在周期性网格下的边界条件为周期性方向上边界的对应节点具有相同的应变和应力。但是对于一个螺旋结构的不完整周期单胞来说,由于单胞的长度只有 1/6 周期长度,轴向周期性对应的节点并不是同一根圆线上对应的节点。这就存在着两种施加周期性边界条件的方法,如图 3.7 所示,第一种是正对应方式,中间及外层构件沿着中心轴线方向将两端对应的节点施加周期性约束,例如对左端面的 B 节点与右端面的 C 节点进行变形耦合;第二种是旋转对应,中间及外层圆柱旋转一定角度之后沿着各自轴线方向将两端对应的节点施加周期性约束,例如对左端面的 A 节点与右端面的 C 节点进行变形耦合。

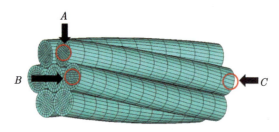

图 3.7　周期性边界条件的施加

表 3.2 给出了两种不同的周期性边界条件下等效刚度结果的对比。从表中可以发现,这两种边界条件施加后的结果差别较小,等效刚度之间的最大误差为拉扭耦合刚度的 2%,而拉伸刚度 D_{11}、弯曲刚度 D_{22} 和 D_{33} 以及扭转刚度 D_{44} 的误差均小于 1%。因此,周期性边界条件可以根据公式严格推导下的模型施加,也可以根据几何模型施加,这体现了均匀化算法在周期性边界条件上的一般性和多样性。

表 3.2　施加不同周期性边界条件下等效刚度结果的对比

等效刚度	正对应	旋转对应	相对误差/%
$D_{11}/(\times 10^6 \text{N})$	28.18	28.41	0.82
$D_{22}/(\text{N} \cdot \text{m}^2)$	333.38	335.97	0.78
$D_{33}/(\text{N} \cdot \text{m}^2)$	332.93	335.6	0.81
$D_{44}/(\text{N} \cdot \text{m}^2)$	52.14	52.08	0.11

3. 网格收敛性检验

在有限元计算过程中,考虑到网格的大小对结果收敛性及准确性的影响,本小节进行了网格收敛性检验。在确保计算精度的条件下,采用较少的网格划分会使计算成本显著降低,这对工程上复杂结构的计算有着重要作用。

现对单胞实体模型进行网格划分,截面网格密度不变,轴向网格密度分别划分为:6,12,20,30。图 3.8 给出了利用实体单元模型进行均匀化计算时,等效刚度随着网格密度的变化。从图中数据可以看出，当网格密度达到 12 时，各个等效刚度已经接近于收敛，此时，网格数量为 8640 个实体单元。

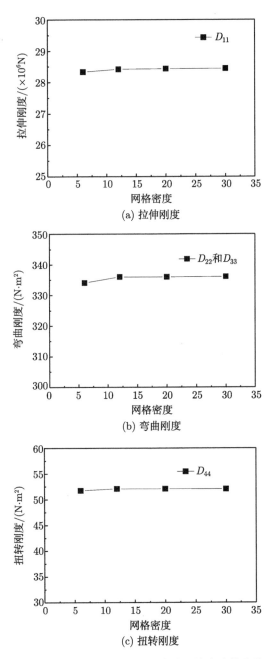

(a) 拉伸刚度

(b) 弯曲刚度

(c) 扭转刚度

图 3.8　实体单元模型等效刚度随网格密度的变化

　　对梁单元模型进行网格收敛性检验。同样地，截面网格密度不变，将轴向网格密度分别划分为：6,12,20,30,60,100。图 3.9 给出了利用梁单元模型进行均匀化

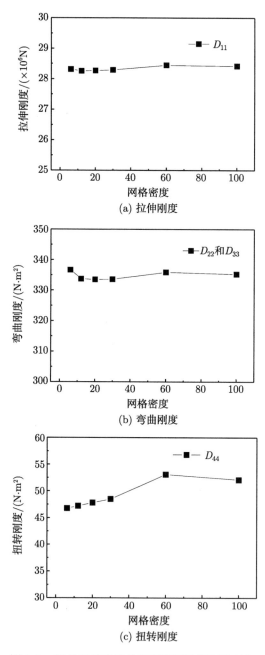

(a) 拉伸刚度

(b) 弯曲刚度

(c) 扭转刚度

图 3.9　梁单元模型等效刚度随网格密度的变化

计算时，等效刚度随着网格密度的变化。从图中数据可以看出，当网格密度达到 60 时，各个等效刚度已经接近于收敛，此时，梁单元数量为 420 个。在得到收敛的等效计算结果时，采用梁单元的模型要比实体单元模型的规模小。因此，采用梁单元进行建模时可以显著降低计算规模和 CPU 耗时。

4. 等效性能数值结果

通过前文的研究已能掌握最合适的建模方式及有效的计算方法。下面将对该螺旋结构分别采用实体单元及梁单元进行建模计算，并与文献进行对比验证。

Nawrocki 和 Labrosse(2000) 曾对这种 "6+1" 形式的螺旋缠绕结构进行过理论研究，主要研究其在轴向拉伸荷载和拉弯组合荷载下的力学响应。Cartraud 和 Messager(2006) 则基于周期性梁结构三维有限元方法给出了该螺旋缠绕结构的刚度数学表达式，但是也仅限于轴向拉伸刚度和扭转刚度。表 3.3 给出了采用实体单元和梁单元模型通过均匀化新方法得到的等效刚度与文献中结果的对比。

表 3.3　采用不同单元的螺旋结构等效刚度与文献结果的对比

等效刚度	NIAH (Solid/8640)	NIAH (Beam/420)	Yi (NIAH)	Nawrocki 和 Labrosse	Cartraud 和 Messager	Knapp 理论和 Witz 无滑动理论
$D_{11}/(\times 10^6 \text{N})$	28.41	28.35	29.00	29.02	28.63	31.02
$D_{22}/(\text{N} \cdot \text{m}^2)$	335.97	335.86	362.2	—	—	456.34
$D_{33}/(\text{N} \cdot \text{m}^2)$	335.60	335.86	362.2	—	—	456.34
$D_{44}/(\text{N} \cdot \text{m}^2)$	52.08	53.09	53.84	52.91	53.49	71.23
$D_{14}/(\times 10^3 \text{N} \cdot \text{m})$	18.26	18.42	18.52	18.56	18.24	—

由表 3.3 的结果对比不难发现，基于实体单元与梁单元求解所得刚度系数相差在 1% 以内，且与 Nawrocki 和 Labrosse(2000) 及 Cartraud 和 Messager(2006) 通过均匀化理论所得到结果相差在 3% 以内，相对于 Knapp(1975) 理论具有更高的精度。此外，NIAH 方法不仅能够高精度地计算得到轴向拉伸刚度 D_{11} 和扭转刚度 D_{44}，还能计算出包括耦合刚度如拉扭刚度 D_{14}、拉弯刚度 D_{13}/D_{23}、弯扭刚度 D_{34} 在内的等效刚度矩阵，这是以往文献中未给出的，也体现了本节基于有限元理论的 NIAH 方法预测周期性螺旋缠绕结构的有效性和特色。同时，表 3.3 中的数据有效地说明了梁单元模型的计算精度完全可以满足工程应用的要求，并可以显著地提高等效刚度参数的求解效率。这里需要特别说明的是，Yi 也基于 NIAH 方法计算了类似的结构，但是其所用单元数量远远多于本节。此外由于其没有考虑外层圆柱变形成椭圆的情况，所得弯曲刚度与本节计算相差较大，但不超过 7%。这也在一定程度上验证了本节理论模型和计算程序的正确性。

3.2.2 尺寸效应对螺旋缠绕结构的性能影响分析

对于周期性结构等效问题，单胞的尺寸选择直接影响着等效求解的效率和精度，如果单胞尺寸太大将降低分析效率，如果单胞尺寸过小又将会由于端部边界效应而增大等效计算误差。因此需要对单胞尺寸效应进行研究从而确定最佳的单胞尺寸。除了前面所研究的 1/6 螺旋长度模型外，还需研究其他三个模型，其长度分别为 1/3 螺距、1/2 螺距、1 螺距，如图 3.10 所示。同时，螺旋缠绕结构为一维旋转对称结构，一定长度的单胞绕中心轴旋转一定角度并沿着轴线平移可实现单胞的无限复制。因此，需要考虑环向的旋转周期，以及边界约束的具体形式。不同尺寸单胞模型的结果见表 3.4。

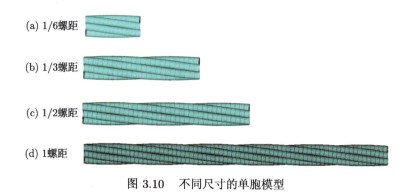

(a) 1/6螺距

(b) 1/3螺距

(c) 1/2螺距

(d) 1螺距

图 3.10   不同尺寸的单胞模型

表 3.4   不同尺寸单胞的等效刚度参数结果对比

等效刚度	1/6 螺距	1/3 螺距	1/2 螺距	1 螺距
$D_{11}/(\times 10^6 \mathrm{N})$	28.41	28.51	28.51	28.51
$D_{22}/(\mathrm{N \cdot m^2})$	335.97	337.58	337.58	337.58
$D_{33}/(\mathrm{N \cdot m^2})$	335.60	337.11	337.11	337.11
$D_{44}/(\mathrm{N \cdot m^2})$	52.08	54.83	54.84	54.84
$D_{14}/(\times 10^3 \mathrm{N \cdot m})$	18.26	18.09	18.09	18.09

由表 3.4 中的结果可知，当单胞尺寸超过 1/3 螺距时，各项刚度均达到稳定值且不再随单胞尺寸变化而显著变化。单胞尺寸为 1/6 螺距时，最大误差出现在扭转刚度上，仅为 5%，但其满足工程需求。实际上，不同长度模型的结果差异对于整体宏观变形是可以忽略的。对于这种情况，1/3 螺距长度的模型与整个螺距长度的模型的结果几乎一致。上述结果表示在多尺度分析中使用最小单胞模型去计算是一种有效且不降低精确度的选择，并且能够最大限度地节省计算耗时。这就使得普通计算机也能计算大型复杂模型的宏观等效性能。

3.2.3 典型悬链线整体行为分析

本节采用精确建立的有限元方法对等效计算的弹性参数进行验证。这里采用"6+1"型螺旋缠绕结构建模，整体结构形式如图 3.11 所示，结构约束条件设定为右端完全固定，左端可沿着结构轴向运动，施加重力荷载，使其按自重悬垂。结构总长度为 3 个螺距 684.5mm，单根均质缠绕构件的材料密度设定为 7800kg/m³，缠绕中心圆柱截面半径为 R_c=2.675mm，周围螺旋缠绕圆柱半径为 R_s=2.59mm，材料弹性模量选为 $E = 2 \times 10^{11}$Pa，泊松比为 $\nu = 0.3$。螺旋缠绕结构的约束和悬垂结果如图 3.12 所示。计算结果显示，结构中点发生最大挠度，下降 175.1mm，端部沿水平轴线移动 121.6mm。等效结构约束和悬垂结果如图 3.13 所示，螺旋结构等效成实心圆柱形截面的梁，施加相同荷载和约束，中间点发生最大挠度，下降 177.7mm，端部沿轴线水平位移 125.3mm。

图 3.14 较好地展示了螺旋结构和等效圆柱的悬垂结果对比。由上述等效前后的计算结果可知，中间点最大挠度误差为 1.4%，端部水平位移误差为 2.9%。故从等效结果上可以看出，基于 NIAH 方法的螺旋缠绕结构在计算结构整体位移时具有良好的近似精度。

图 3.11　悬垂结构示意图

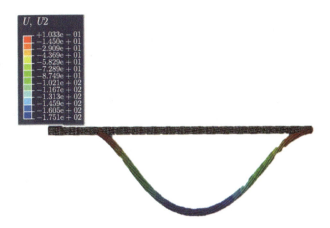

图 3.12　螺旋结构悬垂结果

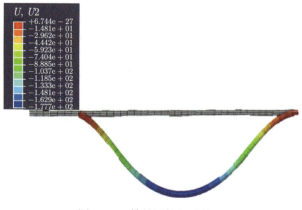

图 3.13　等效圆柱悬垂结果

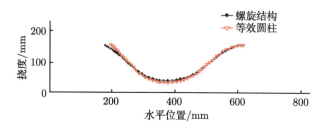

图 3.14　螺旋结构和等效圆柱的悬垂结果对比

3.2.4　设计参数对螺旋缠绕结构等效刚度的分析

实际工程中，海底电缆或者脐带缆，对于不同部位，其关键构件的螺旋角度不唯一，这是为了满足不同的弯曲需求。同时，脐带缆内部的关键构件为了满足功能需求，其个数和材料属性也不尽相同。对于铠装层来说，铠装钢丝的数量更多，螺旋角的设计范围也更广泛。本小节主要研究螺旋角、外层螺旋线数量对整体等效刚度的影响。

1. 螺旋角对等效刚度的影响

在海洋工程中，脐带缆在弯曲幅度较大、弯曲半径较小的部位，其螺旋结构的螺旋角也较大，对于弯曲幅度较小、弯曲半径较大的部位，其螺旋结构的螺旋角则较小，如图 3.15 所示。除了弯曲刚度外，螺旋角对拉伸刚度和扭转刚度也有一定的影响。现对这样的螺旋结构进行螺旋角对等效刚度的影响分析，分别研究对螺旋角 5° ～ 17° 内等效刚度随螺旋角变化的趋势。

螺旋角对等效刚度的影响如图 3.16 所示，其中，拉伸刚度和弯曲刚度随着角度的增大而减小，但扭转刚度和拉扭耦合刚度则随着角度的增大而增大，这说明拉伸刚度和弯曲刚度主要依赖于螺旋角的余弦值，而扭转刚度和拉扭耦合刚度则依赖于螺旋角的正弦值。值得注意的是，各个刚度的变化幅度不尽相同，体现了对螺旋角的依赖性不一样。弯曲刚度的降幅比拉伸刚度要大，达到 1/3 的缩减，拉扭耦合刚度的增幅要比扭转刚度大，达到 3 倍的增长。螺旋角的选取可使得在弯曲刚度显著缩减的情况下保证拉伸刚度缩减得较小，从而满足工程应用。

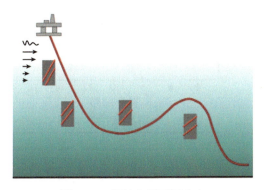

图 3.15 螺旋角的不同分布

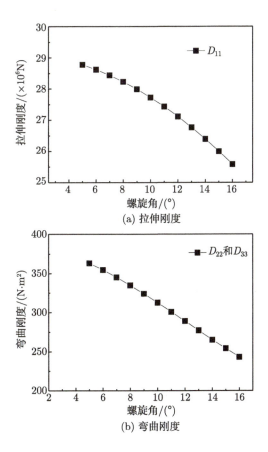

(a) 拉伸刚度

(b) 弯曲刚度

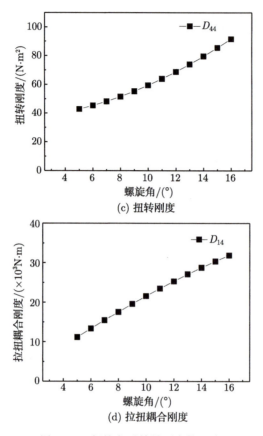

(c) 扭转刚度

(d) 拉扭耦合刚度

图 3.16　螺旋角对等效刚度的影响

2. 外层螺旋线数量对等效刚度的影响

构造一组外层螺旋构件不同根数的螺旋缠绕结构，其几何参数和材料参数与前文相同，中心构件的参数可根据节圆半径求得，并且会随着外层构件数量的增大而增大，如图 3.17 所示。

图 3.17　不同外层构件根数示意图

图 3.18 给出了外层构件根数对宏观等效刚度的影响，外层构件的根数从 6 根增长到 15 根。拉伸刚度和拉扭耦合刚度的增长接近于线性增长，而弯曲刚度和扭

转刚度的增长则更为明显，呈现指数形式。这也是工程上使用螺旋缠绕结构的重要原因，在材料不变的情况下，通过改变结构的几何特征而使整体性能得到显著提升。

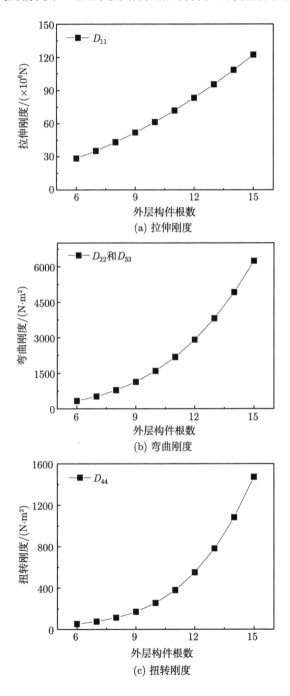

(a) 拉伸刚度

(b) 弯曲刚度

(c) 扭转刚度

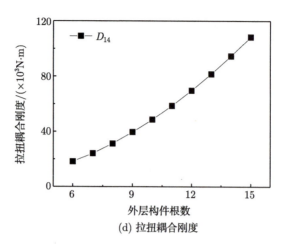

(d) 拉扭耦合刚度

图 3.18　宏观等效刚度随外层构件根数的变化

　　此外，为了更好地显示等效刚度的变化趋势，现将等效刚度的结果作归一化处理。以外层构件根数为 6 的结构等效刚度 D_0 和横截面积 A_0 为基准，外层构件根数为 n 的结构等效刚度 D_n 和横截面积 A_n 除以基准得到的无量纲参数为纵坐标，外层构件根数为横坐标，如图 3.19 所示。从图中可以看出，拉伸刚度符合横截面积的线性增长，弯曲刚度则符合横截面积的二次增长，即为横截面积平方的增长。这些增长规律符合材料力学中关于梁截面刚度的理论推导。但是扭转刚度和拉扭耦合刚度的增长要明显高于横截面积的增长，螺旋结构的特殊性导致整体结构的扭转特性显著增强，再者单元构件之间为非滑动状态，这也对扭转特性有一定的增强。

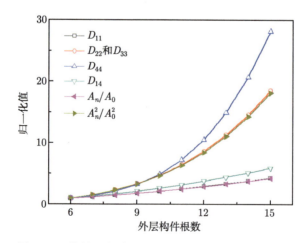

图 3.19　等效刚度随外层构件根数变化的归一化处理

需要注意的是，等效刚度随外层构件根数增长的规律性除了说明结构的特性外，还在一定程度上证明了 NIAH 方法能够解决复杂微观结构的等效问题。内外构件几何参数的相同与否并不影响求解过程，都是在同一框架内利用有限元进行计算。即便脐带缆内层单元构件数量较少，外层缠绕钢丝数量较多，NIAH 方法依旧是具有通用性和有效性的便捷方法。

3.3 典型螺旋缠绕结构局部应力降尺度分析

局部构件应力是研究螺旋缠绕结构强度、裂纹扩展、疲劳损伤等重要破坏形式的关键结构响应信息，而以往的螺旋缠绕结构等效研究中往往很少涉及。3.2 节已经给出了螺旋缠绕结构的宏观等效刚度计算结果，本章将在其基础上给出微观应力的计算方法，并应用到螺旋缠绕结构中来。

3.3.1 细观应力场——螺旋缠绕结构一阶细观应力计算方法

在均匀化理论中，在单胞域内有四个特征方程，包括一个拉伸方程、两个弯曲方程和一个扭转方程。

单胞拉伸方程：

$$\frac{\partial}{\partial y_j}\left(E_{ijml}\frac{\partial U_m^1}{\partial y_l} + E_{ij11}\right) = 0$$

$$\left(E_{ijml}\frac{\partial U_m^1}{\partial y_l} + E_{ij11}\right)N_j = 0$$

$$E_{ijml}\left.\frac{\partial U_m^1}{\partial y_l}N_j\right|_{Y_+} = -E_{ijml}\left.\frac{\partial U_m^1}{\partial y_l}N_j\right|_{Y_-} \quad U_m^1\big|_{Y_+} = U_m^1\big|_{Y_-} \quad (3.30)$$

单胞弯曲方程：

$$\frac{\partial}{\partial y_j}\left(E_{ijml}\frac{\partial V_m^1}{\partial y_l} - y_\alpha E_{ij11}\right) = 0$$

$$\left(E_{ijml}\frac{\partial V_m^1}{\partial y_l} - y_\alpha E_{ij11}\right)N_j = 0$$

$$E_{ijml}\left.\frac{\partial V_m^1}{\partial y_l}N_j\right|_{Y_+} = -E_{ijml}\left.\frac{\partial V_m^1}{\partial y_l}N_j\right|_{Y_-}$$

$$V_m^1\big|_{Y_+} = V_m^1\big|_{Y_-}$$

$$(3.31)$$

单胞扭转方程:

$$\frac{\partial}{\partial y_j}\left(E_{ijml}\frac{\partial W_m^1}{\partial y_l}+e_{\alpha\beta}y_\beta E_{ij\alpha 1}\right)=0$$

$$\left(E_{ijml}\frac{\partial W_m^1}{\partial y_l}+e_{\alpha\beta}y_\beta E_{ij\alpha 1}\right)N_j=0$$

$$\hspace{4cm}(3.32)$$

$$E_{ijml}\frac{\partial W_m^1}{\partial y_l}N_j\mid_{Y_+}=-E_{ijml}\frac{\partial W_m^1}{\partial y_l}N_j\mid_{Y_-}$$

$$W_m^1\mid_{Y_+}=W_m^1\mid_{Y_-}$$

其中, U_m^1、V_m^1 和 W_m^1 分别为一维单胞拉伸、弯曲和扭转特征位移场,可由上述特征方程求得;下标 α 和 β 取值为 2 和 3,符合求和规定。这些特征方程不仅含有本构关系,更包含了力和位移的周期性边界条件。通过求解周期性边界条件下的特征方程,可以得到特征位移场,进一步可以得到一维单胞的一阶微观应力场。

一阶拉伸特征应力场:

$$b_{ij}=E_{ijml}\frac{\partial U_m^1}{\partial y_l}+E_{ij11} \hspace{3cm}(3.33)$$

一阶弯曲特征应力场:

$$b_{ij}^{*\alpha}=E_{ijml}\frac{\partial V_m^\alpha}{\partial y_l}-y_\alpha E_{ij11} \hspace{3cm}(3.34)$$

一阶扭转特征应力场:

$$b_{ij}^{**}=E_{ijml}\frac{\partial W_m^1}{\partial y_l}+e_{\alpha\beta}y_\beta E_{ij\alpha 1} \hspace{3cm}(3.35)$$

上面的拉伸、弯曲、扭转特征应力场可组合成一维单胞的总体一阶应力场

$$\sigma_{ij}^{(0)}=b_{ij}\bar{\varepsilon}_1+b_{ij}^{*\alpha}\bar{\kappa}_\alpha+b_{ij}^{**}\bar{\kappa}_1 \hspace{3cm}(3.36)$$

至此,通过求解式 (3.30)~(3.32) 所示的单胞特征方程,可得到单胞的特征位移场,再通过式 (3.33)~(3.35) 所示的特征应力场可得到各个特征应力场分量,最后通过式 (3.36) 组合成总体一阶应力场。

3.3.2 细观应力场——细观应力新方法的实现

根据前文内容，一维周期性螺旋缠绕结构对应的特征位移 $(\chi^1, \chi^\alpha, \chi^4)$ 和总体荷载向量 (f^1, f^α, f^4) 也存在着相同的关系。

$$
\begin{aligned}
K\chi^1 &= f^1 \\
K\chi^\alpha &= f^\alpha \\
K\chi^4 &= f^4
\end{aligned}
\tag{3.37}
$$

其中，总体荷载向量为

$$
f^1 = \int_Y B^{\mathrm{T}} E \varepsilon_0^1 \mathrm{d}y
$$

$$
f^\alpha = \int_Y B^{\mathrm{T}} E \varepsilon_0^\alpha \mathrm{d}y
\tag{3.38}
$$

$$
f^4 = \int_Y B^{\mathrm{T}} E \varepsilon_0^4 \mathrm{d}y
$$

拉伸、弯曲、扭转一阶特征应力场的有限元形式可表示为

$$
\begin{aligned}
b^1 &= E\left(\varepsilon_0^1 - \varepsilon^1\right) \\
b^\alpha &= E\left(\varepsilon_0^\alpha - \varepsilon^\alpha\right) \\
b^4 &= E\left(\varepsilon_0^4 - \varepsilon^4\right)
\end{aligned}
\tag{3.39}
$$

为了保持方程表达的简明，引入上标 l 代替原先的上标 1，α，4。l 的取值为 1、2、3、4，符合求和约定。类似地，上标 1 表示拉伸，2 和 3 表示弯曲，4 表示扭转。式 (3.39) 可以写成

$$
b^l = E\left(\varepsilon_0^l - \varepsilon^l\right)
\tag{3.40}
$$

将式 (3.36) 的总体一阶应力场写成有限元形式

$$
\sigma^{(0)} = E\left(\varepsilon^0 - \varepsilon^*\right)\varepsilon^{(0)} = \left(\sigma^0 - \sigma^*\right)\varepsilon^{(0)}
\tag{3.41}
$$

其中，σ^0 和 σ^* 代表具有应力性质的单胞域内材料特性，σ^0 表示域内的平均项，σ^* 表示域内的误差项。

3.3.3 微观应力多尺度分析——单一工况下的应力分析

为了验证前文均匀化应力降尺度计算的正确性，现将通过多尺度计算方法得到的缠绕构件细观局部应力与通过有限元精确建立的结构分析模型的应力进行对比。

为了保证对比的一般性，随机选取单胞模型中的一个节点，如图 3.20 圆圈所示，在单胞中的极坐标为 $[(R_s + R_c), 23, 0.6 \times Y]$，并且为了研究均匀化算法在整个长度上的计算精度，在精确模型中周期性地选取与该点相对几何位置 (整体分析模型中每个单胞内相对几何位置) 相同的点，比较两者的应力计算结果。此例中，精确有限元模型的长度为 60 个单胞的长度，即为 10 个螺距的长度。为等效圆柱模型和精确有限元模型施加相同的荷载和边界条件，荷载及边界条件示意图如图 3.21 所示，为左端固定，右端施加荷载的悬臂梁结构。下文给出基于 NIAH 多尺度分析理论，将计算得到的细观构件应力结果与有限元模型进行对比分析。本算例采用的单胞模型为前文所提到的 "6+1" 型螺旋缠绕结构，材料属性和几何尺寸等都相同。

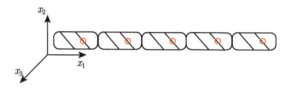

图 3.20　应力对比节点选取位置

图 3.21　荷载和边界条件

　　考虑受到轴向拉伸荷载下 NIAH 方法求解单胞微观应力，对整体模型的左端完全固支，右端施加 $F_1 = 10000$N 的轴向均布拉伸荷载。图 3.22 给出了轴向拉伸荷载下基于 NIAH 理论的降尺度微观构件应力和精确建立的有限元对应几何位置节点应力的对比。纵坐标为该点 Mises 应力，横坐标为该点所在的单胞在整体结构中的位置。

　　从图 3.22 中可以观察到，此结构的最大应力发生在精确有限元模型中的自由端，但是 NIAH 应力计算结果显示在整个等效模型中应力不随节点位置的变化而变化。均匀化理论将非均质结构等效成均质结构，从而宏观应变在整个长度上是均匀分布的，导致应力结果不会因为位置的不同而不同。由于 NIAH 应力计算的局限性，从均匀化理论的推导中就可以看出，想要模拟计算结果的高精准性就要使得单胞模型和整体模型规模相差足够大，也就是 ε 足够小。由于端部效应，均匀化算法难以模拟自由端和固定端的应力非均匀变化，但是却能精准地模拟出中间段的微观应力。总地来说，有 85% 长度的微观应力误差能够被控制在 5% 以内，自由端有 19 个梁高的长度的应力误差在 5% 以上。

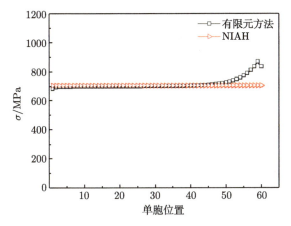

图 3.22 轴向拉伸荷载下均匀化应力和有限元应力的对比

考虑受到弯曲荷载下 NIAH 方法求解单胞微观应力，对整体模型的左端完全固支，右端施加 $F_2 = 100N$ 的垂直向下的均布荷载。图 3.23 给出了弯曲荷载下基于 NIAH 理论的降尺度微观构件应力和精确建立的有限元对应几何位置节点应力的对比。纵坐标为该点 Mises 应力，横坐标为该点所在的单胞在整体结构中的位置。

从图 3.23 中可以观察到，此结构的最大应力发生在固定端，NIAH 降尺度计算的最大应力为 612MPa，精确有限元模型计算得到的最大应力为 606MPa，两者的误差仅为 1%。同样的，由于端部效应，最大应力误差出现在右侧自由端，但是此处的应力值较小，不在我们所关心的应力范围内，我们所注重的是那些应力较大值区域，这些应力能够引起断裂破坏等。总地来说，有 90% 长度结构的微观应力误差可控制在 2% 以内。

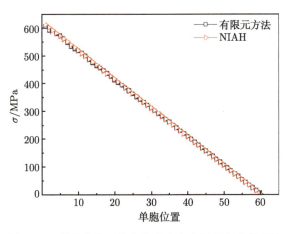

图 3.23 弯曲荷载下均匀化应力和有限元应力的对比

由此可见，NIAH 方法能够有效地模拟出单一工况下的微观应力值，并能符合工程应用需求。此外，对于弯曲荷载下的应力模拟要比轴向拉伸荷载下的模拟更为准确，这也符合弯曲对应力的贡献大于拉伸的实际情况。

3.3.4　微观应力多尺度分析——拉弯组合工况下的应力分析

考虑受到轴向拉伸和弯曲荷载共同作用下采用 NIAH 方法求解单胞微观应力，对整体模型的左端完全固支，右端施加 $F_1 = 10000N$ 轴向均布荷载和 $F_2 = 100N$ 垂直向下的均布荷载。图 3.24 给出了轴向拉伸和弯曲荷载共同作用下基于 NIAH 理论的降尺度微观构件应力和精确建立的有限元对应几何位置节点应力的对比。纵坐标为该点 Mises 应力，横坐标为该点所在的单胞在整体结构中的位置。

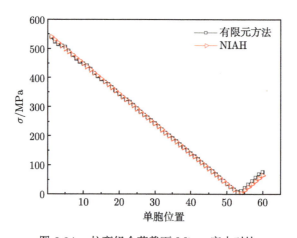

图 3.24　拉弯组合荷载下 Mises 应力对比

从图 3.24 中可以观察到，此结构的最大应力发生在固定端，NIAH 降尺度计算的最大应力为 542MPa，精确有限元模型计算得到的最大应力为 539MPa，两者的误差仅为 0.06%，可见基于 NIAH 多尺度分析理论的螺旋缠绕结构的细观构件的等效刚度升尺度与应力降尺度计算具有较高的计算精度，满足一般工程使用的要求。此外，从图形上观察到，由于所取点位于受压区，Mises 应力先减小为零再增大，该临界点 (Mises 应力为 0 的点) 表示拉伸和弯曲分别对应的应力的贡献相互抵消。此时，尾部 NIAH 降尺度计算的应力为 66MPa，精确有限元模型计算得到的应力为 77MPa，两者的误差仅为 14%。可见对于相对较为复杂的应力状态，NIAH 的多尺度分析仍然能够给出较高的细观应力分析精度。

表 3.5 展示了基于 NIAH 的多尺度应力分析和精确有限元建模分析的计算时间的对比。计算机 CPU 采用双核心 3.3GHz 的 Intel i5-4590 处理器，内存为

8GB。对均匀化多尺度算法进行分析，发现 NIAH 的计算耗时主要集中在单胞的等效刚度计算上，因此等效宏观结构模型的大小不影响计算时间。而利用有限元软件进行精确建模分析时，却在很大程度上受到模型几何尺寸的影响；模型越大，计算耗时越大。从表 3.5 给出的数据可以看出，对于同样长度的结构模型 (如 100 个单胞长度时)，采用实体单元建模分析的有限元方法耗时甚至是基于梁单元建模的 NIAH 多尺度分析耗时的 50 倍。可见本节提出的基于 NIAH 多尺度分析的螺旋缠绕细观构件局部应力分析方法可在保证计算精度的情况下，显著提高计算效率，为后续的结构优化设计、整体结构的弹塑性分析、疲劳分析提供理论基础。此外，需要特别指出的是，对于一般的工程问题 (如深海立管、海底电缆等) 中的螺旋缠绕结构来说，轴向长度往往长达 1000~3000m，可含多达 500 个螺旋长度的单胞，这时本节提出的均匀化多尺度计算方法的优势将会更加明显。

表 3.5   不同模型所需的计算时间   (单位：s)

	30 个单胞	60 个单胞	100 个单胞
精确有限元	270 (90)	780 (270)	1800 (1020)
渐进均匀化	78 (36)	78 (36)	78 (36)
单元数	259200 (12600)	518400 (25200)	864000 (42000)

注：括号内数值代表梁的计算时间，括号前数值代表实体的计算时间。

3.4 脐带缆多尺度分析

脐带缆的拉伸刚度和弯曲刚度是衡量整体结构性能的重要指标，是指导脐带缆生产不可或缺的准则。本章结合前文的研究成果将均匀化理论扩展应用到实际脐带缆模型中，并与文献以及试验结果进行对比，研究均匀化理论从简单结构到实际工程应用的可行性。

3.4.1 脐带缆分析模型——脐带缆模型描述

本节的主要研究对象为图 3.25 所示的典型钢管脐带缆模型，内部构件和外层铠装钢丝都呈螺旋缠绕结构。外层铠装钢丝主要提供抗拉功能，在内部功能性构件中，电缆传导电力信号和提供能源动力，光缆传输控制信号和数据，钢管输送液压和化学药剂。此外，护套层主要保护内部结构不受海水的腐蚀，填充单元填补空白使结构更加稳固。图 3.26 为典型钢管脐带缆的截面，各单元构件都有名称标注。

为了简化研究，首先对除外层螺旋铠装钢丝外的内部功能构件进行多尺度分析，脐带缆缆芯截面如图 3.27 所示。外层包含 5 根钢管，中间包含 1 根钢管，内径为 12.7mm，壁厚为 1mm，材质为双相不锈钢。钢管外都有高密度聚乙烯材质的护套包裹着，外层钢管的护套厚度为 1mm，中间钢管的护套厚度为 9.4mm。光缆中包含一个放置光纤的小钢管，周围排布着 20 个细钢丝，外层有 1mm 厚的高密度聚乙烯护套。电缆中包含 4 个 $1.2mm^2$ 的铜线组。外护套为 5mm 厚的低密度聚乙烯材料。包括带护套钢管的外层功能构件的外直径均为 16.7mm。

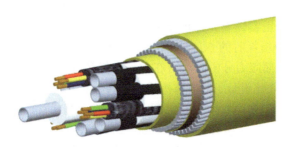

图 3.25　典型钢管脐带缆模型

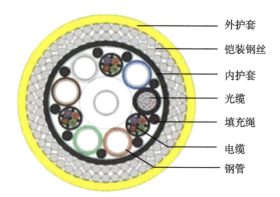

图 3.26　典型钢管脐带缆截面

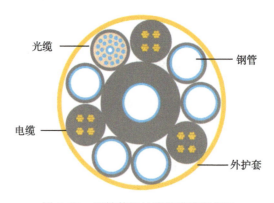

图 3.27　无铠装钢丝脐带缆缆芯截面

脐带缆各构件的材料均为各向同性材料，材料参数见表 3.6。

表 3.6 构件材料参数

材料	弹性模量/GPa	泊松比
双相不锈钢	206	0.33
铜	108	0.33
高密度聚乙烯	1.2	0.48

脐带缆内部功能构件的结构较为复杂，为了方便研究，现将电缆和光缆进行结构简化和材料简化，如图 3.28 所示。将光缆中包裹光纤的钢管和周围的细钢丝简化成具有等效弯曲刚度和拉伸刚度的均质材料，外护套依旧为高密度聚乙烯。电缆中多根铜丝组成的铜芯可简化成一根铜线，填充材料和护套可看成一个整体，为高密度聚乙烯材料。

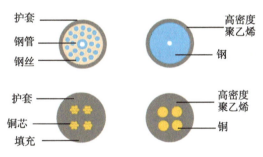

图 3.28 光缆和电缆的简化

3.4.2 脐带缆分析模型——脐带缆模型分析实现

根据本章的螺旋缠绕结构建模分析方法建立脐带缆的均匀化分析模型。对脐带缆仍进行各构件无滑动的等效分析，功能性构件采用梁单元 BEAM188，用于接触点耦合的刚性梁也采用相同的梁单元，其弹性模量为功能构件的 106 倍。这样的接触模拟可以避免非线性分析和构件相对滑动，能够在保证足够精度的要求下模拟出小变形状态下的力学响应。此外，外层螺旋构件相互之间无接触，螺旋角设为 $\alpha = 5°$。由于脐带缆的构件各不相同，并不具备旋转对称性，需要建立一整个螺距长度的模型，以整个周期的单胞进行分析。因此，周期性边界条件为两端对应节点 6 个自由度完全固定。由于外护套的等效模量比双相不锈钢的要低两个数量级，且等效面积较小，对整体的刚度影响较小，在建模时可简化省去。脐带缆的梁单元模型如图 3.29 所示。

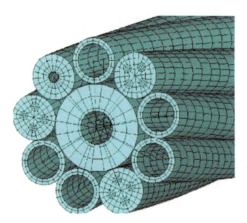

图 3.29　脐带缆梁单元模型

3.4.3　脐带缆等效刚度分析——脐带缆刚度理论公式总结

目前，在脐带缆设计分析过程中，较为关注的力学性能参数为拉伸刚度和弯曲刚度。脐带缆的拉伸刚度决定着其在水下使用时的安全状况，在进行脐带缆动态荷载分析和疲劳荷载分析时则需要考虑截面的弯曲刚度。能够快速且准确地计算出脐带缆拉伸刚度和弯曲刚度是脐带缆设计分析中的关键因素。

Knapp(1975) 考虑了中心圆柱在外层螺旋圆线挤压下发生的径向收缩效应，对于内部圆柱刚性和软质不可压缩这两种极端情况下的拉伸刚度给出了螺旋缠绕结构的解析理论线性分析模型

$$K_T = (AE)_0 + \sum_{i=1}^{n} (AE)_i \left(1 - \frac{\Theta R_c}{2R_i} \tan^2 \alpha_i \right) \cos^3 \alpha_i \tag{3.42}$$

其中，Θ 为变量，当 Θ 取 0 时，中心圆柱为刚性材料，当 Θ 取 1 时，中心圆柱为不可压缩材料；$(AE)_0$ 和 $(AE)_i$ 分别为中心圆柱和第 i 根螺旋圆线的等效拉伸刚度；R_c 为中心圆柱半径；R_i 为外层螺旋线中心到圆柱中心的距离；α 为螺旋角度。

Witz 给出了当螺旋缠绕结构曲率较小时，各构件不产生相对滑动情况下的弯曲刚度表达式

$$K_B = (EI)_0 + \sum_{i=1}^{n} \frac{1}{2} E_i A_i R_i^2 \cos^4 \alpha_i \tag{3.43}$$

其中，$(EI)_0$ 为中心圆柱的等效弯曲刚度。

3.4.4 脐带缆等效刚度分析——基于均匀化方法得出的等效刚度结果

利用均匀化方法能够快速求得包括拉伸刚度和弯曲刚度在内的等效刚度矩阵

$$D = \begin{pmatrix} 93209531 & -90104 & -29726 & -182726 \\ -90104 & 24816 & 2269 & 292 \\ -29726 & 2269 & 27085 & -60 \\ -182726 & 292 & -60 & 5714 \end{pmatrix} \tag{3.44}$$

卢青针 (2011) 曾对类似脐带缆的弯曲刚度进行过研究,并通过对有限元分析得到的数值分析结果与解析理论结果、试验测试结果相对比,得到无滑动和全滑动分析模型。但其研究对象较本节多了一层外护套,即图 3.27 所示的无铠装钢管脐带缆。表 3.7 给出了本节的计算结果与文献的结果对比。

表 3.7 等效刚度计算结果对比

刚度结果	拉伸刚度/($\times 10^6$N)	弯曲刚度/($\times 10^3$N·m^2)
均匀化等效	93.21	24.82
		27.09
理论解析	89.97	27.82
数值分析	—	28.33
试验测试		29.00

从表 3.7 可以得到,拉伸刚度和解析解的误差在 4% 以内,均匀化新方法计算出来两个方向上的弯曲刚度,其中绕垂直轴的弯曲刚度与理论解析解和试验测试的对比误差在 5% 以内。这其中的一部分误差是缺少外护套的弯曲刚度造成的,导致计算的弯曲刚度小于文献中的结果。因此,均匀化新方法能够很好地模拟出像脐带缆这样复杂结构的等效刚度,误差范围也在工程能接受的程度内。

值得注意的是,均匀化新方法得到的结果是整个刚度矩阵,既包括拉伸刚度、弯曲刚度、扭转刚度,又包含耦合刚度。目前工程上对脐带缆的研究仅仅是针对某一种刚度,对于不同的模型还需要更换不同的算法。而均匀化新方法能够将理论与实际结合,计算过程具有一般性和广泛适用性,得到的结果也具备高效性和准确性。

参 考 文 献

卢青针. 2011. 钢管脐带缆弯曲刚度有限元分析. 计算机辅助工程, 20(2):16-19.

Cheng G D. 2013. Novel implementation of homegenization methon to predict effective properties of periodic materials . Acta Mechanica Sinica, 29 (4): 550-556.

Cartraud P, Messager T. 2006. Computational homogenization of periodic beam-like structures. International Journal of Solids and Structures, 43(3): 686-696.

Knapp R H. 1975. Nonlinear analysis of a helically armored cable with nonuniform mechanical properties in tension and torsion. Proceeding of IEEE/MTS conference of Engineering in the Ocean Environment, 155-164.

Nawrocki A, Labrosse M. 2000. A finite element model for simple straight wire rope strands. Computers and Structures, 77(4): 345-359.

Witz J A, Tan Z. 1992. On the flexural structural behaviors of flexible pipes, umbilical and marine cables. Marine Structures, 5(2-3): 229-249.

Yi S N, Xu L, Cheng G D, Cai Y W. 2015. FEM formulation of homogenization method for effective properties of periodic heterogeneous beam and size effect of basic cell in thickness direction. Computers & Structures, 156: 1-11.

第 4 章　海洋脐带缆结构试验测试分析

海洋脐带缆在海洋工程中扮演着重要的角色，随着我国对海洋油气资源的不断开发，其使用越来越广泛。然而，海洋脐带缆失效和损伤可能会导致严重的海洋环境污染和巨大的经济损失，因此其可靠性成为制约海洋油气资源开发的瓶颈 (阎军等，2019)。

为了便于工程设计，简化模型，减少分析与计算量，工程设计中常采用理想化假设对材料进行简化。但是这种简化是否能够保证所得结果满足工程误差精度，保证工程实际应用的安全，需要通过试验进行验证。因此，脐带缆的试验验证是脐带缆研究的重要组成部分。海洋脐带缆装备设计的试验验证将对脐带缆的分析设计过程与设计产品本身进行验证及检测，可以有效保证设计方法的可靠性与实际工况应用的安全性。

4.1　基本力学行为试验测试装置

脐带缆作为一种复合结构，在力学行为方面比均质材料复杂得多。现有的理论分析模型并不能很好地评估脐带缆的力学性能，因此需要通过试验来验证评估结果，发展更为准确的分析模型。

由于理论模型的不足，脐带缆整体分析中的一系列参数不明确，或是组合荷载工况的分析困难。因此，需要通过试验对工况进行验证，以保证脐带缆在实际工作中的安全性。通过试验，可以对脐带缆的性能进行精确测量和评估，包括脐带缆的强度、刚度、疲劳寿命和耐久性等。这些试验数据可以用来验证现有的理论模型，并为发展更为准确的分析模型提供数据支持。同时，试验验证还可以用于确定脐带缆在不同工况下的工作性能，并为设计和制造提供重要依据。

综上所述，通过试验对脐带缆的评估和验证是确保其在实际工作中安全可靠的重要手段，也是发展更为准确的分析模型的必要条件。

海洋脐带缆的测试主要分为复合结构验证测试、模拟实际工况测试以及实时监测等几类。复合结构验证测试检测了结构制造材料性能、设计方法可行性和结构加工偏差，用于评价设计与加工，其中包括材料测试、结构测试等；模拟实际工况测试是模拟实际应用工况，考虑安装和在位两种情况，用于检验产品使用时的性能，包括纯弯曲疲劳测试、拉伸弯曲组合疲劳测试等；实时监测是在位使用时监测其实际情况，用于检验产品使用时的性能，包括光纤检测、漏磁检测等。本章主要考虑的是复合结构测试以及模拟实际工况测试。

试验装置包括测试装置和采集装置。测试装置及采集技术基于试验力学，结合计算力学、传感器技术以及机械学科，根据试验的方案，对脐带缆测试提供完整的系统支撑。

脐带缆测试装置由几个部分组成，包括加载系统、约束系统、动力系统和辅助装置。其中，加载系统由作动器和控制系统组成，模拟在不同荷载工况下对试件进行加载测试。约束系统用于提供试样的约束反力，其主体约束框架和连接装置的设计因试样尺寸不同而有所不同。动力系统通常包括液压、气压或电力驱动装置，为加载系统提供动力来源。辅助装置包括防护网和防护罩等附属装置，用于确保试验过程中操作人员的安全。部分试验测试装置见图 4.1 和图 4.2。

图 4.1　动力装置

图 4.2　约束框架

经常采用的卧式拉伸试验装置见图 4.3。

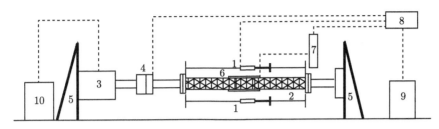

图 4.3 卧式拉伸试验装置

1. 位移计；2. 脐带缆；3. 液压作动器；4. 力传感器；5. 支撑；6. 引伸计；
7. 桥盒；8. 数据采集仪；9. 计算机；10. 控制系统

采集装置包括传感器系统、传输线路和数据分析系统。海洋脐带缆测试的常用传感器有力传感器、位移传感器、应变传感器、温度传感器等。传输线路可设置为基于光电信号的有线传输和基于无线网络信号和 GPS 的无线传输等。数据系统根据选取的传感器进行设计，是测试系统的终端。

测试装置和采集装置是整个试验测试系统的基础。对于测试装置和采集装置，脐带缆试验测试中需要注意三点。

(1) 脐带缆有众多的测试项目，如拉伸测试、扭转测试、弯曲测试、疲劳测试等。测试装置并不是只有一种，而是随着测试项目的变化而各有差异，所以科研人员需要设计开发相应的测试装置，以满足相应的测试需求。

(2) 测试设备应符合国内外认可标准，所有测试设备和仪器应定期校准。

(3) 脐带缆测试信号的检测是工程测试技术在海洋脐带缆领域的应用。采集装置同样包括一般测试系统的测试，进行结果分析时应考虑测试系统的线性度、滞后、零漂等测试特性 (易小龙，2017)。

4.2 拉扭行为试验测试分析

在海洋工程中，脐带缆承受拉伸荷载和扭矩，因此设计时需要充分考虑这些因素以避免破坏。拉伸荷载可能导致脐带缆的多种失效模式，包括抗拉铠装层破坏以及过弯和拉伸破坏等，不同结构的失效模式也不同。同样，脐带缆受到扭矩的情况下，其破坏模式也是多样的，包括抗拉铠装层破坏和拉伸铠装层的鸟笼现象等。

拉伸荷载作用下，系泊系统 (mooring system，MS) 柔性立管与脐带缆承载层均为抗拉铠装层，本节以 MS 柔性立管为例进行试验测试分析。

为了方便工程设计，抗压铠装层和抗拉铠装层常被简化，选择钢带进行缠绕，形成了一种被称为 MS 柔性管的结构。为验证其性能，可以进行拉伸和扭转试验，以评估其在受到拉伸和扭转荷载时的表现。

　　MS 柔性管的结构包括抗压层、抗拉层和外保护层。图 4.4 和图 4.5 展示了 4″ 和 3″ 的 MS 柔性管内部结构。其中，4″ 的 MS 柔性管加强结构由 8 层扁钢缠绕构成，两层扁钢高角度缠绕形成抗压层，四层扁钢反向缠绕形成两层缠绕方向相反的抗拉层，两层扁钢高角度缠绕在抗拉层外形成保护层；3″ 的 MS 柔性管通过 12 层扁钢缠绕得到，其结构与 4″ 的类似。

图 4.4　4″ 的 MS 柔性管内部结构

图 4.5　3″ 的 MS 柔性管内部结构

4.2.1 拉伸试验测试

拉伸试验的目的是测量脐带缆受到拉伸荷载时的变形以及计算脐带缆的刚度，以评估分析方法的正确性，并检查脐带缆是否满足应用中所需要的拉伸荷载要求。同时，该试验也可以测量脐带缆的最大拉伸荷载，查看脐带缆在拉伸作用下的破坏模式。拉伸试验装置的设计如图 4.6 所示。

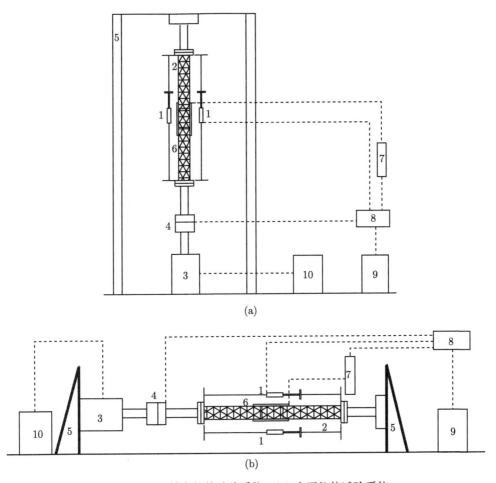

图 4.6　(a) 轴向拉伸试验系统；(b) 水平拉伸试验系统

1. 位移传感器；2. 试件；3. 油压作动器；4. 力传感器；5. 支架；6. 应变片；7. 桥盒；8. 数采仪；9. 计算机；
10. dSPACE 控制系统

对柔性管加载拉伸荷载的装置为液压作动器。该作动器通过系统控制，包括其移动的距离以及移动速率。控制系统基于 dSPACE(digital signal processing and control engineering) 实时仿真系统开发，可实现不同速率和不同量程的加载，操作界面友好，通过界面可直接对拉伸行程、速率等参数实时修改，见图 4.7。

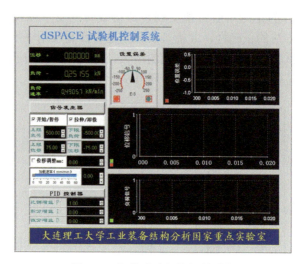

图 4.7　拉伸试验加载控制系统

　　管道一端固定于支架上，另一端固定于作动器上。通过力传感器测得拉力，并通过管道上的应变片和位移计测得管道在拉力下的变形。通过拉力与变形计算可得到管道的拉伸刚度。用于拉伸试验的试件的最短长度，除开接头后，应至少长于 3 倍的最长螺旋截距的长度，或者 10 倍的外径。

　　对 MS 型 4in[①]管的抗拉刚度估算为

$$K = E_{聚合物}A_{聚合物} + nE_{钢}A_{部}\cos^3\alpha_i = 1.023 \times 10^7 \text{N} \tag{4.1}$$

　　试验测得管的抗拉刚度为 1.077×10^7N，误差为 5.3%。因为理论计算时，没有考虑由拉力作用而引起的角度变化的拉伸刚度，因此理论值比试验值偏小。其拉伸试验曲线图如图 4.8 所示。

　　从拉伸曲线上可以看出，在初始阶段，柔性管的拉伸刚度 (斜率) 较大，因为在这个阶段，层与层之间是静摩擦力作用，其拉伸刚度应基于无滑动模型计算。随着拉伸荷载的增大，各层间开始发生滑动，其作用力从静摩擦变为动摩擦，拉伸刚度随即有所下降。这一段的拉伸刚度应基于全滑动模型计算。在卸载阶段，可以观察到滞后现象，如果是理想模型，则无法满足对摩擦的考虑，更无法研究从静摩擦到动摩擦的转化，无法考虑间隙。该试验可对以上局限性进行补充，从而更好地研究柔性管在拉伸荷载下的性能表现。

---

　　① 1in=2.54cm。

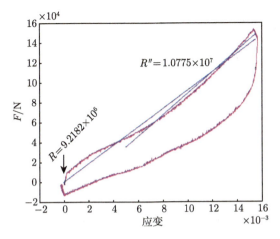

图 4.8　4″ 的 MS 柔性管拉伸试验曲线图

4.2.2　扭转试验测试

与拉伸试验类似，扭转刚度试验需要测得柔性管的扭转刚度：第一，与理论预测值进行对比，评价分析的准确性并完善分析方法；第二，对两个方向的扭转刚度进行测量，测得扭转刚度的实测值。为测得柔性管的扭转刚度，设计试验系统如图 4.9 所示。

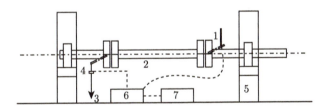

图 4.9　扭转刚度试验系统

1. 位移传感器；2. 试件；3. 加载装置；4. 力传感器；5. 横梁和力臂；6. 数采仪；7. 计算机

该系统中，通过对力臂施加集中力实现对柔性管施加扭矩，在另一端固定，测量扭矩，如图 4.10 所示。通过测量力臂的位移，计算出管道的扭转角，如图 4.11 所示。

图 4.10　扭转刚度试验

图 4.11   扭转角测量

在该试验中，采用加载装置对连接的力臂施加拉力，测量力臂位移，以此确定管道的扭转角。先进行顺时针方向的测量，然后改变力臂方向进行逆时针方向的测量。接着，在刚度较大的方向继续扭转，直到管道破坏，记录最大扭转角。柔性管的螺旋结构导致在拉伸、弯曲作用下都会发生扭转，因此在设计时应尽量让两个方向的扭转平衡，以减少其他荷载作用下的扭转变形。为了检测扭转平衡，可以对管道进行拉伸，一端采用球铰连接，观察管道的扭转变形。

该管道的扭转刚度为 $K_{强} = 45.12\text{kN·m}^2$；$K_{弱} = 41.61\text{kN·m}^2$。而试验测得扭转刚度为 $K_{强} = 69.8\text{kN·m}^2$；$K_{弱} = 51.3\text{kN·m}^2$。表明摩擦对扭转刚度有较大的影响，导致试验测得的扭转刚度偏大，其结果见图 4.12。

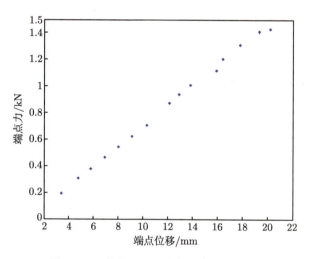

图 4.12   4″ 的 MS 柔性管弱向扭转刚度

为了计算最大扭转角，选择强向的扭转方向进行扭转试验。试验结果见图 4.13。

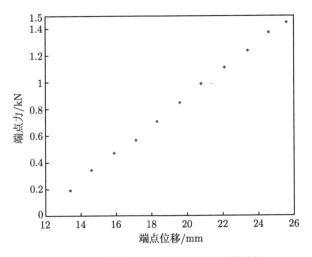

图 4.13 4″ 的 MS 柔性管强向扭转刚度

试验结果显示，数据一开始呈线性关系，斜率与强向扭转刚度相吻合，然后突然趋于平缓，这个过渡表明扭转失效发生，材料失去了承载能力。相应的最大扭矩为：104kN·m。强向扭转破坏结果见图 4.14。

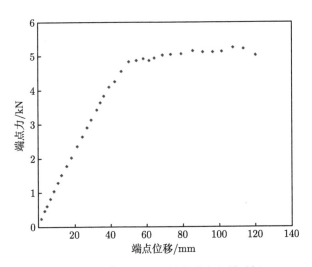

图 4.14 4″ 的 MS 柔性管强向扭转破坏

需要注意的是，理想模型无法估计出材料的失效模式，只能得到材料失效时的近似荷载。因此，在扭转下管道的力学行为还有待进一步研究。柔性管在扭矩荷载下最易出现鸟笼现象等多种失效模式，对其破坏模式的确定需要通过大量试验研究得出。因此，确定失效模式也是该试验的重点。

4.2.3　拉扭耦合试验测试

国外对拉扭耦合下脐带缆的力学行为有一定的研究。Vaz 等 (1998) 对巴西国家石油公司使用的四种脐带缆的代表性样本进行了一系列系统的试验测试，并在 1998 年发表了研究成果。

研究人员对脐带缆进行拉扭测试，轴向拉力荷载和扭转力矩荷载的最大值分别为 1000kN 和 7.5kN·m。在该拉扭耦合测试中，评估四种测试的性能：①张力测试结束自由旋转；②张力测试结束防止旋转；③一端可自由纵向位移的扭转试验；④防止末端纵向位移的扭转试验。本节主要介绍添加预拉力时的扭转试验，即拉扭耦合试验，并介绍其研究成果。

在测试中，在一端施加扭转力矩，然后测量扭转角。扭转刚度由曲线扭转力矩与扭转角的斜率得到，如图 4.15 和图 4.16 所示。根据惯例，从一端观察到的截面为逆时针旋转时，扭转角为正。

测试对象为轴向卸载的样品和有 3 吨预张力的样品。每个测试都考虑两种不同的边界条件：两端固定、一端固定另一端自由。由于有两个螺旋臂，脐带缆表现出不同的行为，即顺时针旋转和逆时针旋转，后者提供较小的刚度。由图 4.15 和图 4.16 可以看出，当对扭转试验测试件添加预拉力时，即拉扭耦合时，与纯扭转作比较，扭矩–扭转角曲线斜率会增加，试件更容易出现非线性情况 (Vaz et al., 1998)。

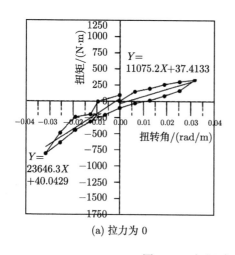

(a) 拉力为 0

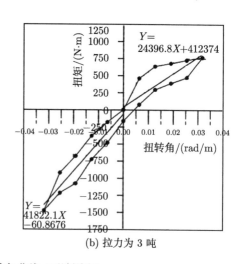

(b) 拉力为 3 吨

图 4.15　扭矩–扭转角曲线 (两端固定)

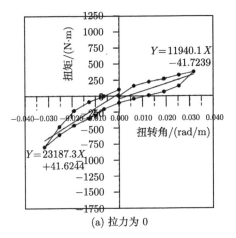

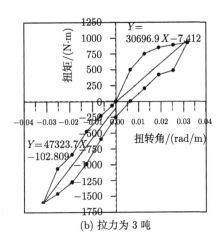

(a) 拉力为 0　　　　　　　　(b) 拉力为 3 吨

图 4.16　扭矩–扭转角曲线 (一端固定，一端自由)

4.3　弯曲行为试验测试分析

脐带缆弯曲行为的研究是当下国内外的研究热点，对于在位与安装铺设等工况，脐带缆的弯曲性能都是其正常运行的关键影响因素之一。研究弯曲行为，通过测试手段精确描述其弯曲迟滞现象，对脐带缆弯曲设计理论和设计方法进行严谨的检验，对于评价脐带缆的弯曲刚度性能、强度性能及疲劳性能具有重要意义。

本节的研究对象为钢管脐带缆，这类结构随着弯曲荷载的施加，结构内部各层之间将发生相对位移。所以依然要考虑层间摩擦的影响，通过试验结果和数值分析结果、理论分析结果的对比分析，考察其对试验结果和理论结果、有限元结果之间偏差的影响，验证其理论模型的准确性。

首先是理论分析。在当前的理论分析方法中，一般采用以下假设进行分析：

①假定所有单元发生同样的曲率，且截面形状保持不变；

②同一层内每个螺旋单元行为是一致的；

③仅考虑层间接触，不考虑同层内单元间的接触；

④单个单元开始发生滑动后，层间摩擦将被忽略；

⑤忽略两端的端部效应。

考虑上述假设，在脐带缆弯曲行为分析时，通常将脐带缆看成螺旋单元缠绕圆柱单元的结构，一个螺旋单元缠绕圆柱的结构分析模型如图 4.17 所示。脐带缆总的弯曲刚度为所有螺旋单元与圆柱单元之和。根据已有的理论分析模型计算理论下的弯曲刚度。

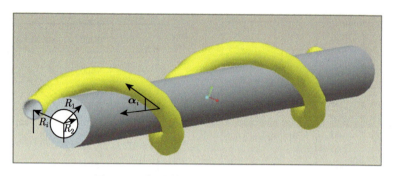

图 4.17　螺旋单元缠绕圆柱单元示意图

其次是试验分析。选取的试件 (包括接头) 应不少于 2m 的长度。四点弯曲试验装置见图 4.18。

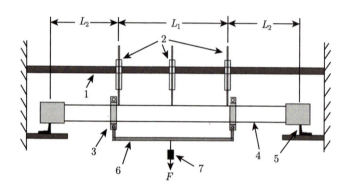

图 4.18　四点弯曲试验装置

1. 固定杆；2. 位移传感器；3. 固定夹套；4. 试件；5. 支架；6. 加力杆；7. 力传感器

试件固定在支架上，并且可以自由转动。两个固定夹套放置在试件上，并且连接一个加力杆用于施加弯曲荷载。力传感器布置在杆的中间用于测量荷载大小。三个位移传感器布置在固定杆上用于测量脐带缆的位移大小。传感器数据通过数据采集仪自动显示和记录。弯矩和曲率可通过公式 (4.2) 和式 (4.3) 计算。计算所得数据可以得出弯矩–曲率曲线。试验一般重复至少两次，并取多次结果的平均值。

$$\kappa = \frac{8(a_2 - a_1/2 - a_3/2)}{L_1{}^2 \times (a_2 - a_1/2 - a_3/2)^2} \tag{4.2}$$

$$M = \frac{F \times L_2}{2} \tag{4.3}$$

其中，κ、M 为试验测得的脐带缆的曲率和弯矩；L_1 表示加力杆长度；L_2 表示位移传感器到支架端部的距离；a_1、a_2、a_3 分别为三个位移传感器的数据；F 为力传感器读数。

该钢管脐带缆 (图 4.19) 包含 6 个钢管、3 个电缆及 1 个光缆，填充用于填充空白，外护套起保护内部单元作用。钢管由 12.7mm 内径、1mm 壁厚的双相不锈钢组成，并且外面由 1mm 的高密度聚乙烯护套进行保护，中间钢管的高密度聚乙烯护套厚度为 9.4mm。电缆由四个 6mm² 的铜导体组成，采用 XLPE(交联聚乙烯) 及 HLPE(高密度聚乙烯)。光缆单元为钢丝加强保护的小钢管。3 个电缆及 1 个光缆外径均为 16.7mm，并都放置于第二层。外护套采用厚度为 5mm 的低密度聚乙烯材料。

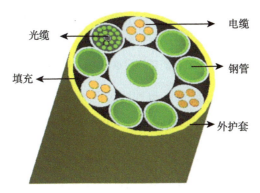

图 4.19　钢管脐带缆实例

钢管脐带缆主要由钢、铜、聚合物材料组成，所有材料都是各向同性材料，各材料参数见表 4.1。

表 4.1　材料参数

材料	弹性模量	泊松比
钢	206GPa	0.33
铜	108GPa	0.33
交联聚乙烯	600MPa	0.48
高密度聚乙烯	1200MPa	0.48
低密度聚乙烯	300MPa	0.48

脐带缆的四点弯曲试验通过如图 4.20 所示装置进行。长度为 2.5m 的试件放置于支撑架上，两端可自由转动。在试件上固定两个夹套，用 1.6m 长的杆连接。三个位移传感器放置于两个夹套上部，以及夹套中间部分。在杆的中央以 0.2m/min 的速率施加力并通过力传感器测量。基于式 (4.2) 和式 (4.3) 计算弯矩及相应的曲率并绘制弯矩–曲率图，试验重复三次并取平均。

图 4.20　脐带缆四点弯曲试验装置

最后考虑数值分析计算结果。建立钢管脐带缆实例的有限元分析模型，如图 4.21 所示。选取一个螺旋长度 ($L=0.736$mm) 作为模型的尺寸。定义实际的单元尺寸及材料，摩擦系数设置为 0.11 (基于材料摩擦试验的结果)，弯曲荷载通过施加一定的旋转角度 $\Delta\varphi$ 来实现，本实例中的脐带缆施加 0～0.045rad 的弯曲荷载进行数值分析，提取弯矩 M，弯曲刚度 EI 通过公式 (4.4) 计算得出。

$$EI = \frac{ML}{\Delta\varphi} \tag{4.4}$$

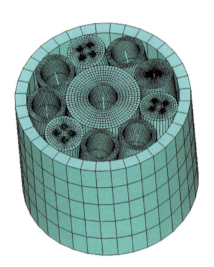

图 4.21　脐带缆有限元模型

试验结果与有限元分析、理论分析结果对比如图 4.22 所示。

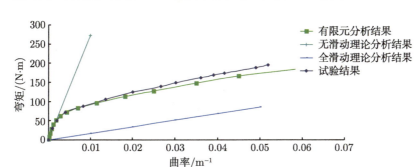

图 4.22 测试结果和分析结果比较

从图 4.22 中可以看出，单元间的相互摩擦导致弯曲呈现显著的非线性特点。开始时，无滑动阶段拥有较大的曲线斜率，随后迅速变小并趋于稳定，达到全滑动阶段。有限元结果与测试结果吻合较好，曲率在 0.05 时误差为 5%。无滑动阶段及滑动阶段的解析结果分别是弯曲刚度的上下限。无滑动结果与试验值相差小于 5%，但是滑动阶段结果相差达到 20%。主要是因为理论模型里没有考虑摩擦的影响。具体结果比较见表 4.2。

表 4.2 弯曲刚度结果比较

		无滑动	滑动
测试结果/$(N \cdot m^2)$		29000	2125
理论分析	分析结果/$(N \cdot m^2)$	27825	1708
	与测试结果比较误差	4%	20%
有限元分析	分析结果/$(N \cdot m^2)$	28325	2019
	与测试结果比较误差	2%	5%

对于无滑动阶段，理论和数值分析及试验结果的弯曲刚度值误差小于 5%，吻合较好。对于全滑动阶段，相比较理论分析结果，数值分析结果及试验结果吻合更好。全滑动阶段试验值为 2125N·m²，有限元分析结果为 2019N·m²，比试验结果低 5%，主要是由于有限元分析忽略了填充等影响。理论分析结果为 1708N·m²，比试验结果低 20%，主要是忽略了摩擦的影响。无摩擦时单元沿自身中心轴发生运动，但是摩擦的存在使得单元中心轴移动。进而使得单元间的摩擦应力相对于轴线非均匀分布。因此与不考虑摩擦相比，考虑摩擦的弯曲刚度将会增大。综上所述，考虑摩擦的有限元分析模型可以很好地预测脐带缆弯曲过程，且精度较高，而不考虑摩擦的理论模型比真实情况要偏低很多 (卢青针，2013)。

4.4　疲劳损伤试验测试分析

疲劳可以定义为结构在反复荷载下，其中某点或某一些点的材料产生局部或永久性损伤，并经过一定循环次数后形成裂纹，随着裂纹进一步扩展直到该点完全断裂的现象。疲劳最明显的特点是需要历经一定的循环次数，即材料积累的损伤升至临界点才会发生疲劳破坏。

海洋脐带缆在海洋环境的作用下，容易受到复杂的动态荷载，导致疲劳损伤和失效。这种情况下，静态试验无法完全反映脐带缆的疲劳性能和寿命，因此需要进行动态试验来研究海洋脐带缆在实际工作环境下的疲劳性能。动态疲劳试验已经成为当前海洋工程结构装备试验的主要研究方向之一。

目前，理论推导和数值仿真方法无法准确地预测脐带缆的疲劳应力，因此在美国石油学会标准 (API) 规范中，疲劳寿命分析采用了 10 倍的安全系数来保证脐带缆的安全性。理论分析和数值求解通常只作为参考和辅助手段，可靠性有限。为了验证脐带缆的疲劳性能，需要进行具有高度还原性的室内原型模拟实际工况的试验，并对疲劳预测理论模型和数值模拟结果进行对比。

由于实际投入运行的脐带缆长度通常达到几百至上千米，只能对最易发生疲劳破坏位置的管道进行疲劳测试。本节在全尺寸模拟实际工况的疲劳试验的基础上，得到疲劳损伤的相关内容，然后综合各种因素考察脐带缆的使用寿命是否符合要求。该试验采用平面弯曲–拉伸组合加载形式。全尺寸动态测试共有两个目的：功能模拟和运行寿命模型验证。

4.4.1　试验原理

功能模拟测试的主要目的是在模拟实际运行的条件下，确定软管上弯曲段结构 (包括接头和防弯器) 的完整性。通过该测试，可以检测软管在复杂工况下的工作性能和可靠性，为软管的设计、制造和安装提供重要依据。

另一个目的是运行寿命模型验证。该目的是通过试验使管道的累积损伤达到 1，从而验证管道的设计疲劳寿命及疲劳分析方法。在该试验中，通常损坏部位为抗拉或抗压铠装层。通过模拟复杂工况下的疲劳损伤，可以更加准确地评估管道的疲劳寿命和安全性能，为软管的疲劳设计和安全评估提供参考依据。本节主要以后者为出发点进行阐述。

为确保疲劳试验正常运行，试验过程中应持续记录以下数据：

(1) 循环次数；

(2) 内部温度；

(3) 外部环境温度；

(4) 内压力；

(5) 施加的拉伸荷载；

(6) 摆动角度；

(7) 管道偏转角度。

4.4.2 试验装置

本试验采用的拉弯组合疲劳试验机如图 4.23 所示，详细参数见表 4.3。

图 4.23 拉弯组合疲劳试验机

表 4.3 疲劳试验机性能参数

项目	性能参数
顶端张力	500t
弯矩加载	$150t·m^2$
试验机有效长度	16m
摆头长度	4.5m
摆角幅值	下 15°，上 30°
最大摆动频率	10s/周期

疲劳试验机框架部分由主体框架、摆头、连接件组成。总长 20m，宽度 2.9m。适用于大部分深海应用的 4~12in 管道的疲劳试验。该试验机结构示意图如图 4.24 所示。

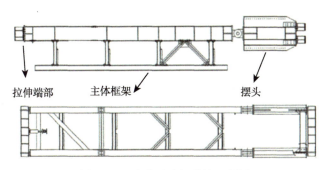

拉伸端部   主体框架   摆头

图 4.24 疲劳试验机结构示意图

该试验机的核心技术在于其液压油源系统和电液伺服作动器,可对试验过程中的多种负荷进行精确控制。通过对试验机的控制,可以模拟出复杂工况下管道所承受的弯曲和拉伸荷载,从而更加准确地评估管道的疲劳寿命和安全性能。

同时,该试验机的控制系统采用了 MOOG 四通道控制系统,具有良好的控制精度和稳定性,能够满足试验机的控制要求。通过该控制系统的精确控制,可以保证试验机的运行稳定性和试验结果的可靠性。

为保障试验的顺利进行并对需要的数据进行全面的监测,试验采用了大量的测试传感器,下文将对各个传感器及其作用进行介绍。

(1) 负荷传感器。该传感器安装于 5000kN 作动器端部,用于测量管道端部所受拉力值。传感器量程为 0~5500kN,测量精度 0.5% FS,FS 代表满量程,即精度为满量程的 0.5%。通过控制系统连接至电子计算机上,对数据进行测量与实时存储。

(2) 位移传感器。该传感器安装于 5000kN 作动器端部,用于测量管道端部经拉伸后的位移变化。该传感器量程为 0~500mm,测量精度 0.5% FS,FS 代表满量程,即精度为满量程的 0.5%。通过控制系统连接至电子计算机上,对数据进行测量与实时存储。

(3) 倾角传感器。该传感器安装于摆头上,用于测量试验机摆头的摆动角度,分为绕 x 方向与绕 y 方向,传感器供电电压 12V,数据重复性小于 0.0,与串口服务器连接至电子计算机,通过自主开发的软件进行采集与记录。

(4) 压力变送器。该传感器安装于管道接头上,用于测量并记录管道摆动过程中,管道内部压力的变化。传感器最大量程 30MPa,测量精度 0.5%FS,FS 代表满量程,即精度为满量程的 0.5%。通过信号调理器与测试采集仪连接,通过电子计算机进行数据的采集与长时存储。

(5) 应变片。粘贴在摆动端接头附近的铠装钢丝上,用于监测试验过程中钢丝的拉伸应变。将信号调理器与东华测试采集仪连接,通过电子计算机进行数据的采集与长时存储。

除了以上提到的几个传感器外,在试验全程中,利用视频监测系统对整个试验机、样管的运行情况、重点部位进行监测,保证数据的可追溯性。

4.4.3　试验方法、内容

根据仿真结果计算,要求截取管道长度 17.5m,实际测试使用样管长度 17.42m;样管包括接头及防弯器。试验样管示意图如图 4.25 所示。

图 4.25 试验样管示意图

前期操作步骤：

(1) 安全性检查：检查水电是否正常，检查仪表是否正常，检查吊装机构是否正常，检查试验机主体部分各配件是否正常安装。

(2) 样管安装。

①吊起试验样管的两端，移动至试验机的上方。

②将试验样管弯曲端下放至整个设备的中间位置，从一端拉试验样管的端部接头，至试验机接头附近，安装螺栓。

③将试验样管的拉伸端下放至中间位置，调整拉伸作动器液压杆的长度到合适位置，拉伸端的端部接头与管道接头对合后安装螺栓。

④把限弯器用螺栓安装于专门的固定挡板上，其余所有的螺栓固定拧紧。

(3) 连接采集装置：连接作动器工作所需油源、信号控制线。连接力传感器信号线、位移计信号线、两侧位移计信号线到桥盒上。用数据线连接桥盒、数据采集仪、电子计算机。

安装好的试验机各部分以及主要传感器的布置如图 4.26 所示。

(a) 试验机摆头

(b) 试验机尾部

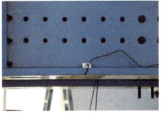
(c) 试验机倾角传感器

(d) 应变片

图 4.26 安装位置及传感器布置

试验步骤:

(1) 按照先后顺序对柔性管道施以内压、拉伸荷载、循环弯曲荷载。

(2) 采集数据并开始摄像头监控、录像。

(3) 在试验过程中按期停止试验, 进行管道椭圆度、强度检测, 并检查、保养设备。

(4) 试验结束后对脐带缆整体、各层构件进行细致解剖检查。

(5) 根据记录数据与试验录像进行结果分析。

4.4.4　试验工况确定与试验结果

疲劳试验实际加载次数关系可表示为

$$n_i = 60 \times 60 \times f_i \times h_i \tag{4.5}$$

其中, f_i 为每次加载频率 (该试验所有工况的加载频率为 0.5); h_i 为每次加载时间 (小时)。

利用 Miner 累积损伤公式, 进而得到疲劳损伤累积 D_i 与疲劳加载次数 n_i、应力总次数 N_i 的关系:

$$D_i = \frac{n_i}{N_i} \tag{4.6}$$

软管疲劳试验采用拉弯组合形式对试件循环加载, 测试其疲劳性能, 得出损伤结果。在交变应力作用下, 对多种工况进行分析, 疲劳损伤线型累积结果如图 4.27 所示。根据图示, 我们得知交变应力在 20~110MPa 损伤较大。因此, 选取图 4.27 中五个点 (圆点) 作为试验时的工况。

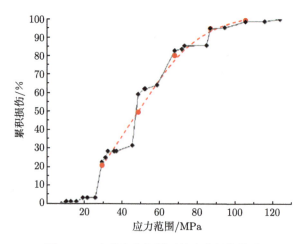

图 4.27　交变应力作用下的疲劳损伤线型

经过计算,选择 5 种工况进行疲劳交变加载,所确定的加载情况见表 4.4。

表 4.4 疲劳交变加载情况

工况	周期/ (s/次)	时间/h	实际试验 次数	疲劳损伤	角度范围 /(°)	拉力平均值 /kN	拉力范围 /kN
1	15	734	176000	0.0207	2.1	2369	226
2	18	210	42000	0.0292	3.4	2370	377
3	20	77	13700	0.0305	4.8	2371	527
4	25	20	2800	0.0147	6	2372	678
5	30	4	478	0.0049	7.5	2374	827
合计	108	1045	234978	0.1	23.8	11856	2635

经过 4 个月的试运行并排除故障,依照给定工况,对管道进行疲劳加载。针对试验过程中实时监测并记录的量进行分析,结果如下。

(1) 摆头摆动角度:根据实时检测,最大摆动角度符合试验要求,变化量小于 1%,能够确保试验期间的摆头摆动达到要求的角度。

(2) 拉力值:根据实时检测,拉力变化波动范围在 220~240t。

(3) 管道内压:随时间变化,管道内压力会逐渐下降,在压力降至 19MPa 以下时,需要对管道进行补压。但整个试验过程中,未发现管道、接头处有泄漏,试验过程中压力平稳,无突然性的快速压降。

整个疲劳试验过程中,无明显破坏及异常情况发生,管道各项性能指标均符合预计要求,经过后期测量管道压力变化并检查管道,无明显破坏痕迹。可以得到结论:脐带缆的实际疲劳性能满足 25 年的使用寿命要求 (赵秉宇,2018)。

参 考 文 献

卢青针. 2013. 水下生产系统脐带缆的结构设计与验证. 大连: 大连理工大学.

阎军, 胡海涛, 尹原超, 等. 2019. 海洋柔性管缆结构的试验测试技术. 海洋工程装备与技术, 6(6): 750-757.

易小龙. 2017. 海洋柔性管缆测试方法研究. 大连: 大连理工大学.

赵秉宇. 2018. 海洋柔性管缆疲劳试验关键问题及疲劳失效机理研究. 大连: 大连理工大学.

郑杰馨. 2010. 海洋非粘结性柔性管设计和分析的验证实验研究. 大连: 大连理工大学.

Vaz M A, Aguiar L A D, Estefen S F, et al. 1998. Experimental determination of axial, torsional and bending stiffness of umbilical cables. Proceedings of the 17th International Offshore & Arctic Engineering Conference.

第 5 章　脐带缆结构整体水动力分析与线型设计

5.1　海洋脐带缆整体线型特征

海洋脐带缆是海洋浮式生产系统的重要组成设施，由于自身具有良好的弯曲性能，能顺应比较大的浮体漂移，广泛应用于海洋油气开发。在服役时通常受到脐带缆、内部流体的重力，附属构件 (浮筒或浮拱) 的浮力以及波浪、流、浮体运动等环境荷载，为了保证脐带缆在各种荷载的作用下都能够正常工作，需要将其设计成一定的几何形态，称之为整体线型设计。目前，脐带缆整体线型设计采用"静态设计，动态分析"的方法。实际工程中，脐带缆整体线型初步设计可基于静态分析结果并结合动力放大系数进行，从而提高整体线型设计效率。由此可见，脐带缆整体线型静态设计作为线型设计分析的基础，对快速精确地完成整体线型设计具有研究价值，柔性立管与脐带缆类似，同样存在整体线型问题，且研究更为充分，在本章部分内容采用柔性立管研究成果对整体线型问题进行介绍。

脐带缆一般有 6 种基本布局形式 (American Petroleum Institute, 2008)，如图 5.1 所示，需要综合考虑生产要求、施工条件、经济条件、海底条件、环境数据等因素来决定所选用的布局形式。

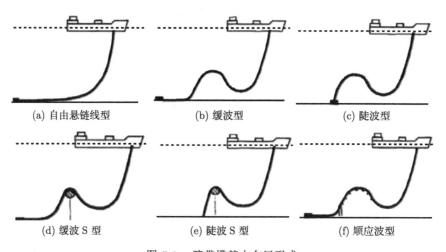

(a) 自由悬链线型　　　(b) 缓波型　　　(c) 陡波型

(d) 缓波 S 型　　　(e) 陡波 S 型　　　(f) 顺应波型

图 5.1　脐带缆基本布局形式

1. 自由悬链线型 (free catenary type)

自由悬链线型的布置形式最为简单灵活，安装比较方便且比较经济，对海底基础设施要求较小。当水深增加时，脐带缆长度随之增长，脐带缆重量随之增加，以致脐带缆顶部悬挂点处的张力大，从而对张紧器的要求提高。此外，在海况恶劣或上部浮式平台剧烈运动时，脐带缆触底点的疲劳损伤很大且可能遭受屈曲压力。

2. 缓波型 (lazy wave) 和陡波型 (steep wave)

缓波型和陡波型布局需要在脐带缆中间某段上安装浮力块。浮力块由合成泡沫制成，密度小，使得安装有浮力块的脐带缆段在重力和浮力的共同作用下隆起成波形，类似于波浪。这种设置有效减小了上部浮体运动和波浪荷载对触底点处的影响，使得脐带缆触底点的强度得到提高。为避免浮力块滑脱脐带缆从而影响脐带缆的布置形式，需要将其夹紧在脐带缆上。但是夹紧夹具时也要注意不要损伤脐带缆的外套，以防止海水深入间隙。

相比于缓波形脐带缆，陡波型脐带缆在海底处多了弯曲加强器，对海底基础要求更高。

3. 缓波 S 型 (lazy S) 和陡波 S 型 (steep S)

相比于缓波型和陡波型布局，缓波 S 型和陡波 S 型布局所需的浮力块通过钢链固定在海底结构物上。浮力块也可以由固定在海底结构物上的支撑来代替。这两种布局形式能够缓冲上部浮体运动对触底点的影响，使得触底点的运动仅引起很小的张力变化。但是该种布局形式复杂，安装成本高。

4. 顺应波型 (pliant wave)

顺应波型通过锚控制触底点。这种布局形式能够适应流体密度的大范围变化和浮体的运动，而不发生布局结构形状的变化，也不会引起高应力，缺点在于安装复杂，成本高。因而一般仅在其他五种布局形式都无法使用时才考虑这种布局。

5.2　细长结构水动力分析方法简介

脐带缆的长细比极大、弯曲刚度小，一般将其归类为柔顺性结构。柔顺性结构一般是指重量比较轻，不具备抗弯能力，但是可承拉的结构 (Alam et al., 2007)。工程界的柔顺性结构包含：缆索类结构、大跨度的翼板、薄膜结构等，并且通常使用 "刚度设计" 方法进行设计 (Jenkins, 2005)。事实上，"刚度设计" 的思想在进行脐带缆截面设计时具有很好的指导意义，然而却并不适用于线型设计，因为脐带缆线型的主要设计目标是"对浮体运动顺应"(American Petroleum Institute, 2008),一般不关注顺应过程中"力与变形的关系"。因此,传统的"刚度设计"或"柔度设计"理论并不适用于脐带缆的线型设计。由于对这类"顺应性结构"设计的基本理论缺失,所以当前脐带缆线型设计不得不通过大量"试算"去验证所有可能的荷载工况与失效模式。所以,针对脐带缆线型设计与验证的研究过程包含大量的学科问题。

对脐带缆线型的分析在行业上习惯上称为整体分析,这是相对于截面(局部)分析而言的。在设计初期,需要预估荷载大小,作为截面抗力的设计目标;在线型设计阶段,用于评估脐带缆线型的静、动态响应;安装设计时,也需要进行铺设的线型设计、安装荷载预测等工作。

整体分析又可分为静态分析和动态分析。静态分析主要考虑脐带缆自重、内外压、浮力、流、浮体偏移等静态荷载,分析脐带缆在各位置下的形态及受力。动态分析则在静态分析获得初始构形的基础之上,考虑风、波浪与浮体运动等动态荷载的影响,通常用于评估极值或疲劳荷载效应。

1. 静态分析方法

脐带缆出现初期(20 世纪 80 年代前后),其线型设计主要是基于静态分析方法进行,而此时的静态分析技术来源于系泊缆的分析技术,并非刚性脐带缆分析技术(Sakamoto and Hobbs, 1995)。事实上,刚性脐带缆的整体分析很早就采用了基于伯努利–欧拉弯曲理论的梁/柱方程的有限单元法,然而由于脐带缆的弯曲刚度比刚性管道小了 3 个数量级以上,易产生病态方程而无法使用有限元方法求解。所以,起源于 17 世纪的悬链线方程成为脐带缆出现初期的主要分析手段。悬链线方程忽略了管道的弯曲刚度,但是可以非常高效地求解脐带缆的静态线型,并且有很好的初步近似。

尽管弯曲刚度对脐带缆的整体响应影响很小(Ruskin et al., 2014),但是忽略弯曲刚度的分析方法在一些局部区域,例如触底点处,对脐带缆曲率的估计会出现较大误差。将悬链线方程与数值方法(如增量法)相结合,就可以考虑弯曲刚度的影响。20 世纪 80 年代至 90 年代,大量的研究工作聚焦于应用各类数值解法求解这类几何大变形问题(Patel and Seyed , 1995)。不过,这些数值方法主要以迭代算法为主,存在收敛性问题且计算效率相对较低。所以,在 20 世纪 90 年代中期,整体线型设计一度又有回归使用悬链线方程进行静态分析的趋势。

当前用于脐带缆线型静态分析的有限元方法主要使用如下两类模型:一类基于传统的梁/柱模型,通过改进为曲梁模型或结合一些特殊的算法(Kordkheili et al., 2011),使之满足大位移与大转角的分析需求;另一类模型起源于忽略弯曲刚度的线、缆模型，如集中参数模型 (lumped parameter model)，具体计算中将结构本构关系、受力分布集中于节点上 (Leonard and Nath，1981)。例如，Hong(1992) 采用了 Kirchhoff 梁模型结合集中质量法完成了脐带缆的准静态分析 (Hong，1994)。

有限元方法求解静态线型，可以通过建立脐带缆单元静力平衡方程，然后借助迭代方法求解 (Fylling et al.，1995)。

$$\boldsymbol{R}^{e}(\boldsymbol{r}) - \boldsymbol{R}^{s}(\boldsymbol{r}) = 0 \tag{5.1}$$

其中，$\boldsymbol{R}^{s}(\boldsymbol{r})$ 为单元内力向量；$\boldsymbol{R}^{e}(\boldsymbol{r})$ 为单元外力向量；$\boldsymbol{r}$ 为节点位移向量。

国内方面，连链和郭春辉 (1992) 及徐菲康和朱克强 (1993) 都曾对脐带缆的静态分析方法展开过研究。近年来，针对脐带缆线型的分析方法又引起了人们关注 (陈海飞，2011)，有研究者推导了缓波线型的求解方法 (Wang et al.，2013)，也有考虑脐带缆触底点与海床的局部作用进行整体线型的分析研究 (Wang and Duan，2015)。

2. 动态分析方法

脐带缆的动态分析通常是指分析波浪和浮体运动对脐带缆造成的荷载效应，其主要目的是获取脐带缆在极端海况下的极值响应和长期海况下的疲劳响应，进而评估脐带缆结构的安全性。

如前文所述，对脐带缆的线型分析主要是基于有限单元法，脐带缆单元的动力学控制方程为

$$M\ddot{x} + C\dot{x} + Kx = F_{e} \tag{5.2}$$

式中，M 为质量矩阵；C 为阻尼矩阵；K 为刚度矩阵；F_{e} 为外力向量；x 为位移向量。

可以使用频域方法、线性时域方法和非线性时域方法求解其动力学控制方程 (Det Norske Veritas，2010)。频域方法基于线性化的刚度、阻尼、质量以及外力项，以线型的静平衡位置为初值进行求解，通常不适用于脐带缆的分析；线性时域方法也是基于线性化的刚度、阻尼与质量矩阵，以脐带缆线型的平衡位置为初值分析，但是可以考虑 Morison 方程所表述的非线性水动力荷载；而非线性时域方法则是对每个时间步的线型进行迭代求解，可以考虑脐带缆的大位移、大转动、接触等各类非线性因素。频域方法和线性时域方法都具有更高的分析效率，在一定的条件下 (如非线性程度较低) 可以使用。通常情况下，非线性时域是必要的，因为脐带缆线型具有如下非线性因素。

(1) 刚度非线性。柔性管道由于层间摩擦的影响，其弯曲刚度具有明显的滞回效应。

(2) 水动力荷载非线性。基于 Morison 方程分析水动力荷载时，使用了结构与流体相对速度的平方项；水动力荷载会依据真实海平面在高度方向上积分。

(3) 三维空间的大位移、大转动。

(4) 材料的非线性。例如，管道与附件包含弹性模量为非线性的高分子材料。

(5) 接触非线性。脐带缆与海床、弯曲限制器、水中浮拱不可避免地会发生接触；脐带缆与其他物体之间可能出现干涉、碰撞。

采用线性或非线性时域分析方法求解上述动力学控制方程，均需要在时域内积分，但这种积分方法会影响分析效率。时域积分方法可以分为隐式积分和显式积分两类 (张亚辉，2007)。隐式积分计算速度快，但是容易出现收敛问题，常用的有 Newmark-法、Wilson-θ 法、广义-α 等。显式积分不会出现收敛问题，但计算效率较低，如中心差分法、前向欧拉积分法 (forward Euler) 等。关于上述求解方法在脐带缆整体分析中的应用，已有很多学者做过研究 (Patel and Seyed，1995)。

使用集中质量模型能够节省脐带缆动力学分析的时间和计算量，因而受到了人们的偏爱。对于集中质量模型，柔性管道的弯曲刚度远小于拉伸刚度而导致病态方程的问题可以通过分别求解张力、弯矩、剪力等响应，然后合成的办法解决，或是发展耦合单元模型来避免。

当前行业内在设计脐带缆时所做的动态分析，一般仅考虑波浪荷载的直接或间接影响，即波浪力和浮体运动。对于波致脐带缆动态响应分析，近年相关的研究热点包括：考虑方向性的波浪进行脐带缆设计；同时考虑浪和涌的双峰海况的脐带缆分析等。尽管涡激振动属于脐带缆整体分析中典型的动力学问题，但是一般认为脐带缆具有较高的阻尼，其振幅较小并且难以形成涡脱，在工程设计时可以不予考虑。

3. 整体分析软件概述

当前，行业内已形成了相对规范的整体分析方法，也发展出诸多整体分析程序和商业软件，比较知名的有 Flexcom、Riflex、Orcaflex 等。上述软件的发展历史均超过二十年，并且有研究工作对不同软件进行过对比和相互验证；也有人通过模型试验、现场监测对分析结果进行过验证。迄今为止，上述分析软件还经历了大量工程实践的检验，获得了脐带缆设计行业的广泛认可。

5.2.1　海洋脐带缆整体极值预报分析方法

动态分析是验证线型设计是否最终满足各荷载工况条件的环节，通常包含对短期极端条件的分析和评价 (简称为"极值分析")，以及长期海况的分析与评价 (简称为"疲劳分析")。极值分析需要考虑脐带缆在生存期内可能遇到的极端海况 (Det Norske Veritas，2010)，如生存工况、作业工况、意外等，进行极值分析之前需要建立具有一定包络性的极值荷载工况矩阵。

1. 极值荷载工况矩阵

根据环境荷载与意外荷载的概率特性，在设计时依据工程习惯或具体的安全等级要求，考虑发生概率 $x\%$(如 1%) 的荷载。由于存在多种荷载，并且多数荷载具备多个要素，因此工程设计中会考虑各荷载要素建立极值荷载工况矩阵，如：

(1) 波浪荷载：波高 H_s、波浪周期 T_p、波浪的入射角度 α；

(2) 流荷载：剖面流速 V、流向 β；

(3) 浮体：吃水 d、浮体偏移位置 p；

(4) 水深变化：最高水位、最低水位、平均水位；

(5) 脐带缆工作状态：正常服役工况、异常服役工况、生存工况等。

因此，一个常规的极值分析可能包含的总工况个数为 N：

$$N = N(H) \times N(T) \times N(\alpha) \times N(V) \times N(\beta) \times N(d) \times N(p)$$

$$\times N(\text{水位}) \times N(\text{工作状态}) - Nx \tag{5.3}$$

Nx 为重复考虑的或不可能出现工况的个数。显然，一个相对充分的极值分析具有工况繁多、计算量庞大的特点。因此，行业内允许使用规则波进行脐带缆的动态分析以减少每个工况的计算量，但是需要谨慎选择规则波的高与周期，避免获得过于保守或危险的结果，而对于关键工况仍然需要使用随机波方法验证。

2. 极值响应与评价

使用规则波进行脐带缆分析所得到的脐带缆响应是确定性的，可以依据设计准则直接进行评价。若使用随机波进行脐带缆线型的非线性时域分析，则需要保证模拟足够的波浪作用时长以减少不确定性，通常模拟时长要求达到 3 小时以上 (American Petroleum Institute, 2008)。计算响应时程时需要借助统计方法来得到我们所需要的极值结果，如 Rayleigh 分布法，在满足高斯假设的条件下，持续时间 T 内可能的最大值为

$$\mu + \delta \sqrt{2\ln\left[\frac{-n}{\ln(1-\alpha)}\right]} \tag{5.4}$$

其中，$n = T/T_z$ 是波浪峰值的数目，T_z 是平均跨零周期；μ 是均值；δ 是标准差；α 是超越概率。

　　在对上述荷载工况进行统计后，再依据设计准则进行评价。设计准则中的安全系数与脐带缆截面的失效单元、所考虑工况有关。

　　脐带缆在位时主要受到张力与弯曲的组合作用，应力准则结合最小弯曲半径准则可以建立如图 5.2 所示的拉弯能力曲线，可用于快速评估脐带缆是否满足强度要求 (马国君，2015)。

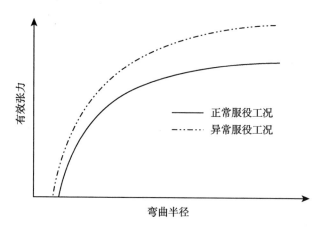

图 5.2　脐带缆的拉弯能力曲线

　　脐带缆这类大柔度结构极易与周边物体发生干涉、碰撞而发生失效。这些物体可能包括上部浮体、海床、其他脐带缆、柔性立管、锚链等。对于干涉问题，最主要的评价指标是脐带缆与其他物体的间距。脐带缆与其他脐带缆、管之间的干涉问题较为复杂，在两根脐带缆相距较远时 (如间距大于两管径之和时，即 $d \geqslant D_1 + D_2$)，能够有效避免干涉。在实际工程中，水下空间是极为宝贵的，设计者也会依据脐带缆之间的碰撞力或碰撞能量来进行评价。但是当前基于莫里森经验方程的整体分析方法，无法考虑尾流造成的非线性影响，因此是不准确的。

5.2.2　海洋脐带缆整体疲劳分析方法

　　脐带缆线型的动态分析一般会考查：脐带缆在生存期内可能遇到的极端海况 (如生存工况、作业工况等)，称为极值分析；长期海况作用下的脐带缆的服役寿命，称为疲劳分析。基于上述分析，对脐带缆的安全性进行评价，是脐带缆线型详细设计阶段的重要任务。本节主要对海洋脐带缆整体疲劳分析方法进行介绍。

　　波浪直接或间接造成的脐带缆动力影响，因为其频率高、振动幅值大，一直被业界视为脐带缆疲劳的主因。脐带缆的波致疲劳寿命分析的主要方法是基于名义应力法，采用 S-N 曲线与线性累积损伤理论 (Palmgrem-Miner 准则) 进行评估。其基本分析流程如图 5.3 所示。

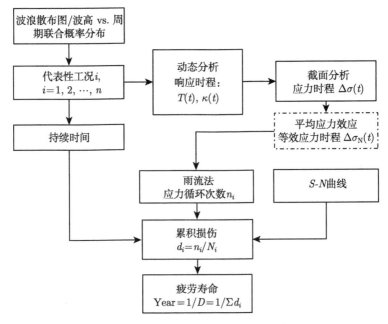

图 5.3 脐带缆的波致疲劳寿命分析流程

对于脐带缆线型设计而言,需要选择合适的分析策略进行动态整体分析。

1. 随机波法

疲劳海况来源于对该海域波浪的长期监测与统计,用波浪的特征参数进行表示 (如有义波高 F_t、跨零周期 T_z 或谱峰 T_p),因此,理论上应该使用随机波方法进行动态分析。

长期统计的海况通常以波浪散布图 (wave scatter diagram) 的形式提供。波浪散布图包含波浪的统计特征 (F_t、T_z 或 T_p) 以及对应的发生频率形成的图表,一般一个波浪散布图包含数十乃至上百个有效海况。若考虑到方向性,可能存在多个波浪散布图,如果再考虑到浮体位置、吃水等要素,工况数量可达数千个。显然,若使用随机波方法,要求对每个工况的模拟时长达到 3~6h,无论从计算时间还是庞大的数据量方面,都使工程设计难以承受。

行业上通常对上述问题做了如下两种简化:①允许使用全方向的波浪散布图,该图是各个方向最大波浪的统计;②可以对波浪散波图中的区块进行合并,如图 5.4 所示的波浪散布图,将 78 个海况 (发生概率不为 0) 合并为 17 个区块,可将计算工作量减少至原来的约 1/4。

波高 \ 周期	5	6	7	8	9	10	11	12
0.50	0.2%	0.2%	0.0%	0.0%	0.0%	0.0%	0.0%	0.0%
1.00	2.3%	3.2%	0.9%	0.2%	0.0%	0.0%	0.0%	0.0%
1.50	2.4%	5.6%	3.2%	0.9%	0.3%	0.0%	0.0%	0.0%
2.00	1.1%	7.1%	5.3%	1.9%	0.4%	0.1%	0.0%	0.0%
2.50	0.1%	4.8%	6.1%	2.7%	0.8%	0.1%	0.1%	0.0%
3.00	0.0%	1.5%	5.6%	3.1%	1.3%	0.3%	0.1%	0.0%
3.50	0.0%	0.2%	3.8%	3.6%	1.5%	0.4%	0.1%	0.0%
4.00	0.0%	0.0%	2.0%	3.4%	1.6%	0.6%	0.0%	0.0%
4.50	0.0%	0.0%	0.5%	2.9%	1.7%	0.6%	0.1%	0.0%
5.00	0.0%	0.0%	0.1%	1.8%	1.7%	0.6%	0.1%	0.0%
5.50	0.0%	0.0%	0.0%	0.9%	1.5%	0.6%	0.2%	0.0%
6.00	0.0%	0.0%	0.0%	0.2%	1.1%	0.7%	0.3%	0.1%
6.50	0.0%	0.0%	0.0%	0.0%	0.8%	0.7%	0.2%	0.0%
7.00	0.0%	0.0%	0.0%	0.0%	0.3%	0.5%	0.2%	0.1%
7.50	0.0%	0.0%	0.0%	0.0%	0.1%	0.4%	0.2%	0.1%
8.00	0.0%	0.0%	0.0%	0.0%	0.0%	0.2%	0.1%	0.1%
8.50	0.0%	0.0%	0.0%	0.0%	0.0%	0.1%	0.1%	0.0%
9.00	0.0%	0.0%	0.0%	0.0%	0.0%	0.0%	0.1%	0.1%
9.50	0.0%	0.0%	0.0%	0.0%	0.0%	0.0%	0.1%	0.0%

图 5.4　波浪散图布及区块划分示例

2. 规则波法

因为随机波浪的时程是由有限个规则波叠加而成的 (Faltinsen，1990)，所以脐带缆的波致疲劳分析也可以使用规则波法进行。由于规则波法是一种确定性的方法，不需要像随机波法那样模拟足够时长来保证结果的确定性，可以极大地提升疲劳分析的效率。

依据给定的波浪谱类型，可以将图 5.4 中的每个波浪分解成若干个规则波，然后合并形成规则波的散布图。将随机波分解为规则波常用的方法是 Longuet-Higgins 法，经研究，这种方法将随机波转换为规则波进行脐带缆的疲劳分析能取得足够精确的结果 (Sheehan et al.，2006)。Longuet-Higgins 法将每个波高与周期的联合概率密度表示为

$$p\left(\zeta,\ \tau\right) = \frac{L\left(v\right)}{4\sqrt{\pi}v}\left(\frac{\zeta}{\tau}\right)^2 \exp\left\{-\frac{\zeta^2}{8}\left[1 + \frac{1}{v^2}\left(1 - \frac{1}{\tau}\right)^2\right]\right\} \tag{5.5}$$

其中，ζ 与 τ 表示无量纲的波高与周期；v 是谱宽度；L 是归一化因子。

上述各项表示如下：

$$\zeta = \frac{H}{\sqrt{m_0}}, \quad \tau = \frac{T}{T_{\mathrm{m}}}, \quad v = \sqrt{\frac{T_{\mathrm{m}}^2}{T_{\mathrm{z}}^2} - 1}, \quad L\left(v\right) = \frac{\sqrt{2}}{2}\left[1 + \frac{1}{\sqrt{1 + v^2}}\right]^{-1} \tag{5.6}$$

其中，m_0 表示波谱面积；T_{m} 是平均周期；T_{z} 是平均跨零周期。

规则波散布图中的波高、周期、发生次数均是确定性的。使用规则波法计算单个工况的模拟时长，只需要使动态计算稳定即可 (经验上大于 5 个波周期，远小于使用随机波法 3～6h 的模拟时长。因此采用规则波法，不必合并波浪散布图上的区块。

通过规则波或不规则波法获取各工况下的脐带缆的响应，然后结合截面分析获得名义交变应力进行线性损伤累积，并获得疲劳寿命。显然，从分析工况的确定、动态分析、疲劳应力计算、到 S-N 曲线和线性累积损伤，每个步骤都包含大量的不确定性，所以需要使用一定的安全系数 (通常取 10) 评价该寿命。随着海洋油气开发进军超深水，疲劳成为了脐带缆应用的瓶颈问题 (Saevik and Ye，2009)。当前工程界已经提出对此系数修正的需求，并展开了大量的研究。Silva 等通过可靠性分析认为，现阶段脐带缆疲劳的安全系数或许可以减小至 3~5。

5.3 海洋脐带缆整体线型设计与评估

5.3.1 线型与附件的基本设计

线型的设计符合一般的工程设计流程，即包含概念设计、基本设计、详细设计三个阶段。具体到脐带缆线型，上述三个阶段分别如下。

(1) 概念设计 (也称为 "方案设计")。设计初期，基于目标海域环境条件、油田布局、立管类型等基本信息，进行线型方案的选择。

(2) 基本设计 (也称为 "初步设计")。其任务是大致确定线型的关键参数，它是概念设计和详细设计的桥梁。

(3) 详细设计。其主要任务是完成立管线型的全面校核，并获得最终设计。

其中，脐带缆线型的详细设计主要是针对给定线型的分析验证工作，本节仅针对脐带缆线型的概念设计与基本设计进行概述。

1. 概念设计

自 1978 年脐带缆以自由悬链线型首次在巴西的 Enchova 油田得到应用以来，脐带缆迅速在加拿大、澳大利亚、东南亚、北海与墨西哥湾等海域的诸多油气田得到应用，脐带缆获得了举足轻重的地位。早期脐带缆线型以陡 S 型为主，例如，1981 年菲律宾海域的 Cadlao 油田。当然，其他线型也受到了研究和设计人员的关注，如缓 S 型、缓波型、顺应波型。到 20 世纪 90 年代，学者们总结了脐带缆常用线型如图 5.1 所示，它们至今仍是主流的线型方案。

为满足海洋油气开发向超深水 (水深 ≥1500m) 进军的需求，针对脐带缆抗拉、抗疲劳性能不足的问题，人们又提出了浮力分布式悬链线型、张紧式阶梯 (tensioned step) 线型等新概念线型。此外，还有脐带缆与刚性立管混合的应用形式，已经在墨西哥湾得到成功应用。

同时，浮式生产、外输系统因为其低廉的成本与较高的灵活性而受到了人们的偏爱，在浅水、极浅水 (水深 ≤50m) 海域中也得到越来越多的应用。对于脐带缆而言，浅水应用的挑战不弱于超深水，有着显著的不同。常规的脐带缆线型往往无法适应浅水相对更大的浮体偏移、剧烈的浮体运动、更显著的环境荷载效应等，面向浅水的新概念立管线型不断涌现。

尽管新概念线型层出不穷，但是因为海洋油气开发对风险控制的较高要求，任何新概念线型的应用，都必须经过多个周期的长时间论证，付出成本高昂的分析、测试与风险评估工作，所以得到实际应用的新概念线型极少。当前的脐带缆线型设计仍然以前文所示常规线型方案为主。

2. 基本设计

正如前文所说，如图 5.1 所示的常用线型方案是人们设计时的首选，并且有足够多的参考案例，所以脐带缆的线型设计往往是从基本设计开始的，如图 5.5 所示的脐带缆设计流程在行业内延用了三十余年。从中不难发现：脐带缆线型的设计方法是典型的试算方法。脐带缆线型需要多轮的迭代设计，并通过所有校核才可以确定最终的设计参数。

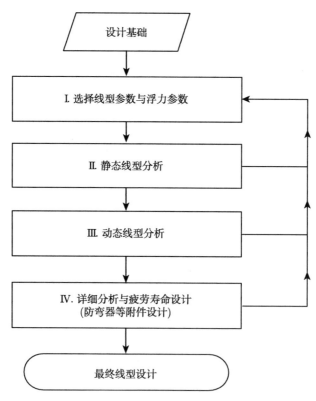

图 5.5　传统的脐带缆线型设计流程

多数情况下，脐带缆线型的基本设计可以基于静态分析结合一定的动力放大系数实施，以获得较高的设计效率。不过，在极浅水、恶劣环境等条件下，立管动态响应的非线性程度过高，此时采用静态分析结果乘以动力放大系数的做法，往往会导致较大的设计误差，因而需要基于动态分析来完成线型设计。

以我国南海某海域的海况条件为背景，设计 1500m 水深的 8in 脐带缆。立管应用于一个典型浮式生产储油卸油装置 (FPSO) 系统，该 FPSO 在系泊约束下可能发生的最大偏移为 105m，意外工况最大偏移为 135m，本节首先对该立管系统进行设计，随后进行极值预测和疲劳寿命评估，使得立管在安全服役的同时满足设计寿命达到 25 年的要求。

选择缓波线型为基本方案，其线型组成为：1 根内径为 8in 的脐带缆 (截面属性见表 5.1 线型设计所需的截面参数)、N 个分布式浮筒、1 个防弯器位于立管顶端。

表 5.1 线型设计所需的截面参数

外径 /mm	单位长度质量 /(kg/m)	截面刚度		截面强度	
		拉伸刚度 /kN	弯曲刚度 /(kN·m²)	最大允许张力/kN	最小弯曲半径 /m
290.0	141.6	7×10^5	90	310	3.12

本节采用陈金龙提出的脐带缆线型与附件集成设计方法进行设计，假设等效浮力段提供的净浮力约为 2 倍的柔性管道自重，即 $w_b = 2w_s$。然后通过试算方法确定上端部悬挂角度 θ (如图 5.6 所示：$\theta = 180° - \theta_1$)，上悬链线段长度 L_1，浮力段长度 L_2。

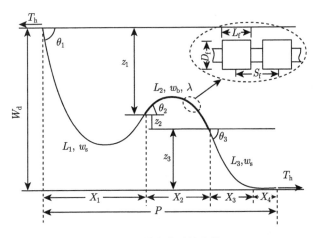

图 5.6 缓波线型的参数

通过式 (5.7) ∼ 式 (5.13) 系列方程试算管道张力、曲率，再结合悬链线方程式 (5.14) 可以解得缓波三段悬链线的整体几何形态。

$$\theta_2 = \theta_1 - \frac{w_s \cdot L_1}{T_h} \tag{5.7}$$

$$\theta_3 = \theta_2 - \frac{w_b \cdot L_2}{T_h} \tag{5.8}$$

$$L_3 = \theta_3 \cdot \frac{T_h}{w_s} \tag{5.9}$$

上述各式结合任意点处张力的竖直分量 $T_v = w_s S$，可以分别得到缓波三段悬链线的起始点处的竖直张力：

$$\begin{cases} T_{v1} = w_s \cdot (L_1 + L_3) + w_b \cdot L_2 \\ T_{v2} = T_{v1} - w_s \cdot (L_1) \\ T_{v3} = T_{v1} - w_s \cdot (L_1) - w_b \cdot (L_3) \end{cases} \tag{5.10}$$

水平张力 T_h、上悬链线段张力 T_1、浮力段张力 T_2、下悬链线段张力 T_3 可以基于上述计算结果分别计算求得。

缓波线型的三段悬链线在水平轴上的投影可以由下式进行计算：

$$\begin{cases} X_1 = \frac{T_h}{w_s} \cdot \left(\ln \frac{T_{v1} + T_1}{T_{v2} + T_2} \right) \\ X_2 = \frac{T_h}{w_s} \cdot \left(\ln \frac{T_{v2} + T_2}{T_{v3} + T_3} \right) \\ X_3 = \frac{T_h}{w_s} \cdot \left(\ln \frac{T_{v1} + T_1}{T_h} \right) \end{cases} \tag{5.11}$$

缓波线型通常会有一段额外的长度拖在海床上，如图 5.6 所示，该值可以依据设计者经验假设给定，于是有

$$X_4 = L - L_1 - L_2 - L_3 \tag{5.12}$$

$$P = X_1 + X_2 + X_3 + X_4 \tag{5.13}$$

$$y = a \left(\cosh \frac{x}{a} \right) - 1 \tag{5.14}$$

其中，a 是悬链线上最小弯曲半径，参数对应图 5.7。同时参数 a 也是悬链线立管受到的水平张力 T_h 与立管单位湿重 w_s 的比值，即 $a = T_h/w_s$。

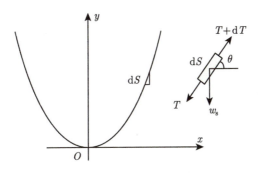

图 5.7 悬链线的坐标示意图

评估浮体的近位偏移与远位偏移情况 (异常工况，135m 偏移量)，以张力、曲率、上悬链线段与海床的间距为准则。最终选择 $\theta = 9.1°$、$L_1 = 1610$、$L_2 = 100$ 作为初步线型方案，其平衡位置的形态如图 5.8 所示。

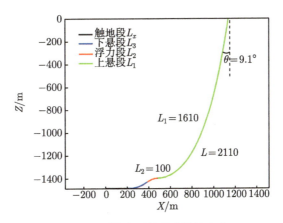

图 5.8 缓波线型的基本设计方案

依据设计准则结合一定的设计经验进行综合设计评价：①通过评估张力、曲率以及海床间距，来判定是否可能发生失效；②通过评估立管各段长度，来判定成本性能；③考虑浮力段 L_2 的等效外径、浮力段等效重量是否合理；④考虑立管张力及端部角度变化，并结合动力放大系数 (本设计取 1.5) 用于防弯器基本设计，将上述分析结果列于表 5.2 中。

表 5.2 线型基本设计的关键结果

关键参数	数值
顶部静态张力/kN	1696
最小弯曲半径/m	142.0
上悬链线段距海床最小间距/m	99.1

续表

关键参数	数值
立管总长/m	2110
浮力段/m	100
浮力段等效外径/m	0.807
浮力段等效单位长度质量/(kg/m)	300
最大端部动态张力/kN	2540
最大端部偏转角度/(°)	10

浮力设计结果如下。

(1) 材料设计：浮筒主体，采用中密度聚乙烯作为外壳材料，密度约为 930kg/m³；选择密度约为 34kg/m³ 的聚氨酯泡沫作为浮筒内的填充材料。

(2) 连接设计：采用聚氨酯材质的立管夹，配合金属紧固件，以摩擦锁合的方式使浮筒夹持于立管上。

(3) 浮力设计：计算单个浮筒所需提供的净浮力，并参考行业内常用产品的规格，试算后认为该线型需要 50 个浮筒，单个浮筒净浮力约为 580kg。

综合材料与连接设计，并依据浮筒的形式 (图 5.9)，将浮筒设计结果列于表 5.3 中。

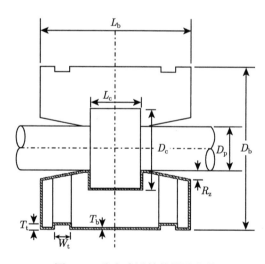

图 5.9　分布式浮筒的设计参数

表 5.3　浮筒基本设计

参数	数值	参数	数值
分布间距/m	2.00	内槽深度 D_c/m	0.52
内径 D_p/m	0.29	壁厚 T_b/m	0.13
外径 D_b/m	1.06	净浮力 F/kg	581
宽度 L_b/m	1.00	平均密度/(kg/m³)	311
内槽深度 L_c/m	0.34	单个重 G/kg	254

深水脐带缆由于较高张力的作用，弯曲应变较大且向立管顶端集中，所以使用的防弯器通常较为短粗，一般采取简单的两段式。

聚氨酯弹性体的弹性模量可以通过不同的配比进行调整，较小应变（≤10%）的情形下，其弹性模量 E 为 20~100MPa，这里取较高的弹性模量 $E = 100$MPa。

以脐带缆所允许的最小弯曲半径作为基本设计准则。同时，考虑到超深水柔性立管的疲劳问题突出，且防弯器材料会表现出比较显著的非线性特点，故而采取相对保守的设计，设计结果如表 5.4 和图 5.10 所示，表中各参数意义见图 5.11。

表 5.4 防弯器的基本设计

设计变量	取值/m
L_1	0.2
L_2	2.0
L_3	0
D_1	1
d_1	0.32

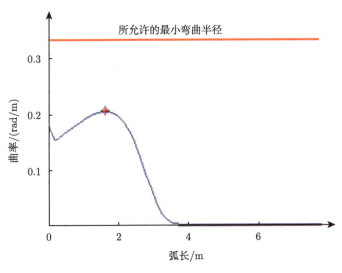

图 5.10 防弯器保护下脐带缆的曲率分布

5.3.2 整体分析与评价

借助行业内普遍认可的数值分析软件 Orcaflex，对前述基本设计的结构响应进行验证，进行极值和疲劳寿命评价来校核上述设计是否满足设计准则。

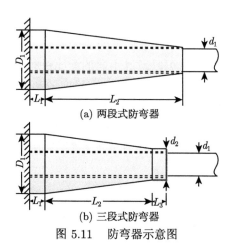

图 5.11　防弯器示意图

1. 静态分析与验证

在 Orcaflex 中建立详细的脐带缆线型有限元模型，包含防弯器与分布式浮筒。

首先，对基本设计中使用的参数化方程所获得的线型进行验证，如图 5.12 所示。从中可以看出，基本设计中使用的缓波线型参数化方程对线型的预测与有限元方法在几何形态上是重合的，这表明采用本节提供的基本设计方法，在设计该线型和浮筒时表现出较高的精度。

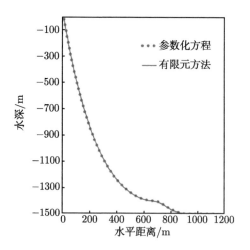

图 5.12　参数化方程与有限元方法的线型分析对比

2. 极值分析与评价

对于该例极值分析，本节考虑如下情形建立极值荷载工况：

(1) 浮体 FPSO 的满载与压载工况；百年一遇的波与十年一遇的流组合，十年一遇的波与百年一遇的流的组合。

(2) 单点系泊的 FPSO 具有风标效应，考虑波浪 FPSO 呈 0° 和 30° 入射角两种情形。

(3) 流与波浪呈 0°、30°、60° 三种情形。

(4) FPSO 偏移情形相对于立管触底点有：近位、远位、侧位、近侧位、远侧位五种。

(5) 正常工况下 FPSO 偏移距离为 105m，异常工况下 FPSO 偏移距离为 135m。

因此总工况 $N = 2 \times 2 \times 2 \times 3 \times 5 \times 2 = 240$ 种工况，采用规则波法可以大幅度减少每种工况的模拟时长，若考虑 3 种波浪周期，则总工况数变为 $240 \times 3 = 720$ 种工况。

本节采用了 Stokes 五阶波浪理论进行分析，考虑重现期为百年的波 $H_{max} = 16.8m$，$T_p = 12.4s$；十年波 $H_{max} = 14.3m$，$T_p = 11.8s$；重现期为百年的流表面流速 $v = 2.06m/s$，十年流表面流速 $v = 1.38m/s$。

使用 Orcaflex 软件对上述所有工况进行非线性时域动态分析，并统计所关注的立管响应，评估立管及附件的安全性如下。

(1) 脐带缆顶部与浮体相连，承受自重拉伸与环境荷载引起的拉伸–弯曲组合荷载，其关键构件 (抗拉伸加强层) 的强度失效是一种主要的失效模式。可采用拉弯能力曲线 (马国君，2015) 评价立管顶部的强度。作为示例，图 5.13 给出了 120 种 (FPSO 满载，波周期 11.8s) 工况下立管顶部的张力与曲率的统计结果。依据统计结果，可以判断该立管满足强度准则。

(2) 统计各工况的动态分析结果，发现该脐带缆的最小极值有效张力为 12.9kN，出现于立管触底区域。也就是说各工况下无轴向压力出现，不存在轴向屈曲失效。

(3) 所有工况下，立管线型上各部位没有出现过度弯曲。

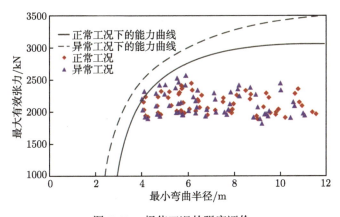

图 5.13　极值工况的强度评价

(4) 顶部出现最大弯矩的工况下,防弯器的曲率变形如图 5.14 所示,从图中可知其曲率在许可范围内,且曲率的分布平缓,很好地达到了保护立管的目的。其次,防弯器的最大 von Mises 应力约为 4.1MPa,应力利用率不到 10%,无强度破坏,且没有达到可能出现蠕变的应力利用率。

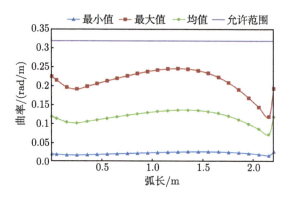

图 5.14　防弯器的曲率变形

(5) 分布式浮筒的浮力设计已通过静态分析得到校核,且对于该例的单根立管系统,不存在浮筒与其他物体的干涉问题。

综上,上述线型、防弯器与浮筒的基本设计均满足极值工况下的设计准则。

3. 疲劳分析与评价

如图 5.15 所示的波浪散布图,采用 Longuet-Higgins 将其转化为 42 块规则波散布图并考虑单点系泊的 FPSO 的波浪入射角 0° 和 30°,共获取 84 种荷载工况,具体工况可参考已有文献。

概率/%		时间段/s								
		≤ 3	3~4	4~5	5~6	6~7	7~8	8~9	9~10	> 10
高度/m	0~0.5	0.29	1.13	5.35	8.20	1.47	0.12	0.01	0.00	0.00
	0.5~1.0	0.05	0.67	7.05	6.61	4.62	1.64	0.30	0.03	0.00
	1.0~1.5	0.00	0.02	1.46	8.34	5.05	2.06	0.97	0.37	0.03
	1.5~2.0	0.00	0.00	0.00	2.24	7.91	2.21	1.09	0.69	0.16
	2.0~2.5	0.00	0.00	0.00	0.01	3.72	4.68	0.86	0.56	0.33
	2.5~3.0	0.00	0.00	0.00	0.00	0.13	4.29	1.67	0.34	0.34
	3.0~3.5	0.00	0.00	0.00	0.00	0.00	0.91	3.17	0.38	0.20
	3.5~4.0	0.00	0.00	0.00	0.00	0.00	0.05	1.81	1.00	0.23
	4.0~4.5	0.00	0.00	0.00	0.00	0.00	0.00	0.33	1.38	0.30
	4.5~5.0	0.00	0.00	0.00	0.00	0.00	0.00	0.03	0.81	0.46
	5.0~6.0	0.00	0.00	0.00	0.00	0.00	0.00	0.00	0.17	0.84
	> 6.0	0.00	0.00	0.00	0.00	0.00	0.00	0.00	0.02	0.86

图 5.15　波浪散布图

引入张力–应力系数、曲率–应力系数，计算脐带缆主要的承力单元，即铠装钢丝的疲劳应力

$$\sigma = K_{t}T + K_{c}\kappa \tag{5.15}$$

式中，K_{t} 为张力应力系数；T 为张力；K_{c} 为曲率应力系数；κ 为曲率。K_{t} 与 K_{c} 均来自于截面分析，本例中主要承力构件为管道的抗拉铠装层 (钢丝)，参考文献取：$K_{t} = 210.4\text{kPa/kN}$，$K_{c} = 2.32 \times 10^{5}\text{kPa/(rad/m)}$。

管道铠装钢丝的 $S\text{-}N$ 曲线取如下分段形式：

$$\begin{cases} N \leqslant 10^{6} & \lg N_{i} = 14.917 - 4.0\lg\left(\Delta\sigma_{i}\right) \\ N > 10^{6} & \lg N_{i} = 17.146 - 5.0\lg\left(\Delta\sigma_{i}\right) \end{cases} \tag{5.16}$$

基于 $S\text{-}N$ 曲线，以及每种应力循环次数 n_{i}，能够获得这种应力造成的疲劳损伤 $d_{i} = n_{i}/N_{i}$。可以通过 Palmgrem-Miner 线性累积法则统计该立管总的疲劳损伤，如下式所示：

$$D_{\text{L}} = \sum_{i=1}^{N_{\text{s}}} D_{i}P_{i} \tag{5.17}$$

其中，D_{L} 称为长期疲劳损伤；N_{s} 为波浪散布图中所取的海况个数；P_{i} 为第 i 个海况出现的概率；D_{i} 称为短期疲劳损伤，即一段波浪统计时间内 (如 3 小时) 产生的损伤。

依据波浪散布图，可以获得脐带缆一年的累积疲劳损伤，计算疲劳寿命 $1/D_{\text{L}}$。统计沿立管弧长各点的疲劳寿命预测结果，如图 5.16 所示。

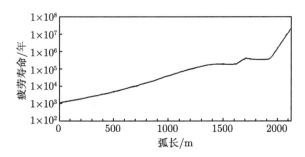

图 5.16　沿立管弧长分布的疲劳寿命预测结果

从图中可以看出该脐带缆线型的疲劳 "热点" 在立管顶部。

由于深水脐带缆平均应力处于较高水平，上述疲劳分析过程中未考虑平均应力效应会导致偏危险的预测。故引入古德曼模型重新修正该疲劳寿命，得出此立管的疲劳寿命仅为 0.34 年，远低于 25 年使用寿命的要求。

参 考 文 献

陈海飞. 2011. 深水柔性立管非线性静动力分析. 青岛: 中国海洋大学.

连琏, 郭春辉. 1992. 三维空间水下缆索性状计算初值问题的解. 海洋工程, 10(2): 88-94.

马国君. 2015. 考虑温度场效应的脐带缆截面结构设计与优化. 大连: 大连理工大学.

徐菲康, 朱克强. 1994. 静态海洋缆索的三维解析分析. 中外船舶科技, (4): 26-29.

张亚辉. 2007. 结构动力学基础. 大连: 大连理工大学出版社.

Alam M, Wahab M, Jenkins C. 2007. Mechanics in naturally compliant structures. Mechanics of Materials, 39(2): 145-160.

American Petroleum Institute. 2008. Recommended practice for Flexible pipe: API 17B.

Det Norske Veritas. 2010. Dynamic risers: DNV-OS-F201 .

Faltinsen O M. 1990. Sea Loads on Ships and Offshore Structures. New York: Cambridge University Press.

Fylling I, Larsen C, Sødahl N, et al. 1995. Riflex theory manual. SINTEF report no STF70 F, 95219: 53.

Hong S. 1994. Three-dimensional static analysis of flexible risers by a lumped-mass method. The 4th International Offshore and Polar Engineering Conference, Osaka.

Jenkins C. 2005. Compliant structures in nature and engineering. Wit Pr/Computational Mechanics.

Kordkheili S H, Bahai H, Mirtaheri M. 2011. An updated Lagrangian finite element formulation for large displacement dynamic analysis of three-dimensional flexible riser structures. Ocean Engineering, 38(5): 793-803.

Leonard J W, Nath J H. 1981. Comparison of finite element and lumped parameter methods for oceanic cables. Engineering Structures, 3(3): 153-167.

Patel M, Seyed F. 1995. Review of flexible riser modelling and analysis techniques. Engineering Structures, 17(4): 293-304.

Ruskin A, Tahana Z, Chai S, et al. On the Effects of Bending Stiffness for Flexible Riser Model Tests//ASME 2014 33rd International Conference on Ocean, Offshore and Arctic Engineering. 8: OMAE 2014-23423, V06AT04A025.

Saevik S, Ye N. 2009. Armour layer fatigue design challenges for flexible risers in ultra-deep water depth//ASME 2009 International Conference on Ocean, Offshore and Arctic Engineering: 767-775.

Sakamoto T, Hobbs R E. 1995. Nonlinear static and dynamic analysis of three-dimensional flexible risers// The 5th International Offshore and Polar Engineering Conference.

Sheehan J M, Grealish F W, Harte A M, et al. 2006. Characterizing the wave environment in the fatigue analysis of flexible risers. Journal of Offshore Mechanics and Arctic Engineering, 128(2): 108-118.

Wang J, Duan M, Fan J, et al. 2013. Static equilibrium configuration of deepwater steel lazy-wave riser// The Twenty-third International Offshore and Polar Engineering Conference.

Wang J, Duan M. 2015. A nonlinear model for deepwater steel lazy-wave riser configuration with ocean current and internal flow. Ocean Engineering, 94: 155-162.

第 6 章　海洋脐带缆安装铺设行为分析

脐带缆的铺设对于整个海底建设工程而言至关重要。水平式铺设方法因具有结构形式简单、耗资小以及铺设效率高等优点而得到广泛应用，是一种典型的安装铺设方法。水平式铺设过程中，上弯段管道部分是整个铺设线型中最危险的区域，其最容易发生的失效模式为径向挤压失效。

海洋脐带缆铺设安装与柔性管道铺设方法类似，且专家和学者们目前针对柔性立管铺设安装的研究更为充分，本章以柔性立管铺设安装为例，针对水平式铺设过程的整体线型，应用专业的海洋管道设计分析软件 Orcaflex 对水平式铺设过程进行了数值仿真，对一些内容进行了研究并得到了一些结论。实际中，铺设作业涉及庞大的铺设系统，面临的海洋环境也十分复杂，因此整个系统的运动和受力都具有很强的非线性、耦合性和随机性，理论和数值分析方法很难对其进行完整准确的分析，因此本章进一步利用半物理仿真试验原理，开展了模拟铺设工况的试验。通过试验，得到了一些结论。

6.1　典型安装铺设流程概述

6.1.1　铺设方法

在海底建设工程中，安装是管道和脐带缆正式投入使用至关重要的一个步骤，如图 6.1 所示 (周延东，1998)，海上的安装与维修费用是十分高的。这包括两点，首

图 6.1　海底管道铺设

先是投资大、风险高，同时复杂的施工环境等引起的施工费用也比较昂贵；其次是施工技术的难度很高。所以在海底管道和脐带缆的铺设、试验以及操作等各方面都将遇到众多的难题。因此在设计阶段，对脐带缆铺设作业状态进行准确的力学分析，选取合适的作业参数以节约成本，并防止脐带缆在铺设时发生破坏，就显得尤为重要 (邓德衡，2001)。

目前，对于类似海底柔性管道这类细长结构的铺设，主要有拖曳式方法和铺管船方法。

1. 拖曳式方法

通常而言，拖曳式方法根据管道在水中的位置又可比较详细地分为水面拖行、离底拖行、控制深度拖行和海床拖行，如图 6.2 所示 (朱礼云，2011)。

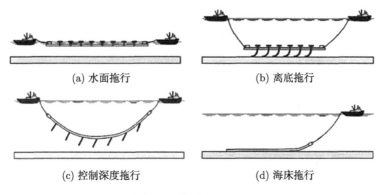

(a) 水面拖行　　　　　　　　(b) 离底拖行

(c) 控制深度拖行　　　　　　(d) 海床拖行

图 6.2　拖曳式铺管法

(1) 水面拖行是利用浮体结构将管段控制于水面之上，此方法主要用于海面风浪较小的海域，同时会受到海流速度以及管道大小等各种因素的制约，其铺设长度在几千米之内。

(2) 离底拖行是将浮筒等间距地固定于管段上，进而将管段控制在预定高度位置处，这种方法能够减小海面风浪的影响，但是施工工艺比较复杂，其适用范围比较广泛。

(3) 控制深度拖行与水面拖行类似，只是将铺设管道调整到了一定水深处进行拖行，这种方法由于受到海面附近风浪的作用较小，因此比较安全。

(4) 海床拖行是将拖拉管段直接置于海底，其拖行路线对于此种方法是十分重要的。海洋环境对海床拖行的影响较小，但是拖行路线以及海床表面形状对其影响较大。

2. 铺管船方法

铺管船方法是利用安装在铺管船上的一系列专用的铺管设备进行海底管道铺设的方法，这种方法适用于长距离、远离岸边的管道作业，且经济指标比较好，目前对于海底柔性管道的铺设主要采用这种方法。根据铺设装备以及铺设形式等的不同，铺管船法又具体地分为水平式、垂直式以及卷管式，下面主要针对这三种铺设方法进行介绍。

(1) 水平式铺设方法是进行浅水区域柔性管道铺设时最常用的一种铺设方法，其整体结构示意图如图 6.3 所示。水平式铺设具有铺设流程比较简易、耗资较小以及铺设效率高等优点，这种铺设方式比较适合于浅水区域的管道铺设，但目前还没有相应的标准以及规范等对这种铺设方式进行具体的说明。

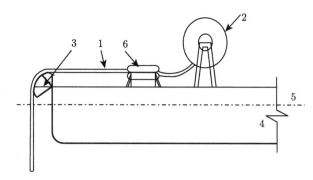

图 6.3　水平式铺设方法结构示意图

1. 柔性管道；2. 安装滚轮；3. 下水桥；4. 铺管船；5. 平均水位 MWL；6. 张紧器

(2) 垂直式铺设方法是为了解决水平式铺设方法中管线上端承受较大弯曲和挤压力的问题而发展起来的一种深水铺管法，其整体结构示意图如图 6.4 所示。与水平式铺设相比，垂直式铺设的结构形式更加复杂。最大不同在于垂直式铺设方法中待铺设的管道在入水前要经过位于月池上的安装塔架，塔架上布置有安装井架和张紧器等设备，因此待铺设管道几乎垂直入水，这有效地改善了管道的受力状态，使管道在入水前避免承受过大的张力、弯曲和挤压等。但是，在应用垂直式铺设方法进行深水海底管道的铺设时，如何控制管道的稳定性是一个需要解决的难题。

(3) 卷管式铺设方法是将固定在铺管船上的一个大型卷筒缠绕的管线展开并拉直后连续铺设至海底的一种方法。这种铺设方法是 20 世纪末兴起的一种新型铺设方法，经过近些年的发展，已经逐渐成熟，其应用也正变得更加广泛。卷管式铺设结构示意图如图 6.5 所示，其方法是：首先将待铺设管道连接到大型滚筒上，然后卷上滚筒，之后用铺管船运输到海上的预定铺设地点进行铺设作业。由于卷管式铺设方法是事先将管道缠绕于卷筒上，然后连续地铺设于海底，因此具有成本低、海上作业时间短、可连续铺设和作业风险小等优点。然而，卷管式铺设方法也存在一系列的弊端，主要表现为：① 铺设过程中，对管线的缠绕和拉直操作容易引起管线的塑形变形；② 需要岸上缠绕基地的支持；③ 铺设管线的长度和直径均受到卷筒的限制。

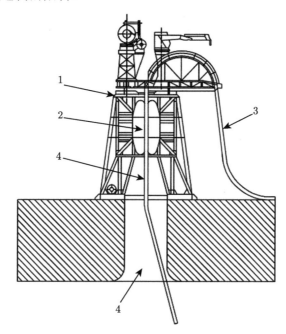

图 6.4　垂直式铺设结构示意图
1. 安装井架；2. 张紧器；3. 柔性管道；4. 船体月池

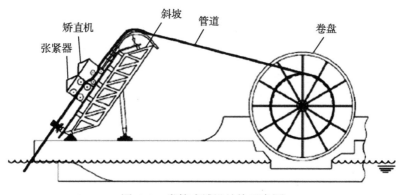

图 6.5　卷管式铺设结构示意图

3. 新方法

近些年来，随着海洋铺管船以及相应铺设装备的设计制造技术不断提高，海底柔性管道的铺设施工技术也随之快速发展，相应地提出了一些针对海底柔性管道的新形式的铺设方法，例如软管和多层等铺设方法，如图 6.6 所示。总体而言，海底柔性管道铺管技术的发展趋势是提高铺管速度，缩短海上的作业周期，以及能够进行更大水深的管道铺设作业，因此，这需要开发多功能的海洋铺管船 (黄维平等，2011)。图 6.7 是未来几年内可能工程化的新概念铺管方法。图 6.8 为卷管式铺管船，其作业水深能够达到 3000m，卷筒的载管能力能够达到 2800t，并且同时具有铺设钢管和软管的能力，其中最大的钢管铺设直径为 0.457m，软管铺设直径为 0.051~0.610m。因此，随着这些铺管船投入使用，铺管的速度将得到大幅的提升，海上施工周期也将会大大缩短。

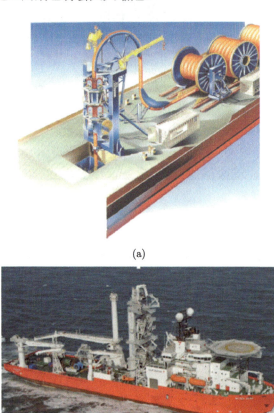

(a)

(b)

图 6.6   (a) 软管和 (b) 多层铺设方法结构示意图

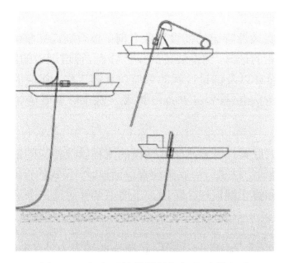

图 6.7 海底柔性管道的新概念铺管方法

图 6.8 "深能量"(Deep Energy) 号卷管式铺管船

在进行较浅水域的海底柔性管道铺设时，水平式铺设方法是目前应用最广泛，也是技术最为成熟的一种铺管方法。近几十年来，国内外众多学者针对柔性管道的铺设方法以及铺设技术等进行了研究，李志刚等 (2010) 概括性地介绍了目前普遍使用的几种铺管方法以及世界先进的不同类型铺管船的发展和使用情况，并做了比较和讨论。党学博等 (2010) 对国内外学者在海底管道铺设技术方面的研究做了总结，进而指出了今后应该向综合利用多种计算方法求解管道铺设问题、加强对铺设过程中管道的动力响应的研究等方向发展。张晓灵等 (2013) 结合国产柔性管道的特性及其应用的海域条件，对浅海柔性管道铺设工艺、铺设滚筒及铺设后的检验方法进行了研究。

在正式开展海底柔性管道的铺设作业之前，必须制订完整的铺设方案，其中包括铺设方法和铺管船的选择、铺设装备的设计分析、管道铺设的路由设计、海床的预处理、铺设流程的设计以及铺设过程的数值仿真等工作，相应的操作可参考 DNV-OS-F101、*Subsea Pipelines and Risers* 以及《深水海底管道铺设技术》等。

6.1.2　铺设流程

本节主要针对海底柔性管道水平式铺设的流程以及相应的铺设装备进行设计分析。在应用水平式铺设方法进行海底柔性管道铺设时，正式的管道铺设作业可分为起始铺设、正常铺设和终止铺设三个阶段，下面主要针对这三个阶段进行详细介绍。

1. 起始铺设阶段

浅水管道的起始铺设大部分都采用起始锚的铺设方法 (朱绍华，2003)，即将起始铺设锚与起始铺设脐带缆连接，然后将锚抛到海底作为起始铺设的固定点。具体步骤如下 (周俊，2008)。

(1) 铺管船在管道铺设的起始位置附近沿着管道铺设方向抛锚就位；

(2) 准备好起始铺设的脐带缆，脐带缆的长度大约为水深的 6 ~ 7 倍；

(3) 将提前准备好的锚与起始铺设脐带缆进行连接；

(4) 将起始锚抛出，抛锚位置是在管道铺设方向的延长线上；

(5) 将起始缆与钢缆进行连接，启动绞车，收紧起始缆，使其承受一定的张力，拉紧起始铺，并且保持预张力 4 ~ 5 个小时。

脐带缆起始铺设阶段的示意图如图 6.9 所示。

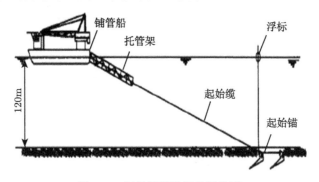

图 6.9　起始铺设阶段的示意图

事实上，在将起始锚抛入水下后，并没有测量出其准确位置。为了准确地定位脐带缆的起始铺设位置，必须准确地计算出实际需要的起始缆长度，使起始缆末端落在预定的管道起始位置处。因此，在预拉操作结束后，通过水下定位技术测量出起始缆某位置的准确坐标，再根据起始铺设点的坐标，推算出起始缆应切割的长度，如图 6.10 中的 L_1。实际中是通过水下应答器来准确定位管道的起始铺设位置，见图 6.10。

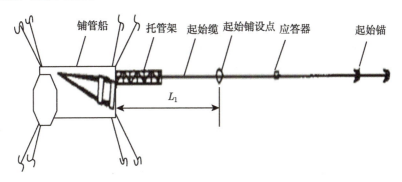

铺管船　托管架　起始缆　起始铺设点　应答器　　　起始锚

L_1

图 6.10　水下应答器安装位置示意图

在切割起始缆的多余部分后，将起始缆连接到作业线上的管道起始处，进入到管道的正常铺设阶段。

2. 正常铺设阶段

将起始缆与作业线上的管道连接后，待铺设管道接触海床，施工作业也便进入到正常铺设阶段。在该阶段，铺管船沿预先制订的路径向前移动，待铺设管道脱离下水桥向下延伸，并且与海床接触。管道在下水桥的支撑下，自然地弯曲成类似于 "S" 形的曲线，如图 6.11 所示。整个线型通常被划分为三个部分：① 上弯段：从张紧器到管线与下水桥分离点之间，即被下水桥托起的管道部分。② 边缘段：管道与下水桥的脱离点到管道的反弯点之间的部分（反弯点一般就是管道弯曲状态时的拐点）。③ 下弯段：管道的反弯点到与海底接触点之间悬起的部分。

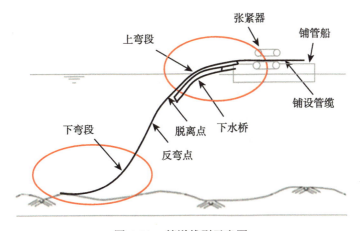

张紧器　　铺管船

上弯段

铺设管缆

下弯段　　　　　脱离点　　下水桥

反弯点

图 6.11　管道线型示意图

管道下弯段的曲率通过生产线方向上的张紧器产生的后拖力来控制，而管道在上弯段的曲率和弯曲应力则主要依靠下水桥的支撑来控制。

3. 终止铺设阶段

当海底管道铺设到弃管的设计点位置时，管道的正常铺设作业结束，进入管道的终止铺设阶段。为了保证在弃管作业结束后管道终端处在设计位置，必须在弃管之前准确计算出管道的切割位置。

管道终止铺设阶段的施工方法为：

(1) 将 A/R 绞车连接器的一端连接绞车钢缆，另一端连接到与管道封头进行连接的环形扣。

(2) 进行张力转换，启动绞车收紧钢缆取代张紧器，向管道提供张力。

(3) 释放张紧器，同时向前移动铺管船，由绞车保持恒定张力，将管道终端释放至海底。

(4) 待管道终端到达管道铺设终点位置处，打开连接管道封头的环形扣。

(5) 回收绞车钢缆。

6.1.3　铺设安装作业关键设备

在采用水平式铺设方法进行海底柔性管道铺设时，下水桥是关键的设备之一，一般将其固定在铺管船的船尾，主要起到支撑管道并控制管道在下水桥上的曲率的作用，实现在铺设时管道具有比较合理的变形，防止管道因为在上弯段的弯矩过大而导致屈服或者破裂，保证铺设过程中管道的安全。

下水桥的结构形式比较简单，可以简单地将其看作是具有一定弧度的刚性结构，如图 6.12 所示。下水桥的整体结构包括：主体弧形板、两侧边沿结构以及起到连接作用的支架结构。下面对每一个结构进行简要介绍。

图 6.12　下水桥结构

(1) 主体弧形板：是结构中最重要的一部分，铺设过程中待铺设管道与此部分相互接触摩擦。

(2) 两侧边沿的作用是防止铺设过程中管道因受到较大的侧向力而发生较大的侧向偏移，进而影响到正常的管道铺设。

(3) 支架结构起到与铺管船相互连接的作用。

进行下水桥结构设计时，主要的设计变量包括主体弧形板的弯曲半径和整体结构的重量。设计主体弧形板弯曲半径时，基本前提是要保证铺设管道的最小弯曲半径，在此基础上，选取一定的动态放大系数，进而确定弧形板的弯曲半径。另外，在保证下水桥结构强度和功能性的基础上，要尽量使整体结构轻量化，避免对铺管船的运动及铺设的管道产生过大的影响 (梁凌云等，2011)。

在管线铺设过程中，张紧器的主要功能是夹持管道，为管道提供恒定的张力，并在管道铺设过程中以一定的速度均匀收、放管道。另外，铺管船在涨潮和落潮以及受到风浪作用升沉和转动时，张紧器能够起到控制管线张力的作用，使得管线的张力能够保持在允许值范围内，避免管道因张紧器系统超过许用应力而遭到破坏。近些年来，随着海洋石油开发技术的迅速提升，相应的张紧器设计研发技术也有了较大的进步。

相比于国内，国外对张紧器的设计研发较早，其中具有代表性的研发机构有荷兰的 SAS Gouda 公司、意大利的 Remacut 公司以及美国的 Westech 公司，而荷兰的 SAS Gouda 公司自 1968 年便开始铺管船用张紧器的研究和生产。上述研发机构在铺管船用张紧器生产方面的技术已十分成熟，有着比较丰富的设计和制造经验，其中张紧器的最大张紧力可以根据用户的不同要求来进行特别设计 (张俊亮等，2008)。

目前，国内主要铺管船及其应用的张紧器有如下几种 (孙亮等，2008)。

(1) 滨海 106 起重铺管船，建造于 1974 年，张紧器的最大张紧力为 225kN，适用管径范围为 305～762mm。

(2) 滨海 109 铺管船，建造于 1976 年，张紧器张紧力为 666kN。

(3)"蓝疆号" 起重铺管船，建造于 2000 年，其配套的张紧器最为先进，单台的最大张紧力达到了 725kN，适用管径为 114～1219mm。

国内对铺管船用张紧器的研究起步较晚，设计研发的张紧器的最大张紧力较小，不能满足深海海底管道铺设作业的需求。

铺管船用张紧器的结构简图如图 6.13 所示。其总体结构包括压紧机构、履带机构、驱动系统、支架和底座以及张力传感系统五部分，下面对这五部分做简要的介绍。

(1) 压紧机构。压紧机构是决定张紧力大小的重要机构，它通过履带总成向管道提供正压力，并通过四个液压虹将管道控制在两个履带中间。其中液压加紧系统主要是利用液压虹来驱动履带进行上下运动，以实现张紧器对管道的加紧作用。

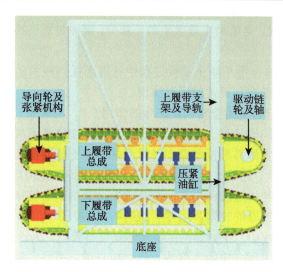

图 6.13　铺管船用张紧器结构简图

(2) 履带机构。履带机构由若干链轨节组成，各节之间通过销套与锁销轴来进行连接。每一节的外侧都连有形板，履带板上安装有起到缓冲作用的垫块，其作用是增加摩擦力和均匀荷载，从而加大管道外壁的接触面积，降低接触比压。

(3) 驱动系统。目前，张紧器的驱动方式主要有气压缸驱动和液压缸驱动两种。驱动系统的工作原理是电动马达驱动链轮，链轮进一步驱动履带完成收管和弃管作业以实现管道的铺设作业。电动马达具有能够精确地控制速度、控制荷载传递、响应迅速、低故障等众多优点。

(4) 支架和底座。支架主要起到支撑履带机构的作用，并为其提供运动滑道。一般地，底座是固定于铺管船上的，张紧器能够在底座上滑动，这样便可以获得铺设过程中管道的张力，进而针对性地控制管道。

(5) 张力传感系统。张力传感系统就是将电子测力传感器安装在底座与张紧器之间，用来测量管道中的张力。

6.2　脐带缆安装数值模拟分析计算

6.2.1　安装过程失效模式

对于海洋脐带缆和柔性管道的安装，水平式铺设方法是目前最为常用的铺设方法。这种铺设方法具有流程简易、铺设速度快、安全稳定以及经济效益好等优点。在水平式铺设方法的正常铺设阶段，边缘段管道处于高张力、低曲率状态，下弯段管道处于低张力、高曲率状态，而上弯段则承受着较大的张力、弯矩以及来自下水桥的摩擦力和径向挤压力，是水平式铺设方式中最危险的受力区域，如图 6.14 所示。可以说，限制水平式铺设方法进行深水海底管道铺设的因素是上弯段管道区域的受力。下面主要针对水平式铺设过程中的上弯段管道部分进行分析。

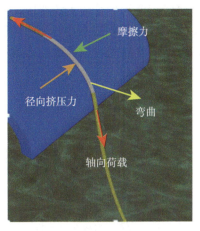

图 6.14　上弯段管道受力示意图

下面针对铺设过程中上弯段管道比较容易发生的失效模式——拉伸失效、弯曲失效以及径向挤压失效进行介绍。

(1) 拉伸失效：在应用水平式铺设方法进行海底柔性管道铺设时，下水桥和海床之间悬垂着很长的管缆，这部分管道的重量将传递到上弯段，因此，铺设过程中上弯段管道承受着十分大的张力，因此可能发生拉伸失效。在应用水平式铺设方法进行较深水域的管道铺设作业时，管道在通过下水桥前必须经过张紧器，如图 6.15 所示，这样可以有效地控制管道承受的张力，避免柔性管道在铺设过程中因张力过大而发生拉伸失效。

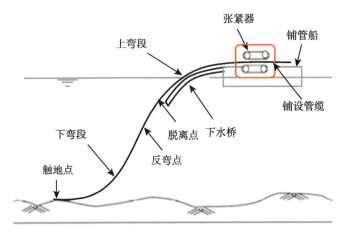

图 6.15　铺设管道经过张紧器过程示意图

(2) 弯曲失效：在应用水平式铺设方法的正常铺设阶段，铺管船沿预定路径向前移动，柔性管道脱离下水桥向下延伸，并且最终与海床接触。对于整个铺设线型而言，上弯段管道和下弯段管道承受着较大的弯矩，是比较容易发生弯曲失效的区域，如图 6.16 所示。而在实际铺设过程中，下弯段管道的曲率通常可由生产线方向上的张紧器产生的后拖力来控制，而管道在上弯段的曲率和弯曲应力则主要依靠下水桥的支撑来控制。

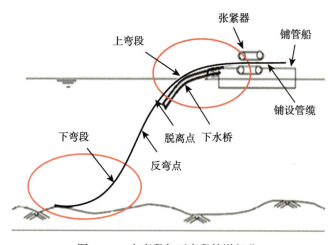

图 6.16　上弯段与下弯段管道部分

(3) 径向挤压失效：通常而言，用于海洋油气田开发的柔性管道具有较高的轴向刚度，较低的弯曲刚度，因此允许的弯曲半径较小。但相对而言，柔性管道的径向刚度较低，即其抵抗径向挤压的能力较弱。在水平式铺设的正常铺设阶段，上弯段管道承受着较大的张力和弯矩，所以这部分管道受到来自下水桥的沿管道径向的挤压力的作用。在张力较大的情况下，管道受到的径向挤压力也将很大，因此上弯段管道部分是比较容易发生径向挤压失效的。

6.2.2　安装过程结构分析

理论表达式通过对上弯段管道进行的静力分析，并没有考虑到复杂的海洋环境因素以及铺管船系统、海洋管道系统以及铺设装备系统等之间耦合因素的影响 (王丹和刘家新，2007；徐普等，2013)。实际中海底柔性管道的铺设作业是在极其复杂的海洋环境中进行的，并且铺管船与海洋管道之间的运动也存在着较强的耦合性。因此，若想对海底管道铺设进行更符合实际的分析，必须对其进行准确完整的动力分析 (王海期和马仑，1986)。目前，国内外针对水平式铺设方法的静力分析已经开展了大量的研究，然而，随着海洋油气资源的开发逐渐走向深水区域，此时面临的实际海况环境更加复杂恶劣,而相应的海洋工程规范中只是简单地采用了乘以相应环境荷载系数的方法来实现对海洋环境的模拟,这显然已不能满足设计要求,准确完整的管道铺设动力分析已成为当前海底管道铺设设计分析的必然需求 (甄国强和胡宗武,1993)。

Orcaflex 能够模拟各种立管系统 (包括脐带缆) 及系泊系统等海洋工程结构的服役状态和安装过程,能够计算分析立管系统及系泊系统的波浪响应和涡激振动响应 (VIV) 及其疲劳状况,能够模拟海底管道系统及立管系统的动态安装过程,并且能够动态显示其计算过程,对于动态脐带缆模型,Orcaflex 将其划分为一系列线段组成的线单元,线单元是弯曲刚度可以在较大范围内变化的线型单元,它可以模拟刚性管道、柔性管道、锚链等类似结构。LINE 单元主要模拟脐带缆的轴向、弯曲和扭转性能,而脐带缆的其他性能 (如质量和浮力等) 均集中分布在端部的节点上,如图 6.17 所示。另外,软件里的 LINE 单元不同于一般的集中质量模型,它能够考虑脐带缆的阻尼特性,利用弹簧和阻尼器的组合方式进行模拟,这样便能够使模拟的结果更加真实 (宋甲宗和戴英杰,1999),本节借助 Orcaflex 软件,采用数值方法对铺管过程进行分析。

为了分析水平式铺设方法的适用水深以及能够进行管道铺设作业的海洋环境等未知因素,建立了工况表见表 6.1,制订的工况中,选取了 105m、200m、300m、400m 和 500m 的铺设水深。在进行管道铺设作业过程中,铺管船在不同的波浪高度和波浪方向下,其运动响应会有很大的不同,进而给管道铺设作业带来的影响也会有较大的不同。因此,为了对柔性管道的铺设过程进行比较完整的分析,制订铺设工况时,分别选取了四个不同的波浪高度,即 2.0m、2.5m、3.0m 和 3.5m,(徐普等,2013) 以及五个不同的波浪方向,即 0°、45°、90°、135° 和 180°,来模拟比较完整的海况,进而对管道铺设过程进行数值分析。因此,这里总共需要针对 100 种不同的工况进行数值仿真。在选用 JONSWAP 谱模拟实际波浪时,对于工况表中选定的波浪高度,其对应的谱峰周期基于以下公式来进行选择确定

$$3.6 < \frac{T_p}{\sqrt{H_s}} < 5 \tag{6.1}$$

其中,T_p 为谱峰周期;H_s 为有义波高。

表 6.1 数值分析工况表

水深/m	波高/m	谱峰周期/s	波浪方向/(°)
105	2.0、2.5、3.0、3.5	6.1、6.8、7.5、8.0	0、45、90、135、180
200	同上	同上	同上
300	同上	同上	同上
400	同上	同上	同上
500	同上	同上	同上

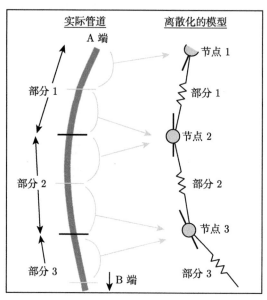

(a) 脐带缆模型

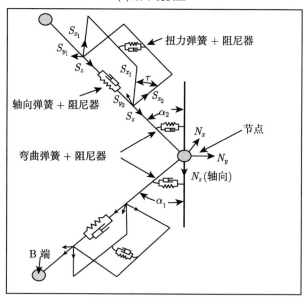

(b) 详细的脐带缆模型

图 6.17   集中质量法原理示意图

　　建立的数值模型如图 6.18 所示，包含了完整的"铺管船下水桥海洋立管"系统。

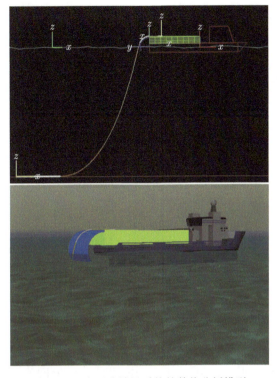

图 6.18 水平式铺设系统的数值分析模型

表 6.2 和表 6.3 分别给出了数值模型的主要参数以及模型中铺设脐带缆的主要参数。

表 6.2 铺管船的主要参数

模型主要参数	数值	铺管船参数	数值
脐带缆上端终点至船艉距离/m	10	船长/m	79.89
下水桥半径/m	7.2	型宽/m	18.00
下水桥包含角度/(°)	120	型深/m	7.40
下水桥型宽/m	8	最大吃水/m	6.00
上弯段脐带缆单元长度/m	0.5	总吨位/t	3119

表 6.3 铺设脐带缆的特性参数

参数名称	实际参数值
最大允许径向挤压力/(kN/m)	117
拉伸刚度/(MN/m)	1607
弯曲刚度/(kN·m²)	657
缆外径/mm	447
缆壁厚/mm	74.5
空气中单位质量/(kg/m)	254.35
海水中单位质量/(kg/m)	93.63

在 Orcaflex 中，船体坐标系如图 6.19 所示，在此模型中，船体坐标系与整体坐标系重合。在数值分析中，波浪 (包括规则波和非规则波) 的方向定义为 (杨建民等，2008)：从上向下看时，从整体坐标系中的 x 轴按逆时针方向旋转到波浪前进的方向。因此，针对本数值模型而言，0° 方向是指一个向正 x 方向传播的波浪，90° 则是指一个向正 y 方向传播的波浪。

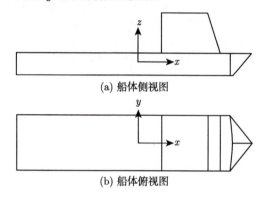

(a) 船体侧视图

(b) 船体俯视图

图 6.19   船体坐标系示意图

在分析过程中，为了考虑不同波浪方向对管道铺设作业带来的影响，制订的工况中包括了对 0°、45°、90°、135° 和 180° 来浪方向的波浪模拟。

在不同铺设水深的情况下，上弯段管道承受的径向挤压力的变化趋势如图 6.20~图 6.22 所示。这里选取了 0° 波浪方向、2.0m 波浪高度，90° 波浪方向、2.0m 波浪高度和 0° 波浪方向、3.5m 波浪高度三种铺设工况，主要是为了说明管道承受的径向挤压力随着不同铺设水深的变化趋势。

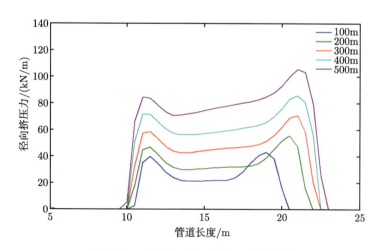

图 6.20   0° 波浪方向、2.0m 波浪高度

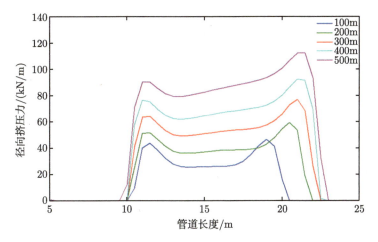

图 6.21 90° 波浪方向、2.0m 波浪高度

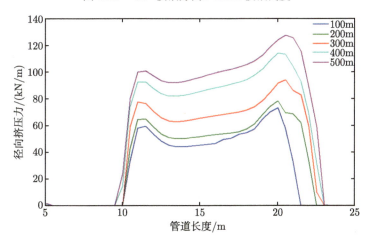

图 6.22 0° 波浪方向、3.5m 波浪高度

从图中可以看出，在不同水深的铺设工况下，上弯段管道受到的径向挤压力的分布形式是一致的，可以将其描述为：在管道和下水桥的初始接触点附近，径向挤压力出现一个极大值；在管道和下水桥的脱离点附近，径向挤压力达到最大值，而在极大值点和最大值点之间的部分，径向挤压力的分布是比较平稳的，并呈现出轻微的上升趋势。

通过图 6.20 可以看出，随着铺设水深的增加，上弯段管道受到的径向挤压力整体呈现出增加的趋势，而且增加的趋势比较明显。而由图 6.21 和图 6.22 可以看出，随着铺设水深的增加，管道承受的径向挤压力的整体形式不随波浪方向和波浪高度的变化而变化，即不同波浪方向和波浪高度下，管道的径向挤压力都是随着水深的增加而呈现出整体增加的趋势。

　　在不同的海洋环境下,结合模型中管道径向挤压力的最大允许值 117kN/m 以及相应的图示信息,可以对海底管道的水平式铺设作业起到指导作用。例如,在波浪方向为 0°、波浪高度为 2.0m 的情况下,安装水深达到 500m 左右时,管缆承受的最大径向挤压力已经接近其最大允许值 117kN/m,属于比较危险的铺设工况;而在来浪方向为 0°,波浪高度增加到 3.5m 的情况下,铺设水深达到 400m时,管缆承受的最大径向挤压力就已经达到其最大允许值。相应地,针对不同的海洋环境,计算结果同样可以指导其海底管道的铺设作业,这里不一一列举。

　　不同波浪方向下,上弯段管道承受的径向挤压力的变化趋势如图 6.23~图 6.25所示。这里选取了 200m 水深、2.0m 波浪高度和 500m 水深、2.0m 波浪高度以及200m 水深、3.5m 波浪高度三种铺设工况,主要是为了说明管道承受的径向挤压力随着不同波浪方向的变化趋势。

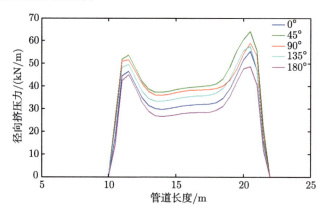

图 6.23　200m 水深、2.0m 波浪高度

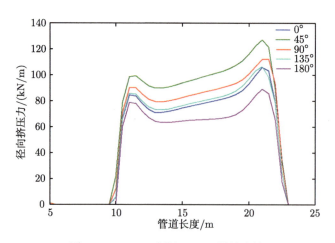

图 6.24　500m 水深、2.0m 波浪高度

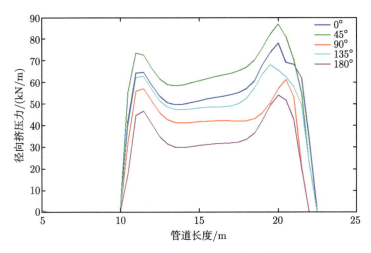

图 6.25　200m 水深、3.5m 波浪高度

从图 6.23 中可以看出，在不同波浪方向的铺设工况下，上弯段管道受到的径向挤压力的分布形式是一致的，并且与不同水深的铺设工况下描述的线型一致。

由图 6.23~图 6.25 可以看出，在铺设水深和波浪高度一定的情况下，随着波浪方向的不同，上弯段管道承受的径向挤压力并不完全一致，但变化趋势并不明显。从图中还可以看出，在波浪高度较小的海洋环境下，波浪方向对径向挤压力的分布影响较小，但当波浪高度达到 3.5m 时，波浪方向对其影响效果有所增加。

从上述三幅图中都可以看出，在波浪方向为 45° 的铺设工况下，上弯段管道的径向挤压力是最大的；而在波浪方向为 180° 的铺设工况下，上弯段管道的径向挤压力是最小的。因此，通过对比 0°、45°、90°、135° 以及 180° 的波浪方向下管道的径向挤压力的分布可知，对于海底柔性管道的水平式铺设方式而言，45° 波浪方向的海洋环境不适合铺管船进行管道铺设作业，而 180° 波浪方向的海洋环境比较适合铺管船进行铺设作业。而对于其他波浪方向下上弯段管道的径向挤压力的分布，要结合不同水深以及波浪高度进行综合分析。

在不同波浪高度下，上弯段管道承受的径向挤压力的变化趋势如图 6.26~图 6.28 所示。这里选取了 300m 水深、0° 波浪方向和 500m 水深、0° 波浪方向以及 300m 水深、45° 波浪方向三种铺设工况，主要是为了说明管道承受的径向挤压力随着不同波浪高度的变化趋势。

从图中可以看出，在不同波浪高度的铺设工况下，上弯段管道受到的径向挤压力的分布形式是一致的，并与在不同水深的铺设工况时描述的线型一致。

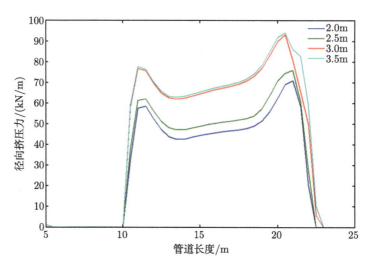

图 6.26　300m 水深、0° 波浪方向

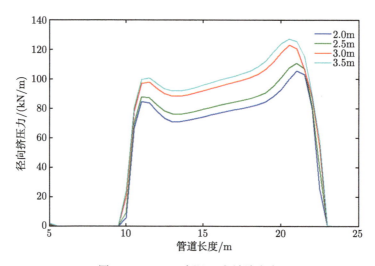

图 6.27　500m 水深、0° 波浪方向

　　通过对比不同波浪高度下管道的径向挤压力的变化趋势可以看出，在波浪高度为 2.0 ~ 2.5m 时，上弯段管道承受的径向挤压力变化幅度较小；而当波浪高度达到 3.0m 及以上时，上弯段管道承受的径向挤压力有了比较明显的增加，而且通过图 6.26 ~ 图 6.28 之间的对比可以看出，这个趋势并不随水深和波浪方向的改变而改变。因此，在应用水平式铺设方法进行海底管道的铺设作业时，当波浪高度达到 3.0m 时不适合进行海底管道的铺设作业。

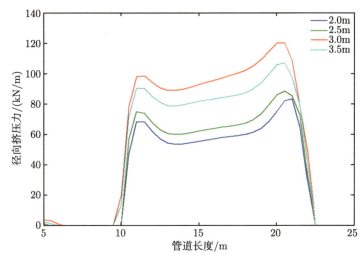

图 6.28　300m 水深、45° 波浪方向

6.3　脐带缆安装数值试验测试分析

进行海底铺设作业时，研究人员通常需要面对具有风、浪、流等海洋环境，海洋环境荷载具有恶劣、复杂以及随机多变的特性，而这些特性很难在理论分析或者数值模型中进行完整的模拟和计算。因此，在进行海底铺设的设计和分析时，除了进行大量的理论分析和数值计算外，通常还要进行必要的物理模型试验。通过建立能够模拟实际铺设情形的海底柔性管道铺设系统以及能够模拟实际铺设环境的试验工况，针对海底柔性管道进行相应的模拟工况试验，可有效地检验理论及数值分析结果 (毕国军等，2013)。

在应用水平式铺设方法进行柔性管道铺设时，上弯段部分是整个线型中最容易发生失效的区域，因此，该试验即主要针对上弯段管道部分进行研究，以探索水平式铺设方法的极限铺设海洋环境，并且起到对理论和数值分析结果进行验证和补充的目的。

船舶与海洋工程系统十分庞大，相对而言，现有实验室尺寸十分狭小，进行柔性管道铺设过程的试验分析时，由于实验室空间尺寸的限制，无法对此铺设过程进行完整的模拟。因此，这里采用了混合模型的试验方法，即将理论和数值计算结果同模型试验结合起来进行，这样便可以通过计算机准确建模来模拟结构作为数值子结构，而试验中不能确定的系统可以通过建立物理子结构作为试验对象，通过信号的传递和控制系统实现数值子结构和物理子结构的联系。

采用混合试验方法对水平式铺设系统进行室内的模型试验设计分析具有很多

优点。该系统通过小比尺建造管道和下水桥组成的物理子结构可以比较真实地模拟柔性管道与下水桥之间的相互作用，并且能够比较准确地模拟系统的边界条件，例如铺管船的运动情况。另一方面，以通过数值仿真分析得到的铺管船运动模型作为数值子结构，并将铺管船的运动特性通过控制系统和控制信号传递到物理子结构系统，节约了试验成本，极大地提高了试验效率。

试验过程中，利用现有的六自由度运动平台来模拟铺管船的运动，运动平台由 dSPACE 系统控制，可以实现各个自由度的运动，进而可以模拟铺管船在实际海况中的复杂运动情形。

对于模拟水平式铺设过程的试验系统，通过计算机建立船体的数学模型，输出信号驱动六自由度平台运动，同时建立下水桥与柔性管道组成的海底管道铺设系统的物理模型，进而模拟真实的海底管道铺设过程，分析管道与下水桥之间相互作用的力学行为。由于实验室空间尺寸的限制，无法真实地模拟长距离的管道系统，需要对其进行等效截断处理。等效的方法是截断点之后的管道质量由质量滑块代替，管道在截断位置的倾斜角度按照铺设状态进行模拟，其角度大小取实际铺设时管道与下水桥的脱离角度。

6.3.1　试验工况

模型缩尺比的选择：如果缩尺比过大，试验模型尺寸会过小，因而会导致模型加工、测量上的巨大困难；如果缩尺比过小，试验模型尺寸又将过大，这将会对实验室的空间尺寸、运动平台的承载能力等提出较高的要求。因此，在选取试验的缩尺比时，应综合考虑具体的试验目的以及其他各项因素，进而确定出一个较优的试验缩尺比。

下列各项是选择该模型试验缩尺比时所需考虑的主要问题。

(1) 模型的大小：模型的大小是在确定试验缩尺比的过程中所需考虑的首要因素。模型过小会产生比尺效应问题突出，模型制作和模拟的相对精度降低，以及试验测量数据的相对误差增大等各种后果；如果制作的模型过大，受到实验室空间大小的限制，会造成材料的浪费。模拟海底柔性管道铺设的试验应用到的试验模型主要包括下水桥模型和柔性管道模型。在实际工程应用中，应用的下水桥半径范围是 4~10m。为了避免出现过大的尺度效应，同时考虑到实验室的空间尺寸以及下水桥模型所依托的六自由度平台的承载能力等因素，初步确定本试验中所采用的下水桥模型半径的范围为 1~2m。

(2) 运动平台的仿真能力：该试验将利用六自由度平台来模拟铺管船的运动，六自由度运动平台主要由上平台、基础、电动缸、气悬浮系统、控制柜和附件等主要部件组成，其主要结构模型如图 6.29 所示。该运动平台的驱动器采用德国伦茨的某高性能驱动器，其 I/O 口可以检测作动筒位置、终点开关状态，控制电机刹车制动器的开合。驱动器正常状态下按照给定速度控制电机运动，内部程序可检测单个作动筒的状态，出现故障时能够确定是否向电机正常输出驱动电流或进行电机刹车制动。

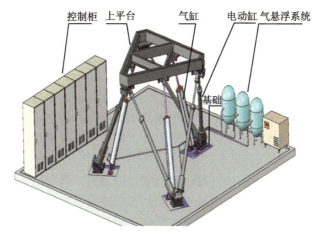

图 6.29 自由度运动平台主要结构模型

　　实际中，六自由度运动平台的仿真能力有一定的极限，即运动平台在水平面的运动范围以及绕坐标轴的转动角度存在相应的限制，因此运动平台只能模拟铺管船在一定海况下的运动情形。所以，六自由度运动平台的运动仿真能力也将成为确定试验缩尺比的重点考虑因素。

　　具体针对本试验而言，为了探索应用水平式铺设方法进行海洋柔性管道铺设的极限铺设水深、能够进行铺设的极限海洋环境等因素，这里希望能够尽量选取一个较大的相似比尺，使得六自由度运动平台能够模拟更大水深、更恶劣海况下的铺管船的运动。而实际中六自由度运动平台的运动仿真能力有一定的限制，其位移量要求和系统运动速度要求如表 6.4 和表 6.5 所示。综合考虑到不同海况下铺管船的运动情况以及六自由度运动平台的运动仿真能力，可以进一步确定本试验采用的相似比尺的范围。

表 6.4　六自由度运动平台主要结构模型

自由度	位移量要求 (不小于)
纵向	±0.8m
侧向	±0.8m
升降	±0.7m
俯仰	±26°
横滚	±25°
偏航	±25°

表 6.5　六自由度运动平台系统的速度要求

自由度	速度要求 (不小于)
纵向	±0.7m/s
侧向	±0.7m/s
升降	±0.7m/s
俯仰	±24(°)/s
横滚	±24(°)/s
偏航	±24(°)/s

综上所述，在确定试验比尺的过程中，首先在保证不产生较大的比尺效应的前提下，尽量使六自由度运动平台能够模拟更大水深、更恶劣海况下铺管船的运动。综合考虑到上述各种因素，最终确定此次模拟水平式铺设过程的试验缩尺比为 1:6。

在应用水平式铺设方法进行海底柔性管道铺设时，当管道接触海床后，也便进入了海底管道铺设作业的正常铺设阶段。在该阶段，铺管船开始以稳定的速度沿预定的路线向前运动，管道沿着下水桥向下延伸，并与海床接触。该试验即主要针对海底管道的正常铺设阶段制订相应的试验工况。

试验中，利用六自由度运动平台来模拟铺管船的运动。在进行海底管道铺设的数值分析过程中，通过输入铺管船的位移响应幅度算子（response amplitude operator，RAO）及相应的海洋环境参数，可以获得船体的运动时程曲线。在获得实际海况下铺管船的运动时程曲线之后，对其进行缩比换算，便能够得到控制六自由度运动平台的缩比运动时程曲线。利用 dSPACE 控制系统，输入换算后的缩比运动时程曲线，将换算结果作为控制系统的输入量，控制运动平台的运动，便能够实现对铺管船运动的模拟。

与数值分析工况对应，制订的试验工况分别模拟了 105~500m 水深时铺设海底管缆的情形。对于不同水深的试验工况，基于试验缩尺比 1:6，得到缩比后的下弯段管道的等效截断质量见表 6.6。

表 6.6　不同水深下的等效截断质量

水深/m	下弯段管道等效质量/kg
105	55.27
200	96.78
300	145.16
400	193.55
500	241.94

同数值分析工况一致，对应于一个特定的铺设水深，分别针对 0°、45°、90°、135° 和 180° 五个不同波浪方向以及 2.0m、2.5m、3.0m、3.5m 四个不同波浪高度下铺

管船的运动进行模拟，因此该试验总共需要针对 100 种不同的试验工况进行模拟。

6.3.2 试验模型

1. 下水桥模型

下水桥模型是此次试验的主要模型之一，其结构形式比较简单，如图 6.30 所示。下水桥的整体结构包括：具有一定弯曲半径的弧形板、位于弧形板两侧具有一定高度的边沿结构、起到连接和固定作用的支架结构以及下方的底板结构。其中，弧形板是整个下水桥结构中最重要的部位，在海底柔性管道的正常铺设阶段，待铺设管道沿此弧形板自然地弯曲，各结构层间相互接触摩擦，产生一定的作用力；与弧形板相互连接的两侧边沿结构主要起到防止管道在铺设过程中向外侧甩出的作用；支架结构的主要作用是将弧形板和底板结构进行连接，并且保证了弧形板结构在铺设作业状态下的稳定性；下方的底板结构主要起到将整个下水桥结构和六自由度运动平台进行连接的作用，保证下水桥整体结构在铺设作业状态下的稳定性。在加工下水桥模型过程中，主体弧形板结构只需按照之前确定的缩尺比进行缩比建造，这样便能够比较真实地模拟脐带缆和下水桥之间的相互作用。而在建造弧形板两侧的边沿及其下面的支架等其他附属构件时，以保证相应附件的力学性能为主要原则，例如弧形板两侧边沿的作用是在试验过程中防止管道偏出主体弧形板，支架结构的作用是将下水桥结构和运动平台进行连接，在加工过程中，只需保证这些附件起到相应的作用即可；底板结构对于下水桥整体结构而言十分重要，加工过程中，需要保证底板具有足够的强度来承担整体结构的荷载，特别是在比较恶劣的工况下。

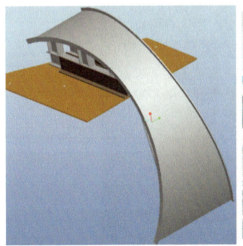 

图 6.30　下水桥试验模型

为了确保下水桥模型在试验过程中的可靠性，这里对其进行了强度分析。试验工况中模拟的最大水深为 500m，此时，管道模型下端的截断配重达到最大值，进行下水桥模型强度校核时，便针对 500m 水深的试验工况进行分析。具体的参数见表 6.7。

表 6.7   分析参数

参数	模拟水深	管缆最大张力	径向接触力
数值	500m	2.37kN	1975.8N/m

分析结果包括下水桥模型的变形图和应力云图，分别如图 6.31 和图 6.32 所示。

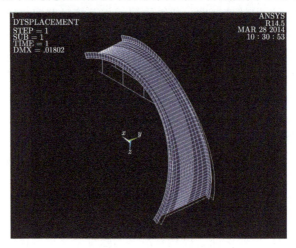

图 6.31   下水桥模型变形图

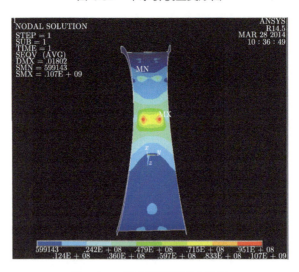

图 6.32   下水桥模型应力云图

从图 6.31 下水桥模型变形图可以看出,下水桥模型的最大变形为 1.8cm,相对于模型的整体尺寸而言,这个变形较小,不会影响到试验结果。另外,从图 6.32 下水桥模型应力云图可以看出,在最大的模拟水深 500m 的情形下,下水桥模型的最大应力为 107MPa,即试验过程中下水桥模型不会发生强度破坏。

综上所述,在模拟海洋柔性管道铺设过程的模型试验中,即使在最大的模拟水深 500m 的情况下,下水桥模型仍不会发生强度失效,同时,其产生的变形也是可以忽略不计的,并且不会影响到模型试验中针对管缆模型的测量结果。

2. 管缆模型

在水平式铺设过程中,上弯段管道因承受着较大张力、弯矩以及径向挤压力而成为整个线型中最危险的受力区域,其可能发生的失效模式包括拉伸失效、弯曲失效以及径向挤压失效等。考虑到海洋柔性管缆自身的结构特性,其具有较强的抗拉性能、较好的柔韧性,相对而言,脐带缆结构具有较弱的径向抗挤压性能,因此,在应用水平式铺设方法的正常铺设阶段,上弯段管缆最容易发生的失效模式是径向挤压失效。因此,在制订管缆模型过程中,最关键的是要确保模型管缆和实体管缆之间的径向刚度相似。在确保径向刚度相似的基础上,还要尽量保证模型管缆和实体管缆之间的弯曲刚度、单位长度质量、几何尺寸等参数相似。

试验中,管缆参数参照某实际工程项目中使用的管缆参数。如上所述,在制订试验管缆模型时,最重要的是要保证模型和实体之间的径向刚度相似,另外,还要尽量使两者的弯曲刚度、拉伸刚度、单位质量以及几何尺寸等其他参数达到相似。依据上面确定的试验缩尺比 1:6,根据相似理论推导出管缆模型的主要参数见表 6.8。

表 6.8   模型管缆的主要参数

参数名称	实际参数	缩尺比	模型参数
拉伸刚度/MN	1607	$1:6^2$	44.64
弯曲刚度/(kN·m²)	657	$1:6^4$	0.5069
管道外径/mm	447	$1:6$	74.5
管道壁厚/mm	74.5	$1:6$	12.42
空气中单位质量/(kg/m)	254.35	$1:6^2$	7.07
海水中单位质量/(kg/m)	93.63	$1:6^2$	2.60

对于下弯段管道的模拟,在现有的实验室条件下难以进行完整尺度的模拟,因此需要对其进行缩比处理。该试验只模拟铺在下水桥模型上的上弯段管道,因此在试验中对下管道模型的模拟可以采用截断处理的方法,利用斜面与质量滑块的组合来对其进行模拟,即将管道从上弯段下方的脱离点处截断,截断点之后的管道质量由质量滑块代替。通过对相应铺设工况下的管道线型进行分析,能够确定管道在截断点处的脱离角度以及相应配重的质量。

截断部分管道质量的相似常数:

$$\lambda_{\mathrm{m}} = \lambda^3 \tag{6.2}$$

其中, λ 为模型试验缩尺比。

　　水平式铺设中上弯段管道的模型试验系统示意图如图 6.33 所示, 试验系统包括下水桥模型、上弯段管道模型以及模拟下弯段管道的斜面质量滑块系统。其中, 斜面的倾斜角度是可变的, 以此模拟不同的试验工况。

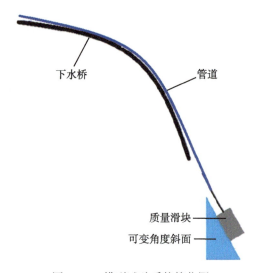

图 6.33 模型试验系统简化图

6.3.3 测量方案

　　在模拟海洋柔性管道水平式铺设过程的模型试验中, 能否制订出一套完善的数据采集与处理系统是整个试验成败的关键因素。

　　径向刚度测量: 本试验的主要待测物理量为上弯段管道承受的径向挤压力, 若想通过直接测量的方式来获得此量, 在测量方法上会有较大的困难。本试验通过测量管道径向变形的方式来间接地获得管道的径向挤压力, 因此, 需要首先测得管道模型的径向刚度。

　　采用如图 6.34 所示的试验系统测量管道模型径向刚度, 试验选取的管缆试件长度为 25cm, 试验系统由加紧钢板、位移传感器、力传感器、加载千斤顶、数据采集装置以及采集计算机组成。这里对管道模型进行了 10 组试验测试, 每组测试过程中, 加载始终都是在管道模型的弹性范围内。这里选取了其中的 6 组试验数据进行了后处理, 最终得到 25cm 的试验管道模型的径向刚度为 58.85kN/m。

加载装置

位移传感器

力传感器

夹持钢板

试验管缆试件

图 6.34   试验管道模型径向刚度测试系统

径向挤压力测量：在获得了管道模型的径向刚度之后，便可以通过测量其径向变形的方式来获得管道模型受到的径向挤压力。试验过程中采用的位移传感器 (型号 YHD-50) 的具体参数见表 6.9。

表 6.9   位移传感器具体参数

参数名称	数值
灵敏度	0.1934
量程/mm	50.0
测量精度/mm	0.01

同数值分析一致，这里希望通过模拟实际铺设工况的试验来获得不同铺设水深、不同波浪方向以及不同波浪高度下上弯段管道模型的径向挤压力的分布趋势。为了测量的方便，这里只选取了上弯段管道部分中的一点，进行了不同环境参数下的实时测量，以此说明上弯段管道部分的径向挤压力在不同铺设参数下的变化趋势。

6.3.4   结果分析

为了说明上弯段管道的径向挤压力随着不同铺设水深、不同波浪方向以及不同波浪高度的变化趋势，试验过程中分别以铺设水深、波浪方向以及波浪高度为变量进行了模拟铺设工况的缩比试验。为了模拟更加真实的海况，每一个需要模拟的试验工况的仿真时间为 36min，即模拟了 90min 的实际海况。若要对制订的

100 种试验工况都进行完整的模拟，会消耗大量的时间，因此为了减少整体试验的时间，这里针对不同的铺设参数只模拟了一组试验工况。例如，为了说明上弯段管道的径向挤压力随着不同铺设水深的变化趋势，选取了一组确定的波浪方向和波浪高度，进而模拟 105 ~ 500m 铺设水深的铺设工况。

1. 不同铺设水深

在不同铺设水深下，上弯段管道承受的径向挤压力的变化趋势如图 6.35 所示。这里选取了 0° 波浪方向、2.0m 波浪高度的试验工况，主要是为了说明管道承受的径向挤压力在不同铺设水深下的变化趋势。

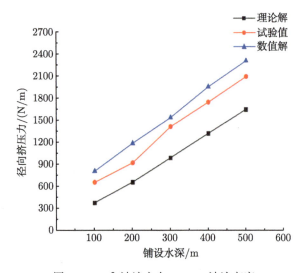

图 6.35　0° 波浪方向、2.0m 波浪高度

从图中可以看出，在不同铺设水深下，上弯段管道承受的径向挤压力的理论解、数值解以及试验测量值的整体变化趋势是一致的，即上弯段管道的径向挤压力随着铺设水深的增加而增加，且增加的趋势比较明显。

通过图中不同曲线之间的对比可以看出，上弯段管道的径向挤压力的数值解最大，理论值最小，而试验测量值介于理论值和数值解之间。

2. 不同波浪方向

在不同波浪方向下，上弯段管道承受的径向挤压力的变化趋势如图 6.36 所示。这里选取了 200m 铺设水深、2.0m 波浪高度的试验工况，主要是为了说明管道承受的径向挤压力在不同波浪方向下的变化趋势。

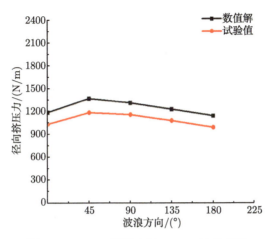

图 6.36 200m 铺设水深、2.0m 波浪高度

从图中可以看出，在不同波浪方向下，上弯段管道承受的径向挤压力的数值解和试验测量值的整体变化趋势是一致的：上弯段管道的径向挤压力随着波浪方向的变化趋势并不明显，但是通过数值解和试验测量值都可以看出，在铺设水深和波浪高度不变的情况下，波浪方向为 45° 时上弯段管道承受的径向挤压力最大。

3. 不同波浪高度

在不同波浪高度下，上弯段管道承受的径向挤压力的变化趋势如图 6.37 所示。这里选取了 300m 铺设水深、0° 波浪方向的试验工况，主要是为了说明管道承受的径向挤压力在不同波浪高度下的变化趋势。

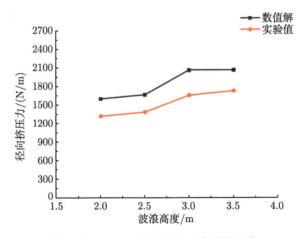

图 6.37 300m 铺设水深、0° 波浪方向

　　从图中可以看出，在不同波浪高度下，上弯段管道承受的径向挤压力的数值解和试验测量值的整体变化趋势是一致的：在波浪高度为 2.0~2.5m 左右时，上弯段管道承受的径向挤压力变化幅度较小；而当波浪高度达到 3.0m 及以上时，上弯段管道承受的径向挤压力有了比较明显的增加。

参 考 文 献

毕国军, 刘军, 房晓明, 等. 2013. 海底柔性管道铺设系统动力学分析及实验研究. 哈尔滨工程大学学报, 34(6): 753-762.

党学博, 龚顺风, 金伟良, 等. 2010. 海底管道铺设技术研究进展. 中国海洋平台, (5): 5-10.

邓德衡. 2001. 大直径薄壁海底管道铺设研究. 上海：上海交通大学.

何楠. 2010. 我国海洋石油天然气管道保护立法问题研究. 北京：华北电力大学.

黄维平, 曹静, 张恩勇. 2011. 国外深水铺管方法与铺管船研究现状及发展趋势. 海洋工程, 29(1): 135-142.

李志刚, 王琮, 何宁, 等. 2010. 深水海底管道铺设技术研究进展. 中国造船工程学会 2009 年优秀学术论文集.

梁凌云, 商辉, 燕晖, 等. 2011. 托管架及管道对铺管船运动影响的试验研究. 第十五届中国海洋 (岸) 工程学术讨论会论文集 (上).

上官丽红. 2011. 深水钢悬链式立管 S 型铺设方法分析研究. 青岛：中国海洋大学.

宋甲宗, 戴英杰. 1999. 海洋管道铺设时的二维静力分析. 大连理工大学学报, 39(1): 91-94.

孙亮, 张仕民, 林立, 等. 2008. 海洋铺管船用张紧器的总体设计. 石油机械, 36(8): 36-38.

王丹, 刘家新. 2007. 一般状态下悬链线方程的应用. 船海工程, 36(3): 26-28.

王海期, 马仑. 1986. 海底管道铺设过程的静动力分析. 海洋工程, 4(3): 23-40.

徐普, 龚顺风, 钟文军, 等. 2013. 深水 S 型铺管动力响应分析. 第十六届中国海洋 (岸) 工程学术讨论会论文集 (上册).

徐普, 龚顺风, 钟文军, 等. 2013. 深水 S 型铺管动力响应分析. 第十六届中国海洋 (岸) 工程学术讨论会论文集上册.

闫嗣伶, 杨中娜, 李文晓, 等. 2012. 海底柔性管道技术研究. 管道技术与设备, (3): 9-11.

杨建民, 肖龙飞, 盛振邦. 2008. 海洋工程水动力学试验研究. 上海：上海交通大学出版社.

张俊亮, 王晓波, 林立, 等. 2008. 铺管船用张紧器张紧系统分析. 石油机械, 36(9): 167-169.

张晓灵, 梁国庆, 杨加栋, 等. 2013. 国产柔性管道浅海铺设技术研究与应用. 管道技术与设备, (1): 29-31.

甄国强, 胡宗武. 1993. 铺设过程中海底管道的静态分析. 水动力学研究与进展:A, 8(3): 302-307.

周俊. 2008. 深水海底管道 S 型铺管形态及施工工艺研究. 杭州: 浙江大学.

周延东. 1998. 我国海底管道的发展状况与前景. 焊管, 21(4): 46-48.

朱礼云. 2011. 深水海底管道 S 型铺管法安装分析. 哈尔滨：哈尔滨工程大学.

朱绍华. 2003. 文昌油田深水管道安装技术. 中国海上油气工程, 15(1): 15-17.

第 7 章　脐带缆截面布局优化设计

7.1　脐带缆截面布局设计概述

随着油气开发水深的不断增加，以及脐带缆远程控制距离的不断增长，传统效率低下的液压控制脐带缆逐渐转变为光电控制方式，见图 7.1。而且，随着开采规模的不断扩大，缆体中功能构件的种类和数目不断增多，呈现高度集成的结构特征，并且截面内核构件的排布形式直接影响着脐带缆的结构力学性能。因此，如何合理地设计截面布局是脐带缆设计流程中的重要环节。

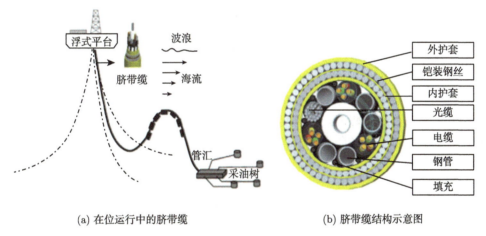

(a) 在位运行中的脐带缆　　　　　　　(b) 脐带缆结构示意图

图 7.1　水下生产系统脐带缆结构图

首先，对于脐带缆截面布局设计问题，现有的脐带缆相关规范中只是简单地要求各类构件的排布尽可能对称紧凑，但缺乏详细的可实施操作方法，并且对于功能构件种类与数目繁多的脐带缆，在各种工况荷载作用下不同截面布局抵抗荷载性能不尽相同。

其次，脐带缆功能构件电缆在输送电能过程中不断产生热量，故不断在脐带缆中增加电缆构件数量以适应电能输送量增大的要求，而绝缘材料长期工作所允许的最高温度是决定电缆持续载流量的决定性因素，故绝缘材料的温度值不能超过长期耐受温度以保证电缆的寿命，一旦超过该限值，电缆将加速老化，甚至由于局部过热而发生电击穿引发事故。研究发现当电缆的工作温度超过允许值的 8% 时，其寿命将减半；如果超过 15%，电缆寿命将只剩下 1/4(Garrido et al., 2002)。

因此，如何布置电缆与其他构件之间的相对位置至关重要，一方面要保证电缆的正常电能传输，另一方面电缆释放的热量不会对其他构件产生影响。在目前可查的学术文献中，关于承力构件 (钢管和铠装钢丝) 几何尺寸与材料性能对脐带缆结构力学性能的影响的研究相对较为成熟。而关于电缆发热引起的脐带缆截面温度分布特性的研究相对较少。

可见，脐带缆截面布局设计需要同时考虑几何、力学性能和温度场分布等因素，涉及不同学科的量化考核指标，为典型的多场优化问题。但是，目前该设计内容仍然几乎依赖人工经验，可操作性较差。所以，有必要引入优化方法综合考虑规范中的截面几何要求、力学性能和温度场分布等因素，同时需要避免功能构件之间发生干涉，是标准的多目标优化问题。

在多目标优化问题的求解研究中，学者的工作主要分为传统优化算法和智能优化算法两类。传统优化算法包括线性加权法 (Vijian, 2007)、主要目标法 (李文等，2019) 和线性规划法 (Kannan et al., 2013) 等。传统优化算法收敛速度快，但容易陷入优化问题的局部最优值；而智能优化算法，如差分进化算法 (杨新花等，2022)、粒子群算法 (王峰等，2021)、飞蛾扑火算法 (Bharany et al., 2022) 和模拟退火算法等，可以解决这一问题而得到全局最优解。在求解过程中，智能优化算法能够对整个解空间的信息进行获取，有效地减少了初始参数的影响，但多数基于随机特性，收敛性较差，计算复杂度过高，计算量过大，而且所得结果数目不唯一，需要再次基于经验进行抉择。对于脐带缆设计这种工程问题，所有变量存在一定的选值范围，例如温度。当电缆过于紧凑时，热量集中造成温度过高，但当电缆分散到一定程度时，后续再增加相对距离所获得的收益降低。

针对脐带缆设计这一特定问题，满足一定条件的局部最优值也可以接受，因此，本书使用主要目标法，将紧凑性作为目标函数，将平衡性和热分散性作为约束条件，将多目标优化问题转化为带约束的单目标优化问题进行求解，进而解决脐带缆截面布局设计问题。

7.2　脐带缆截面布局优化数学模型

脐带缆截面布局设计需要同时考虑几何、力学性能和温度场分布等因素。为了便于描述截面布局问题，以脐带缆的一个横截面内核为研究对象，以脐带缆内核的圆心为原点建立笛卡儿坐标系，见图 7.2。假设脐带缆内核包含 l 根半径为 R^s 的钢管，m 根半径为 R^e 的电缆和 n 根半径为 R^o 的光缆，基于所设定的坐标系，P_i^s 为第 i 个钢管构件的中心位置；P_j^e 为第 j 个电缆构件的中心位置；P_k^o

为第 k 个光缆构件的中心位置。

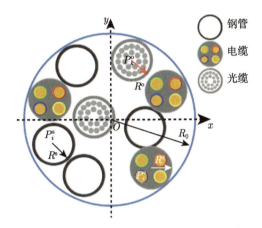

图 7.2 脐带缆截面各构件圆心位置坐标示意图

7.2.1 几何性能

　　伴随着深海资源开发的脚步，脐带缆不断向深水进军，对脐带缆结构尺寸的要求也随之增加。在满足使用要求的前提下，脐带缆的尺寸和质量越小越好。对于深海所用的几千米长的脐带缆，其结构尺寸缩小 10%，其自重减小量可达数吨，同时对脐带缆所受张力减小效果显著。脐带缆设计规范中关于脐带缆截面布局设计部分均要求尽可能紧凑。紧凑性优的脐带缆能尽可能减少生产过程中的材料使用，有效降低生产成本，同时在使用相同规格的卷盘时能够储存更多数量，便于运输。同时，海洋环境极高的不确定性，对脐带缆在恶劣海洋环境下的抗极限荷载能力提出了严苛的要求。

　　在位运行时，由于海洋洋流对脐带缆的冲击以及海面上浮体受波浪作用，并且由于缆体自重较重，脐带缆在工作状态下会承受拉伸荷载和循环弯曲荷载的作用。在脐带缆中，主要承担拉力的单元是铠装钢丝，其结构特点为按一定角度螺旋缠绕在脐带缆内核上，见图 7.3。

图 7.3 铠装钢丝结构示意图

当脐带缆受到拉力荷载作用时，铠装钢丝收紧，对脐带缆内核产生径向压力 P_i，见图 7.4。此时，脐带缆内核的径向变形量对铠装钢丝的轴向变形量产生影响，见图 7.5，进而影响脐带缆抗拉性能，这要求脐带缆内核具备一定的径向刚度用于提供径向支撑。

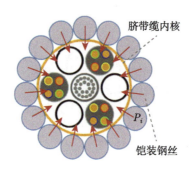

图 7.4   脐带缆内核承受铠装钢丝径向挤压力示意图

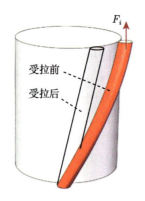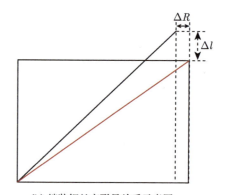

(a) 铠装钢丝受拉前后位置示意图   (b) 铠装钢丝变形量关系示意图

图 7.5   脐带缆铠装钢丝变形示意图

铠装钢丝在脐带缆受拉时的拉伸力和对脐带缆内核径向压力计算公式分别为式 (7.1)~ 式 (7.3)。

$$P = \frac{E_i A_i \sin \alpha_i^2 \cos \alpha_i^2}{d_i R_i} \frac{\Delta L}{L} - \frac{E_i A_i \sin \alpha_i^4}{d_i R_i} \frac{\Delta R}{R} \tag{7.1}$$

$$F_i = E_i A_i \varepsilon \cos \alpha_i^3 = E_i A_i \cos \alpha_i^3 \left[\frac{\Delta L}{L} - \frac{\Delta R_i}{R_i} \cot \alpha^3 \right] \tag{7.2}$$

$$\Delta R_i = \frac{(1 - \nu_{\mathrm{c}}) a}{E_{\mathrm{c}}} g P \tag{7.3}$$

式中，E_i 为铠装钢丝的杨氏模量；A_i 为铠装钢丝的横截面积；d_i 为铠装钢丝的直径；α_i 为铠装钢丝的缠绕角度；L 为脐带缆轴向长度；ΔL 为脐带缆轴向变形量；ν_c 为脐带缆内核泊松比；E_c 为脐带缆内核弹性模量。

此外，受径向压力作用，功能构件间会产生挤压力。当脐带缆承受拉弯组合荷载时，滑动状态下摩擦应力与接触压力的关系式为式 (7.4)，可见当功能构件间挤压力过大时，构件间摩擦应力会相应增大，进而对脐带缆疲劳应力产生影响，最终影响脐带缆疲劳寿命。

$$\sigma_F = \frac{\sum_{i=1}^{n} \mu_i F_i}{A} \tag{7.4}$$

式中，μ_i 为摩擦系数；A 为该构件的横截面积；n 为构件与其他构件及护套的接触个数。

综上所述，为了增强脐带缆对于拉伸荷载的承载能力，需要对径向刚度进行提高，以上要求给出脐带缆截面的一种紧凑布局，使得脐带缆内核的半径尽可能小。布局紧凑性可以通过最小化脐带缆截面半径来实现，即要求给定功能构件的最小包络圆 R_0 半径尽可能小。

7.2.2　力学性能

复杂的海洋环境具有极高的不确定性，在位运行时脐带缆各个方向均可能承受波浪和洋流的作用。由于构件结构和材料力学性能的差别，不同功能的构件的承载能力存在差距。当脐带缆截面布局承载能力不平衡时，个别构件容易发生过载破坏，导致脐带缆疲劳寿命大大降低。因此，为保证脐带缆截面能够均匀承受荷载，避免浪费，脐带缆截面排布应尽可能平衡。脐带缆在位运行时，动态拉伸和弯曲的组合荷载是脐带缆受到的主要荷载形式，其中拉伸荷载主要是由脐带缆在自身重量作用下产生的，通常在脐带缆与上部浮体连接处达到最大值，并且破坏失效往往也发生在上部浮体连接处。因此，拉伸刚度对于脐带缆整体力学性能至关重要。本书基于截面构件的轴向拉伸刚度引入虚拟重力指标来描述截面布局的对称性，使构件虚拟重力指标 G_i 等效于构件的轴向拉伸刚度

$$G_i = E_i A_i \tag{7.5}$$

式中，E_i 为第 i 个构件的弹性模量；A_i 为第 i 个构件的截面面积。

在给定某一脐带缆的截面布局后，各构件的虚拟重力将在截面上形成平行力系，见图 7.6。由此，脐带缆截面承载能力的平衡性可以根据虚拟重心到截面几何中心的距离 Δ 来定义，如式 (7.6)。

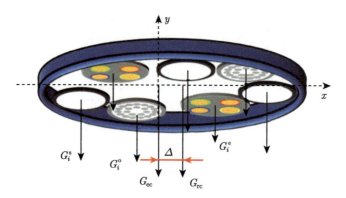

图 7.6　脐带缆截面各构件虚拟重力示意图

$$\Delta = \frac{G_i^s P_i^s + G_j^e P_j^e + G_k^o P_k^o}{\sum\limits_{i=1}^{m} G_i^s + \sum\limits_{j=1}^{n} G_j^e + \sum\limits_{k=1}^{n} G_k^o} \tag{7.6}$$

式中，G_i^s 为第 i 个钢管构件的虚拟重力指标；G_j^e 为第 j 个电缆构件的虚拟重力指标；G_k^o 为第 k 个光缆构件的虚拟重力指标；P_i^s 为第 i 个钢管构件的中心位置；P_j^e 为第 j 个电缆构件的中心位置；P_k^o 为第 k 个光缆构件的中心位置。

当截面布局的平衡性能较好时，整体力学性能更优，有效降低了使用寿命期间内的意外损坏概率。因此，要求所有构件的重心尽可能接近整个脐带缆截面的几何中心。

7.2.3　热分散性

在位运行过程中，脐带缆在水下生产装备与水上浮体之间传输液压、化学药剂、光电信号和电能，其中传输液压及电能时由于电阻的存在，产生电损耗，所以产生大量热量，使得脐带缆温度上升。在脐带缆生产中，聚乙烯材料作为护套和填充大量使用，其性能与温度关系密切。当聚乙烯材料所受温度超过耐受温度8%时，材料的使用寿命减少为疲劳寿命的一半，当温度超过耐受温度15%时，寿命会再次减少一半。同时，电缆传输电能使用铜作为导体，属于金属材料，其电阻随温度升高而增大，降低了电能利用率，造成了能源的浪费，增加了水下生产系统的运行成本。钢管构件内为了保证回路的流通性，通常需要提供内部流体一定温度，因此液压管道伴随着温度场效应，但钢管构件内的温度取决于其中传输的液体，一般低于脐带缆可承受温度。而电缆构件在电能传输的过程中电流可达上百安培，产生的热辐射效应是研究的关键。电缆产生的热量大小取决于脐带传输的电流大小和电缆构件在脐带缆截面中的相对位置。在电流量一定的条件下，若其分布相对集中，则脐带缆内部容易产生较高的温度，使得作为护套和填充的聚乙烯材料力学性能骤降，造成脐带缆的失效。因此，脐带缆中电缆构件应尽量分散布置，即要求电缆构件间的相对距离尽可能大。

将电缆构件个数与电缆所围成面积的比值作为衡量散热性能的参数 T

$$T = \frac{n}{S\left(P_1^{\mathrm{e}} P_2^{\mathrm{e}} \cdots P_n^{\mathrm{e}}\right)} \tag{7.7}$$

式中，n 为电缆构件的个数；$S\left(P_1^{\mathrm{e}} P_2^{\mathrm{e}} \cdots P_n^{\mathrm{e}}\right)$ 为热源相互之间围成的面积，见图 7.7。

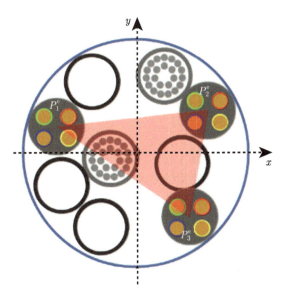

图 7.7　脐带缆横截面热源分布示意图

7.2.4　约束条件

在追求紧凑性、平衡性和热分散性最佳的同时，要求任意构件完全在脐带缆截面的外包络圆内，并且任意两功能构件之间互不重叠或挤压。但为了求解多目标优化问题，使用主要目标法，以确定紧凑性为主要目标，平衡性和热分散性为次要目标。将次要目标转化为约束条件，即求解主要目标最优解的单目标优化问题。

综上所述，优化列式为式 (7.8) 和式 (7.9)。

$$\mathrm{To\,find}\ X = \left[P_i^{\mathrm{s}}, P_j^{\mathrm{e}}, P_k^{\mathrm{o}}\right] \quad (i = 1, 2, \cdots, l; j = 1, 2, \cdots, m; k = 1, 2, \cdots, n) \tag{7.8}$$

$$\min R_0$$

$$\text{s.t.} \begin{cases} d\left(P_i^{\mathrm{s}}, P_j^{\mathrm{s}}\right) - (2R^{\mathrm{s}})^2 \geqslant 0, & i \neq j; i, j = 1, 2, \cdots, n \\ d\left(P_i^{\mathrm{e}}, P_j^{\mathrm{e}}\right) - (2R^{\mathrm{e}})^2 \geqslant 0, & i \neq j; i, j = 1, 2, \cdots, n \\ d\left(P_i^{\mathrm{o}}, P_j^{\mathrm{o}}\right) - (2R^{\mathrm{o}})^2 \geqslant 0, & i \neq j; i, j = 1, 2, \cdots, n \\ d\left(P_i^{\mathrm{s}}, P_j^{\mathrm{e}}\right) - (R^{\mathrm{s}} + R^{\mathrm{e}})^2 \geqslant 0, & i = 1, 2, \cdots, l; j = 1, 2, \cdots, m \\ d\left(P_i^{\mathrm{s}}, P_k^{\mathrm{o}}\right) - (R^{\mathrm{s}} + R^{\mathrm{o}})^2 \geqslant 0, & i = 1, 2, \cdots, l; k = 1, 2, \cdots, n \\ d\left(P_j^{\mathrm{e}}, P_k^{\mathrm{o}}\right) - (R^{\mathrm{e}} + R^{\mathrm{o}})^2 \geqslant 0, & j = 1, 2, \cdots, m; k = 1, 2, \cdots, n \\ (R_0 - R^{\mathrm{s}})^2 - \left\|P_i^{\mathrm{s}}\right\|_2 \geqslant 0, & i = 1, 2, \cdots, l \\ (R_0 - R^{\mathrm{e}})^2 - \left\|P_j^{\mathrm{e}}\right\|_2 \geqslant 0, & j = 1, 2, \cdots, m \\ (R_0 - R^{\mathrm{o}})^2 - \left\|P_k^{\mathrm{o}}\right\|_2 \geqslant 0, & k = 1, 2, \cdots, n \\ \Delta \leqslant \varepsilon \\ T \leqslant \varepsilon \end{cases} \tag{7.9}$$

7.3　基于拉格朗日乘子算法的截面布局优化设计

7.3.1　引言

脐带缆作为海洋工程高端装备之一, 将上部浮体主生产控制平台和水下生产系统装备连接起来, 为水下管汇系统和采油树提供电气液压动力、控制数据信号传输和化学药剂注入通道。海洋工程常用的脐带缆由功能构件 (如电缆、光缆、液压管道 (钢管或热塑性管道)) 和其他填充构件构成结构内核, 外加护套层和加强构件 (抗拉铠装层) 组装而成集束缆线, 见图 7.8。由于波浪、流的作用, 脐带缆往往经受着严酷的海洋环境考验, 其结构安全与否直接关系到整个系统是否正常运作。

(a) 脐带缆截面示意图　　　　　　　　(b) 脐带缆截面细节

图 7.8　脐带缆截面结构示意图

针对某一脐带缆结构，科研人员提出了基于弯曲梁理论计算脐带缆截面拉伸刚度的理论方法，将计算结果与拉伸试验结果进行了比较，验证了考虑截面径向收缩的理论方法的有效性；假设当脐带缆发生弯曲行为时，螺旋构件仅发生轴向变形而无侧向位移，基于此提出了一种基于斜航线滑动路径的脐带缆弯曲刚度和应力计算方法；分析了脐带缆在传输电能时，其热、电、磁分布和损耗特性结果，表明热释放引起的高温会导致材料老化，截面内核构件的排布形式直接影响着脐带缆的结构力学性能。脐带缆截面布局设计过程可以看作是多个具有不同性质的构件在一个平面包络圆边界内的 Packing 问题。

目前的研究主要集中在具有一定截面布局的脐带缆的理论、数值和试验分析上，对脐带缆截面布局优化设计以提高脐带缆结构力学相关性能的研究尚不充分。本节首先考虑截面布局紧凑、受力平衡性以及钢管相互作用因素，建立脐带缆截面布局的优化模型，进而考虑上述多个目标开发基于乘子罚函数法的优化算法。该算法收敛速度快，优化精度高，为脐带缆截面布局的自动快速优化设计提供了具体可行的设计方法。

7.3.2 优化目标

1. 几何性能

脐带缆设计规范要求截面布局设计应尽可能紧凑，这要求截面的半径应最小化。这种截面紧凑的脐带缆布局可以有效提高其径向刚度，从而提高抗拉强度，增强其在恶劣海洋环境下的抗极限荷载能力，同时可以降低加工制造成本。假设与脐带缆截面布局设计紧凑性相关的几何性能指数 G_A 与横截面面积成正比，如式 (7.10)。脐带缆截面布局的力学性能 M_A 和制造成本 C_A 可由与 G_A 相关的函数来描述，如式 (7.11)。

$$G_A = \lambda_A \pi R^2 \tag{7.10}$$

式中，λ_A 为几何性能系数；R 为脐带缆横截面面积。

$$\begin{cases} M_A = \xi_A / G_A \\ C_A = \eta_A G_A \end{cases} \tag{7.11}$$

式中，ξ_A 为力学性能的相关系数；C_A 为制造成本的相关系数。由式 (7.10) 和式 (7.11) 可知，若使脐带缆的力学性能更优，制造成本更低，几何性能指数 G_A 应设计得越小越好。优化目标 f_1 为

$$f_1 = \min G_A \tag{7.12}$$

2. 力学性能

对于不同功能的构件，由于截面结构和材料的不同，其承受荷载的能力也不尽相同。因此，截面布局设计应具有较高的承载均衡性，以更好地承担运行和安装过程中的截面荷载。脐带缆在位运行的过程中，其承受的主要荷载形式为拉伸和弯曲的组合荷载。特别是在脐带缆与浮体的连接处，其承受的拉伸张力通常高达数十吨，为典型常见的力学失效危险位置。该工况下，其中的重要受力荷载为拉伸张力，而弯曲变形几乎可以忽略不计。脐带缆截面内部各个构件相互缠绕，为典型的非黏结形式，力学模型为叠梁结构。根据材料力学基本理论可知，脐带缆截面弯曲和扭转刚度几乎不依赖于功能构件的几何布局位置。而且，基于各个功能构件拉伸刚度，同时引入虚拟重力指标实现截面平衡性，不仅使得拉伸荷载作用下的脐带缆承载力分布均匀，同时保证了弯曲荷载和扭转荷载作用下的脐带缆截面承载力同样分布均匀。因此，本节仅引入各个构件截面轴向的拉伸刚度作为虚拟重力指标值 G，如式 (7.13)。一般来说，钢管的拉伸刚度越大，电缆直径越小。

$$G = EA \tag{7.13}$$

式中，E 为构件材料的弹性模量；A 为构件的截面面积。

给定某一脐带缆的截面布局形式，各构件的虚拟重力将在截面上形成平行力系。而脐带缆截面承载能力的平衡性取决于平行力系中心到截面几何中心的距离 Δ，可由式 (7.14) 求出。假设脐带缆的力学性能 M_B 与偏离距离之间的关系为式 (7.15)。

$$\Delta = \frac{G_i^s P_i^s + G_j^e P_j^e}{\sum\limits_{i=1}^{m} G_i^s + \sum\limits_{j=1}^{n} G_j^e} \tag{7.14}$$

$$M_B = \xi_B / r \tag{7.15}$$

式中，ξ_B 为力学性能的相关系数；G_i^s 为第 i 根钢管的虚拟重力向量；G_j^e 为第 j 根电缆的虚拟重力向量。

对于脐带缆的不同截面布局形式，承载平衡中心偏离的距离不尽相同。当截面布局不均衡时，$\Delta \neq 0$，此时，当截面承受弯矩和扭矩时，弯曲中性面和扭转中心会偏移；当截面布局均衡时，$\Delta = 0$，此时弯曲中性面和扭转中心均通过截面形心。因此，当截面布局的平衡性能较好时，截面抵抗弯曲和扭转荷载的能力也均有提高，脐带缆的力学性能更优，在使用寿命期间内的损坏概率也可有效降低。令优化目标 f_2 为

$$f_2 = \min \Delta \tag{7.16}$$

3. 磨损

脐带缆在安装敷设和在位运行过程中，内部钢管往往在弯曲变形过程中发生相对滑动，从而引起磨损疲劳，因此，脐带缆的截面布局应尽可能避免钢管之间的相互接触。假定由钢管相互接触引起的力学损伤量 D_{f} 可用任意两钢管之间的距离的函数来表达：

$$D_{\mathrm{f}} = \psi_{\mathrm{f}} \sum_{\substack{i,j=1 \\ i \neq j}}^{n} f\left(\left(2R^{\mathrm{s}}\right)^2 - P_i^{\mathrm{s}} - \left(P_j^{\mathrm{s}}\right)^2 \right) \tag{7.17}$$

式中，$P_i^{\mathrm{s}} - P_j^{\mathrm{s}} = \sqrt{(x_i - x_j)^2 + (y_i - y_j)^2}$；$\psi_{\mathrm{f}}$ 为与力学性能相关的系数。

在式 (7.17) 中，$f(t) = 1 + \mathrm{e}^{-0.001t}$ 是非线性递减函数，它将两根钢管之间的距离进行转换，以适应易损钢管构件接触问题优化的需求。令优化目标 f_3 为

$$f_3 = \min D_{\mathrm{f}} \tag{7.18}$$

脐带缆的截面布局设计为典型的工程设计问题，要求同时满足多个性能要求。但多目标优化问题的最优解非所有目标同时达到最优，通常为综合考虑所有目标的某种折中的解决方案。为了获得紧凑、平衡、低磨损的截面布局，可通过加权系数将脐带缆截面布局多目标优化问题转化为单目标优化问题，如式 (7.19)。

$$\begin{aligned} &\min f \\ &f = C_1 f_1 + C_2 f_2 + C_3 f_3 \end{aligned} \tag{7.19}$$

式中，f 为需要最小化的目标函数，以兼顾不同的目标获得最优的截面布局设计。C_1、C_2 和 C_3 为对应多个目标的归一化权重系数，$C_1 + C_2 + C_3 = 1$。

4. 约束条件

在截面布局设计过程中，所有功能构件均布置在脐带缆截面的包络圆中，同时确保所有功能构件不相互重叠。

$$\begin{aligned} &\left\| P_i^{\mathrm{s}} - P_j^{\mathrm{s}} \right\|^2 - \left(2R^{\mathrm{s}}\right)^2 \geqslant 0, && i,j = 1,2,\cdots,l; i \neq j \\ &\left\| P_i^{\mathrm{e}} - P_j^{\mathrm{e}} \right\|^2 - \left(2R^{\mathrm{e}}\right)^2 \geqslant 0, && i,j = 1,2,\cdots,m; i \neq j \\ &\left\| P_i^{\mathrm{e}} - P_j^{\mathrm{s}} \right\|^2 - \left(R^{\mathrm{s}} + R^{\mathrm{e}}\right)^2 \geqslant 0, && i = 1,2,\cdots,l; j = 1,2,\cdots,m \\ &\left(R - R^{\mathrm{s}}\right)^2 - \left\| P_i^{\mathrm{s}} \right\|^2 \geqslant 0, && i = 1,2,\cdots,l \\ &\left(R - R^{\mathrm{e}}\right)^2 - \left\| P_j^{\mathrm{e}} \right\|^2 \geqslant 0, && j = 1,2,\cdots,m \end{aligned} \tag{7.20}$$

为简化优化过程，令 $R^s = R^e = r$ 且 $C_1 = C_2 = C_3 = 1/3$，故

$$
\min f \\
f = \frac{1}{3}f_1 + \frac{1}{3}f_2 + \frac{1}{3}f_3 \tag{7.21}
$$

7.3.3 拉格朗日乘子算法

1. 最小包络圆半径

考虑到截面布局优化设计中的紧凑性要求，其中关键问题是求解所有功能构件的最小包络圆半径。根据前述的假设，电缆和钢管的圆形截面具有相同的半径，见图 7.9(a)。因此，可以将功能构件的圆形截面离散为平面上的点集，见图 7.9(b)，然后将截面最小包络圆半径的求解转化为平面上离散点集的最小包络圆求解问题。现有 3 种经典的最小包络圆求解算法，即随机增量算法 (李世林和李红军，2016)、最远点优先渐进算法 (DFAA)(汪卫等，2000) 和对偶决策算法 (Frank，2005)。通过试验证明最远点优先渐进算法相比其他两种算法效率更高。据此，本节选取最远点优先渐进算法求解包络圆最小半径。

(a) 脐带缆截面示意图   (b) 平面离散点集示意图

图 7.9   脐带缆截面构件离散为平面点集示意图

2. 乘子罚函数法基本步骤

在工程实际中，优化问题大多属于有约束的优化问题，即设计变量的取值要受到一定的限制，在求解该类优化问题时可采用乘子罚函数法 (Dolgopolik，2017)。乘子罚函数法是一种经典的求解条件极值的解析方法，可将式 (7.22) 所示的有约束的优化问题转化为无约束极值问题求解。

$$
\min f(x) \\
\text{s.t.} \quad g_i X \leqslant 0 \quad (i = 1, 2, \cdots, n) \tag{7.22}
$$

引入增广拉格朗日函数 M 将约束优化模型转化为无约束优化模型，在 M 中包含关于设计变量 X 的原始目标函数 f、乘子向量和惩罚约束函数，其定义为式

(7.23)。

$$M\left(X, u, \rho\right) = f\left(X\right) + \frac{1}{2\rho} \sum_{i=1}^{1} \left(\left(\max\left(0, u_i - \rho g_i\left(X\right)\right)\right)^2 - u_i^2\right) \tag{7.23}$$

式中，u 为乘子向量；ρ 为罚因子。

在求解无约束问题时通常采用拟牛顿法 (曹邦兴,2019)，BFGS(Broyden, 1970)、Fletcher(1970)、Goldfarb(1970) 和 Shanno(1970) 算法是目前最有效的拟牛顿法，本节也采用该算法进行求解。拟牛顿法最重要的步骤是求解每一次迭代时多维目标函数 $M\left(X, u, \rho\right)$ 偏导数组成的海森矩阵，从而计算出迭代方向，再代入迭代公式，生成逼近极值点的点列。在 BFGS 方法中，首要任务是求解每一次迭代时海森矩阵的"模拟矩阵"B_{k+1}。B_{k+1} 的修正公式为

$$B_{k+1} = B_k + \frac{y_k y_k^{\mathrm{T}}}{s_k^{\mathrm{T}} y_k} - \frac{B_k s_k s_k^{\mathrm{T}} B_k}{s_k^{\mathrm{T}} B_k s_k} \tag{7.24}$$

式中，$s_k = X_{k+1} - X_k$；$y_k = \nabla M(X_{k+1}, u, \rho) - \nabla M(X_k, u, \rho)$。

根据该校正公式编制算法，其迭代步骤如下：

步骤 1：取初始点 $X_0 \in \boldsymbol{H}^n$，求得初始对称正定矩阵 $B_0 \in \boldsymbol{H}^{n \times n}$，并定义精度 $\varepsilon > 0$, 令 $k = 1$；

步骤 2：如果 $M(X_k, u, \rho) = 0$，算法终止，问题的解为 X_k。否则，令

$$d_k = -B_k^{-1} \nabla M(X_k, u, \rho) \tag{7.25}$$

步骤 3：根据现行搜索准则确定步长 λ_k；

步骤 4：令 $X_{k+1} = X_k + \lambda_k d_k$，并计算 $\nabla M(X_{k+1}, u, \rho)$，如果 $\nabla M(X_{k+1}, u, \rho) = 0$，问题的解为 X_{k+1}，否则转至下一步；

步骤 5：由式 (7.24) 计算 B_{k+1}，令 $k = k + 1$，转至步骤 2。

在迭代过程中，取充分大的参数 ρ，并通过修正第 k 次迭代中的乘子 $u^{(k)}$，得到第 $k+1$ 次迭代的乘子 $u^{(k+1)}$，修正公式为

$$u^{(k+1)} = \max\left(0, u^{(k)} - \rho g_i\left(X^{(k)}\right)\right) \tag{7.26}$$

判断函数为

$$\phi_k = \left[\sum_{i=1}^{n} \max\left(g_i\left(X^{(k)}\right), \frac{u_i^{(k)}}{\rho}\right)^2\right]^{\frac{1}{2}} \tag{7.27}$$

当 $\phi_k = \phi\left(X^{(k)}\right) < \varepsilon$ 时，迭代停止。

最终，可通过上述迭代过程求出无约束问题的解。

3. 脐带缆截面布局优化算法流程

将乘子罚函数法与最小包络圆半径算法相结合, 可以得到几何性能和力学性能最佳的脐带缆截面优化布局。优化算法步骤如下:

步骤 1: 初始化脐带缆的基本参数 (各构件截面的中心位置坐标和半径);

步骤 2: 选定初始点 $X^{(0)}$, 设定乘子向量初始估计为 $u^{(1)}$, 初始罚因子 ρ_1 及其放大系数 c_1, 控制误差 $\varepsilon > 0$ 与常数 $\theta \in (0, 1)$, 令 $k = 1$;

步骤 3: 以 $X^{(k-1)}$ 为初始点, 利用 BFGS 算法求解无约束问题, 其中脐带缆截面最小包络圆的半径求解调用 DFAA 算法;

步骤 4: 若 $\phi_k < \varepsilon$, 得到无约束问题的最优解 $X^{(k)}$, 迭代停止, 否则令 $\rho_{k+1} = c\rho_k$, 转到步骤 5;

步骤 5: 根据式 (7.26) 更新乘子向量 $u_i^{(k+1)}$, 令 $k = k + 1$, 转到步骤 2。

算法流程见图 7.10。

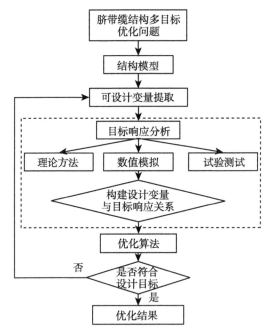

图 7.10   优化算法流程示意图

7.3.4   实例分析

1. 基本参数

为了验证本算法的正确性, 本节以一根包含 6 根电缆和 6 根钢管的脐带缆为例进行截面布局设计。功能构件见图 7.11。各构件的基本尺寸和参数见表 7.1, 代入脐带缆截面布局优化设计算法进行迭代计算。

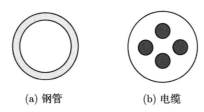

(a) 钢管　　　　　(b) 电缆

图 7.11　脐带缆的构件

表 7.1　构件的基本参数

构件种类	直径 D/mm	虚拟重力 G/MN
钢管	4	13.2
电缆	4	2.6

2. 优化结果分析

前文中提出了布局紧凑性、受力平衡性和避免钢管接触这 3 个优化目标。钢管之间的非接触意味着部件从脐带缆截面中心向外围发散，这与将截面构件聚集到脐带缆中心实现构件紧凑的目标相矛盾。因此，在讨论截面布局的紧凑性和受力平衡性时，还考虑了避免钢管接触这一目标，而不是将其作为单一目标进行优化。假定图 7.12 所示为脐带缆截面初始布局，将各个构件的基本参数和位置的初始坐标输入到相应的数组中，通过迭代计算可得到考虑紧凑性、受力平衡性和低磨损的其中 2 个目标和 3 个目标的最优解集，见图 7.13~ 图 7.15。从上述布局形式中提取最小包络圆半径和虚拟重心偏移距离，见表 7.2，据此对优化布局进行比较。

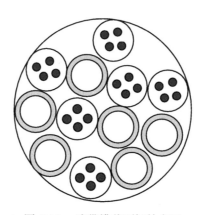

图 7.12　脐带缆截面初始布局

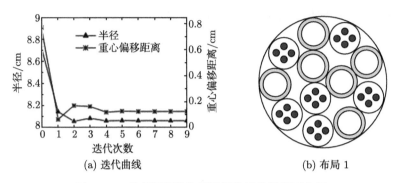

(a) 迭代曲线   (b) 布局 1

图 7.13 考虑紧凑性和低磨损的脐带缆截面布局

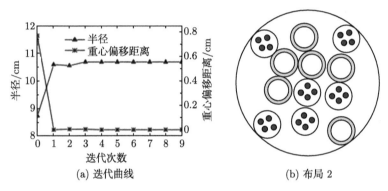

(a) 迭代曲线   (b) 布局 2

图 7.14 考虑受力平衡性和低磨损的脐带缆截面布局

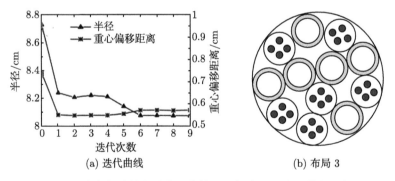

(a) 迭代曲线   (b) 布局 3

图 7.15 考虑紧凑性和受力平衡性以及低磨损的脐带缆截面布局

与脐带缆截面初始布局相比,布局 1 的紧凑性最好,但受力平衡性最差,这种布局的截面将承受更大的荷载。布局 2 具有最佳的受力平衡性能,但包络圆半径最大,紧凑性能不够理想,这意味着制造成本更高。单独考虑某一目标的截面布局无法达到最优状态，综合考虑以上两个因素，可得到截面最优布局设计。布局 3 的紧凑性、受力平衡性能较好，同时钢管离散分布在脐带缆的截面上，这在一定程度上可降低摩擦损伤，延长脐带缆的使用寿命。综上分析，布局 3 是最优脐带缆截面布局形式。

表 7.2　评价参数

布局形式	缆半径/cm	Δ /cm	D_f
初始布局	8.7199	0.7449	50.9805
布局 1	8.0598	0.6419	50.9031
布局 2	10.2659	9.3×10^{-9}	50.9742
布局 3	8.0603	0.5609	50.9372

3. 基于有限元的布局分析与评价

脐带缆在位运行过程中，在环境荷载和浮体的作用下会受到较大的拉力和反复弯曲荷载，铠装钢丝会对脐带缆截面产生径向压力。不同的截面布局会产生不同的径向变形和接触压力，截面变形和接触压力越小，脐带缆的抗拉伸性能和疲劳寿命越好。基于有限元软件 ABAQUS，对最优截面的布局 3 与初始截面的布局进行分析，可定量比较评价截面布局的径向位移以及接触压力，从而验证上述优化算法的正确性。图 7.16 和图 7.17 分别为初始截面布局和布局 3 的截面径向变形和截面的接触压力比较。由图 7.16 和图 7.17 可知，在相同的径向压力作用下，布局 3 的最大径向位移为 0.2025mm，相比于初始截面布局的位移减少了 28.42%。布局 3 的最大接触压力为 47.24MPa，相比于初始截面布局的接触压力减少了 1.87%。该结果验证了本章所提出的降低钢管磨损模型的有效性。此外，布局 3 具有较好的承载平衡性来抵抗截面荷载。从算法结果和数值模拟结果来看，

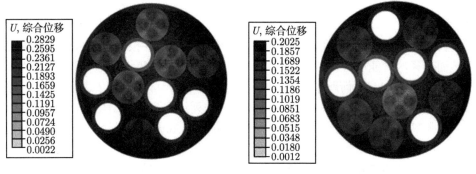

(a) 初始截面　　　　　　　　　　　(b) 布局 3 截面

图 7.16　截面径向变形图比较

优化后的截面相比于初始截面,其几何性能和力学性能均有所提升,且二者结果一致,验证了本节所提出的优化算法的有效性。

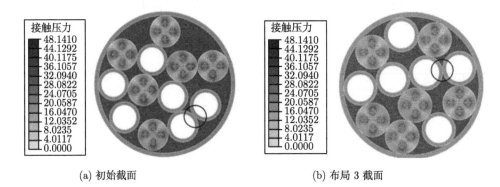

(a) 初始截面　　　　　　　　　　　　　　(b) 布局 3 截面

图 7.17　截面的接触压力比较

7.3.5　结语

本节建立了脐带缆截面布局优化问题的数学模型,以实现脐带缆截面布局的紧凑性和受力平衡性。在该模型基础上开展了乘子罚函数法优化算法,对乘子罚函数法基本原理和步骤进行了介绍;并以一根包含 6 根电缆和 6 根钢管的脐带缆为例,通过优化获得了几何性能和力学性能最佳的脐带缆截面布局形式。通过与初始布局对比,发现多目标优化算法在一定程度上是可行的。该方法可代替人工设计,避免依赖长期经验进行设计的不确定性,自动获得满足要求的脐带缆截面布局形式,为脐带缆截面布局提供了一种具体可行的优化设计方法。

7.4　基于拟物算法的截面布局优化设计

7.4.1　引言

在实际应用中,脐带缆内核的横截面由多个功能构件按一定要求排列组成,使得截面半径尽可能小,同时截面布局平衡且电缆构件间隔大,这可视为具有特殊约束的圆形 Packing 问题。当功能构件数目较少时,可以单纯依靠手动排列和经验找到最优解,但当功能构件数目增多时,排列组合呈指数型增长,问题难度剧增,是典型的非确定性多项式 (non-deterministic polynomial,NP) 难度问题,采用传统的穷举法无法解决,于是人们开始向生物世界、物理世界和人类社会寻求灵感,从中受到启发以得到求解原始问题的高效率近似算法。其中拟物法是借助物理世界的知识或模拟物理现象来求解问题,通过寻找与原始数学问题等价的物理现象并观察其中物质运动的生动形象,从中得到启发并逐步形式化为求解原始问题的确切算法。本节基于拟物算法编制优化程序，以一根脐带缆内核为例得到最优截面布局形式。为验证算法的有效性，首先对脐带缆内核截面功能构件进行合理的简化，其次建立有限元模型，然后使用 ABAQUS 进行静力学分析，同时采用多物理场仿真软件 COMSOL 电磁热耦合模块计算脐带缆截面温度场分布，最后通过 ABAQUS 有限元数值热–力耦合模拟结果验证本节所提出算法的有效性。

7.4.2 拟物算法

1. 拟物算法的基本原理

拟物算法的工作思路是：到物理世界中去寻找与原始数学问题等价的自然现象，然后观察其中物质运动的演化规律，从中受到启发以得出形式化的，对于原数学问题的求解方法。在圆形 Packing 问题中，拟物算法的基本思路是模拟物理世界中弹性物体的挤压运动，通过力的作用使每个构件不断移动，最终达到最优截面布局。

基于结合了汇聚力模型、拉力模型、排斥力模型和弹性力模型的综合模型，需要兼顾紧凑性、平衡性和热分散性的圆形 Packing 问题，其拟物求解的基本思路是：首先，随机生成一个格局作为初始布局；然后，让该格局中的虚拟小球在汇聚力、拉力、排斥力和弹性力的共同作用下进行一系列的运动。若运动终止 (根据一定的规则定义运动终止状态)，相应格局的总体势能为 0，则得到一个合法的解布局，否则，采用跳坑策略，以生成一个新的布局，再进入下一轮的拟物迭代过程，以此循环。需要注意的是，在实际计算中，由于电子计算机的精度限制，不能使总势能严格为 0，此时，考虑脐带缆的实际生产情况可以容纳一定偏差，设定一个很小的正数 ε，当总体势能 $U \leqslant \varepsilon$ 时，对应的布局可视为同时满足问题的所有约束条件，并成功停机。

2. 拟物下降算法

拟物下降算法的基本思路是：在 t 时刻基于当前布局对各构件受力情况进行计算，若各构件所受合力不为 0，则各构件在弹力、重力和排斥力的共同作用下向合力的方向移动一次来进行位置调整，从而生成新的 $t+1$ 时刻的布局。通过不断迭代，直到所有构件所受合力为 0，即局部最优布局时停止移动。

在 t 时刻基于给定布局，让各构件在汇聚力 $F_{\mathrm{G}i}^{(t)}$、拉力 $F_{\Delta i}^{(t)}$、排斥力 $F_{\mathrm{r}i}^{(t)}$、弹性力 $F_{\mathrm{e}i}^{(t)}$ 和外压弹性力 $F_{\mathrm{eo}i}^{(t)}$ 的共同作用下进行位置调整，如式 (7.28)

$$P_i^{(t+1)} = P_i^{(t)} + h_{\mathrm{G}} \cdot F_{\mathrm{G}i}^{(t)} + h_{\Delta} \cdot F_{\Delta i}^{(t)} + h_{\mathrm{r}} \cdot F_{\mathrm{r}i}^{(t)} + h_{\mathrm{e}} \cdot F_{\mathrm{e}i}^{(t)} + h_{\mathrm{eo}} \cdot F_{\mathrm{eo}i}^{(t)} \tag{7.28}$$

式中，$P_i^{(t)}$ 为第 i 个功能构件在 t 时刻的中心坐标；h_{G}、h_{Δ}、h_{r}、h_{e}、h_{eo} 分别为汇聚力、拉力、排斥力、弹性力和外压弹性力作用下的移动步长系数；$F_{\mathrm{G}i}^{(t)}$、$F_{\Delta i}^{(t)}$、

$F_{\text{r}i}^{(t)}$、$F_{\text{e}i}^{(t)}$、$F_{\text{eo}i}^{(t)}$ 分别为第 i 个功能构件在 t 时刻所受到的汇聚力、拉力、排斥力、弹性力和外压弹性力。

经过实际使用，不同力在迭代过程中的效果不同，容易产生冲突，不利于迭代收敛，并且如汇聚力 $F_{\text{G}i}^{(t)}$ 和排斥力 $F_{\text{r}i}^{(t)}$，如果始终作用，当输出结果的合力为 0 时，必然存在一定的挤压或者不平衡从而产生拉力 $F_{\Delta i}^{(t)}$ 和弹性力 $F_{\text{e}i}^{(t)}$ 用于抵消，不符合实际需要。通过对模型分析，汇聚力 $F_{\text{G}i}^{(t)}$ 的作用是促进小球向最低点汇聚，当小球全部汇聚后排斥力反而加剧了小球间的挤压；排斥力 $F_{\text{r}i}^{(t)}$ 在小球相距较近时数值较大，使小球在合力的作用下被排斥开，分散到周边区域，但当小球被排斥开时，排斥力 $F_{\text{r}i}^{(t)}$ 数值较小，对于整体影响不明显；拉力 $F_{\Delta i}^{(t)}$ 是为了使椭圆抛物面稳定，不向一侧倾倒，在开始阶段小球移动幅度大，系统的虚拟重心也不稳定，初期拉力甚至起反作用，而后期布局相对稳定，适合进行修正。

因此，可以将算法分为两个阶段，第一阶段动作大，快速得到一个局部最优解，在第二个阶段对局部最优解进行修改，得到最终结果，这类似于使用算法先得出一个解，再对其进行修正。类似于粗加工与精加工的关系。此外，为了避免失去汇聚力 $F_{\text{G}i}^{(t)}$ 后小球受力外逃，假想在椭圆抛物面上方加个盖子，盖子下压保证小球汇聚在低点，当小球受挤压后把盖子上顶，此时最上层小球受到外压弹性力 $F_{\text{eo}i}^{(t)}$ 的作用。

粗加工位置调整，如式 (7.29)

$$P_i^{(t+1)} = P_i^{(t)} + h_{\text{G}} \cdot F_{\text{G}i}^{(t)} + h_{\text{r}} \cdot F_{\text{r}i}^{(t)} + h_{\text{e}} \cdot F_{\text{e}i}^{(t)} \tag{7.29}$$

精加工位置调整，如式 (7.30)

$$P_i^{(t+1)} = P_i^{(t)} + h_{\Delta} \cdot F_{\Delta i}^{(t)} + h_{\text{e}} \cdot F_{\text{e}i}^{(t)} + h_{\text{eo}} \cdot F_{\text{eo}i}^{(t)} \tag{7.30}$$

3. 拟人跳坑方法

在拟物算法迭代过程中，一般会遇到两种"卡死"情况，导致迭代陷入无意义的循环或输出结果不符合需要，需要针对解决。在拟物算法中，小球严格遵循所受合力的大小及方向进行移动，但在迭代过程中，特别是在计算的后期，整体布局基本确定，各个小球间空隙较小，留给小球进行位置调整的可移动空间较小，此时容易出现多个小球在力的作用下过度移动，造成循环往复，不利于系统收敛。

通过分析单个小球可知，此时小球移动仍是为了解决重叠等约束，符合需要，问题在于移动时仍旧按照最初的大步走方式，步子迈得太大，反而产生了反作用，此时小球的移动类似于"飞行棋"，距离终点只剩最后一到两步，但点数过大，不能正好到达终点，需要返回来重新投掷。但与飞行棋距离终点步数明确不同，在优化过程中，结果不确定，难以一步到位，为此适当地缩小移动步长，有利于改善收敛速度慢的问题。具体做法如下：首先，在算法迭代的初期，给定一个较大的移动步长，小球的移动同时取决于所受合力以及当前的移动步长系数。在每次小球移动后，对能量的大小进行比较，如果有所下降则继续进行迭代，反之修改相应移动步长系数，将移动步长系数缩小 10%。

为了避免合力为零时仍然存在构建重叠或穿透，在拟物算法执行过程中，当所有构件所受合力为 0 时，需对系统的总体势能进行判断。若此时系统的总体势能大于 ε，即所得布局为非法布局。此时迭代陷入"卡死"，需要引入跳坑方法打破"卡死"的限制。为此，引入两种方法打破"卡死"限制，分别是解救"最痛苦者"法和全局抖动法 (何琨等，2016)。

在 t 时刻，给定布局是否存在重叠或穿透可采用各构件弹性势能的大小 U_i^e 来衡量，如式 (7.31)

$$U_i^e = \frac{1}{2} K_e \sum_{j=0, j \neq i}^{N} O_{ij}^2 \qquad (7.31)$$

需要注意的是，此时有三种位置可供选择：首先是随机放置，操作效率最高，但缺点在于比较盲目，新的位置不一定好转，求解效率较低；其次是最大空余处放置，求解效率较高，但最宽松的位置寻找需要调动大量的算力，操作效率较低，大大增加了计算时间；最后是平衡方法。借助已有的虚拟重力，将去除"最痛苦者"后的其余小球进行计算，得到"最痛苦者"小球放置在何位可以最有效地改善平衡性，有利于整体系统的平衡，相较于前两种位置，操作效率和求解效率都较高。

解救"最痛苦者"法从局部着手，当问题规模很大时，调整部分小球的位置对整个体系的影响相当微弱，效果会随着构件个数的增多而逐渐减弱，与之不同的是，另一种方法是着眼于全局调整的抖动法。小球的"卡死"是系统内部受力平衡但总体势能不为零，此时引入外部摇晃，对椭圆抛物面进行摇晃，通过短时的外力打破"卡死"限制，同时对小球在系统中的位置改变较小，有利于保留已有的良好进展。

4. 最小包络圆半径求解算法

在精加工阶段，顶端盖子下压对构件施加外压弹性力 F_{eoi} 使小球向中间汇聚，当盖子初始高度过高或过低时，在挤压过程中都会浪费大量时间用于反复调整。如果盖子高度恰好在顶端小球附近，能减少大量无意义的运算，减少计算时间。盖子的高度对应覆盖圆的尺寸，因此，希望能找到一种求解算法，以快速地找到最小的包含所有构件的圆，即求解当前布局的最小包络圆半径，用于得到合适的覆盖圆尺寸。此外，在粗加工阶段，由于初始位置的影响，会出现小球在一侧椭圆抛物面壁上较高的情况，即所有小球分布不均，将该时刻投影到 xOy 平面后，最小包络圆的圆心位置和椭圆抛物面顶点会出现较大偏差，见图 7.18。

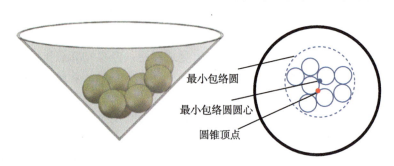

最小包络圆

最小包络圆圆心

圆锥顶点

图 7.18　偏差示意图

为求解该问题，首先将功能构件投影到 xOy 平面，然后将投影截面离散为 xOy 平面上的点集，使问题转化为 xOy 平面上离散点集的最小包络圆求解问题，从而简化问题。对于求解平面点集最小包络圆的问题，目前已有最远点优先渐进算法、随机增量算法、对偶决策算法和较远点对定义初始包络圆的增量算法这四种经典的最小包络圆求解算法，并且已通过数值验证试验对四种算法效率进行了对比，其中在圆域随机点集对比中，最远点优先渐进算法在这四种算法中效率最高。基于此试验结果，选用最远点优先渐进算法求解包络圆最小半径问题。该算法的主要步骤是：

步骤 1：在离散点集中任取 3 个点：A、B、C；

步骤 2：构建含有 A、B、C 三点的最小包络圆 P；

步骤 3：在离散点集中找到距离 P 的圆心最远的点 D；如果点 D 在包络圆 P 内就停止迭代，反之进行步骤 4；

步骤 4：在 $\{A, B, C, D\}$ 中选取 3 个点，构造包含 4 个点的最小包络圆 P'，转回步骤 2。

5. 优化算法流程

将拟物下降算法和拟人跳坑方法相结合，并引入最小包络圆半径求解算法可以得到兼顾紧凑性、平衡性、热源分散性且构件间互不重叠的脐带缆内核截面布局。上述优化算法的步骤如下：

步骤 1：输入脐带缆截面基本参数 (每种功能构件的个数、尺寸及构件的轴向拉伸刚度)，随机放置小球。

步骤 2：对当前截面内各个构件的受力进行计算，计算各个构件所受合力及能量，如果弹性势能 U^e 不符合要求，则进行步骤 3，否则进行步骤 6。

步骤 3：根据构件所受合力判定是否陷入"卡死"，若合力不为 0，则进行步骤 4，若合力为 0，则进行步骤 5。

步骤 4：若各构件方向重复进行，则对移动步长系数进行调整，否则移动步长系数保持不变，各个构件按照构件所受合力方向，乘以当前移动步长系数进行一次移动，完成后转入步骤 2。

步骤 5：跳坑时依据当前阶段选择跳坑策略：粗加工阶段采用解救"最痛苦者"法，计算包含"最痛苦者"外所有小球的系统的虚拟重心，将小球放置在平衡位置上；精加工阶段采用全局抖动法，对椭圆抛物面进行微动，改变小球受力。完成后进入步骤 2。

步骤 6：粗加工阶段，对当前截面内的热能 U^T 进行计算，若符合要求，转入步骤 7，否则增大小球带电量 K_T，转入步骤 2；精加工阶段，对当前截面内的弹性势能 U^Δ 进行计算，若符合要求，转入步骤 8，否则增大弹簧的弹性刚度 K_Δ，转入步骤 2。

步骤 7：调用最远点优先渐进算法求解当前截面中功能构件的最小包络圆，并将该值作为精加工阶段覆盖圆的初值进行精加工，重复步骤 2 ~ 步骤 6。

步骤 8：得到最优截面布局形式，输出图像、各构件位置坐标和截面评价参数。

具体的算法流程见图 7.19。

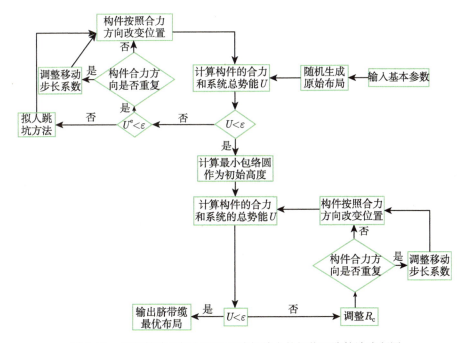

图 7.19　拟物算法和拟人跳坑方法相结合的拟物下降算法流程图

7.4.3 脐带缆等径构件截面布局优化设计

1. 截面构件基本参数

为了验证本算法的正确性，本节对一根包含 6 根钢管、3 根电缆和 1 根光缆的脐带缆进行优化设计。该脐带缆的构件见图 7.20，各构件的基本尺寸和参数见表 7.3。设置好脐带缆截面各个构件直径 D 和虚拟重力值 G 等参数后随机生成初始坐标，然后根据拟物算法使用 MATLAB 进行迭代计算，便可以得到考虑紧凑性、平衡性和热分散性的脐带缆截面布局形式以及构件相应坐标的最优解。

(a) 钢管构件　　　　　　(b) 电缆构件　　　　　　(c) 光缆构件

图 7.20　简化后的脐带缆的功能构件

表 7.3　功能构件的基本参数

功能构件类型	直径 D/mm	虚拟重力 G/N
钢管构件	40	1.32×10^7
电缆构件	40	2.6×10^6
光缆构件	40	9.1×10^6

2. 优化结果分析与比较

本节提出了紧凑性、平衡性和热分散性三个优化目标，其中热分散性希望电缆之间距离越远越好。如果只考虑排斥力的作用，电缆之间的距离改变会逐渐减小，但无限长时间后距离可以趋近到无穷，当只考虑热分散性时无法得到最优的解决方案，需要和紧凑性进行组合。因此，建立了两种目标组合，考虑紧凑性和热分散性的布局 3-1，以及同时考虑紧凑性、平衡性和热分散性的布局 3-2。其后通过迭代运算可以获得两个或三个目标的最优解集，设计结果见图 7.21。从上述布局形式中提取出截面半径和虚拟重心偏移距离 Δ 以及散热性能参数 T 见表 7.4，并对最优布局进行对比分析。

表 7.4　截面布局评价参数

布局形式	截面半径/mm	Δ/mm	散热性能参数 T
布局 3-1	76.996	0.0752	0.1518
布局 3-2	78.374	0	0.0623

从表 7.4 可以看出，布局 3-1 的紧凑性最佳，但重心偏移距离最大，受力平衡性能不良。同时布局 3-1 的散热性能参数 T 较大，相应热源分散程度较小，这将导致电缆之间的距离缩短，降低了脐带缆的散热能力，导致截面温度上升，会降低脐带缆的疲劳寿命。在布局 3-2 中，同时考虑了紧凑性、平衡性和热分散性，散热性能最佳，紧凑性也相对较好，并且满足平衡性要求，在各个方向上受力相对均匀。因此，布局 3-2 是包含一组 6 根钢管、3 根电缆和 1 根光缆的脐带缆内核的最佳截面布局。

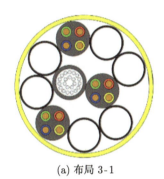 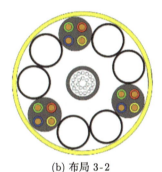

(a) 布局 3-1   (b) 布局 3-2

图 7.21 脐带缆截面布局

7.4.4 脐带缆截面布局数值模拟验证

理论方法在分析时往往会进行大量的简化和假设，而脐带缆受力分析时，除自身受到拉伸、弯曲和扭转等荷载，其内部功能构件之间还存在大量的摩擦和接触，因此，单纯地应用理论方法进行求解，效率和准确性相对较差。此外，目前脐带缆温度场分析的理论借鉴电缆的温度计算公式，不仅计算过程较为繁琐，同时误差较高，适用性较差。因此，在脐带缆的分析过程中，理论方法和数值模拟仿真相结合是目前比较常用的方法，并且国内很多关于脐带缆的研究成果都是基于数值方法进行的。为了验证上述优化算法的有效性，可以通过数值模拟分析结果来比较脐带缆不同截面布局之间的力学性能差异。为方便分析不同截面力学性能差异，本节提出了两点评价截面力学性能的指标。

(1) 脐带缆截面需要保证一定的刚度，因此其变形不能过大。

(2) 脐带缆在位运行时，在水下生产装备与水上浮体之间传输液压、化学药剂、光电信号和电能，其中传输电能过程中电流可达上百安培，产生的热辐射效应会生成大量热量，使得脐带缆温度上升。过高的温度会使聚乙烯材料性能降低，影响脐带缆疲劳寿命，并且造成电能的浪费，增加了水下生产系统的运行成本。因此需要使用热电耦合分析脐带缆截面的温度场，并进行热力耦合，分析热场下的截面刚度变化。

　　基于以上考虑，本节通过使用 ABAQUS 对脐带缆在位运行时脐带缆内核截面进行数值仿真，所受荷载为来自铠装钢丝的径向荷载，然后使用 COMSOL 通过热–电耦合模拟脐带缆温度场，基于温度场分析结果，使用 ABAQUS 计算截面热–力耦合时的仿真结果，从分析结果中提取出脐带缆各功能构件的变形和热力耦合下变形等力学参数信息。通过分析找出布局设计合理的力学性质规律，为脐带缆的截面布局设计准则提出合理的建议。脐带缆模型设置如下。

1. 数值分析模型设置

　　几何模型简化：由于脐带缆内核结构中功能构件种类和材料种类较多，且构件间存在大量的接触和摩擦，数值分析工作困难，因此，数值分析前需要对脐带缆内核截面中的功能构件的截面几何模型进行简化。钢管构件截面由一定厚度的钢管和聚乙烯材料护套组成；电缆构件截面中多芯绞合的铜导体被简化为同等截面积的单芯圆形铜导体，外加绝缘层和护套，最终电缆构件截面表现为两种聚乙烯材料密实包裹铜芯；光缆构件截面中钢丝被简化为同等截面积的圆环，外部由聚乙烯材料密实包裹，内部少量光纤对于静力学分析和热力耦合分析影响微小，可以忽略，因此简化后光缆构件在结构上类似于钢管构件。此外，为减小填充对分析结果的影响，构件间采用密实填充，填充材料和内外护套材料相同，为高密度聚乙烯材料。简化前后的脐带缆几何模型截面见图 7.22。

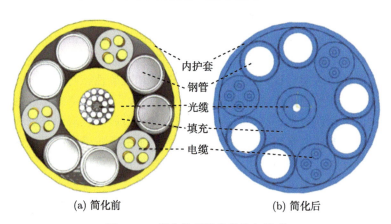

　　　　　　(a) 简化前　　　　　　　　　　　　　　　(b) 简化后

图 7.22　简化前后脐带缆几何模型

　　单元选择与网格划分：脐带缆的截面分析采用二维截面，为了使网格的形状更加规则，质量更高，在对填充物等不规则结构进行网格划分时主要使用进阶算法 (advancing front)，且单元类型选择三角形单元；对钢管等圆形构件进行网格划分时主要使用中性轴算法 (medial axis)，且单元类型选择四边形单元。不考虑温度的影响时可以假定为平面应变问题，使用 CPE4R 网格和 CPE3 网格；在考虑温度的影响时，使用 CPE4T 网格和 CPE3T 网格。考虑到结果需要进行对比，仿真时使用同一种网格可以避免网格类型造成的误差。同时网格数量多少对结果的影响也需要进行网格无关性验证，因此，首先针对一个脐带缆截面进行未考虑温度的数值仿真，网格情况及结果见表 7.5。

表 7.5 网格情况及结果

网格情况	网格类型	网格尺寸/mm	网格数量	数量差值	结果变化
初始网格	CPE4T	1	14215	—	—
	CPE3T		14600	—	
网格类型验证	CPE4R	1	14215	0	0.5%
	CPE3		14600	0	
网格划分尺寸验证	CPE4T	0.5	43869	209%	−2%
	CPE3T		57027	291%	

在其他条件不变时，当网格类型修改后，结果的变化只有 0.5%；当网格加密，数目增加到 2.5 倍时，结果的变化只有 2% 左右。因此，确定了 1mm 的网格单元尺寸满足工程分析的需要。

最终，得到的两种优化截面布局所划分的网格总数分别为 26674 和 29280，网格类型为 CPE4T 网格和 CPE3T 网格。

接触和边界条件：由于在真实脐带缆中，各个构件之间通过螺旋缠绕的方式捆绑在一起，各构件之间存在接触和摩擦，因此，需要在有限元模型中合理设置构件之间的相互作用来模拟真实的状态。所以采用 ABAQUS 中的通用接触在数值模拟时自动识别所有可能的接触对。接触对的法向行为采用软件默认的硬接触，即不允许接触面相互穿透，而接触对的切向行为通过定义库仑摩擦系数来模拟层间的摩擦和滑移，此外，接触中热导率最大为 10，间隙最大为 0.2。

在设置边界条件时，为了进行有效加载，在脐带缆截面中心对一些网格节点施加刚性位移约束。此外，钢管单元输液温度设置为 50℃，环境温度设置为 20℃。

荷载：在工程实际中，脐带缆在储存、运输、安装、在位、测试等各种工况下承受不同的荷载。通常情况下，脐带缆的失效发生在在位运行阶段，此时脐带缆受到海洋荷载和浮体的作用，会受到较大的拉力和反复弯曲荷载，铠装钢丝承受拉伸荷载时对脐带缆内核截面产生径向压力。因此，对上述两种截面施加相同的径向均布压力荷载，数值为 5.5MPa。

综上所述，脐带缆内核截面数值分析时的有限元模型见图 7.23。

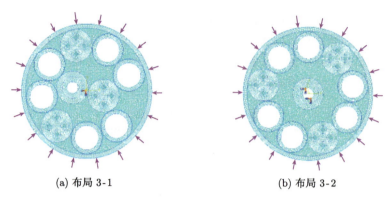

(a) 布局 3-1　　　　　　　　　　　　　　　　(b) 布局 3-2

图 7.23　ABAQUS 有限元模型

2. 温度场分析模型设置

在脐带缆温度场分析中，内部的钢管构件和电缆构件生成的热量经过绝缘材料、铠装钢丝和内外护套最终传导到海水中。在这个过程中，脐带缆温度理论分析方法借鉴电缆的温度计算方法，根据材料的组成方式，将各种功能构件视为等效热阻，分别计算每一层的等效热阻，将结构简化为一维的等值热路模型，但构件由多种材料组成，等效热阻难以计算。这种方法不仅繁琐，当含有多个热源时需要考虑热源间的相互影响，而脐带缆的设计具有很强的针对性，截面复杂性高，作为热源的钢管构件和电缆构件数目多且位置不确定，所以理论方法计算脐带缆温度与实际脐带缆温度相比，结果误差较大。在数值仿真软件中，ABAQUS 的电热耦合采用分域求解，电流输送过程中产生焦耳热，引起材料热膨胀，最后温度场重新分布。由于趋肤效应和邻近效应的存在，内部的其他金属构件也会产生感应电流，对整体电流的分布、功率损耗和温度场变化都会产生影响。相关研究证明，基于 IEC 标准的等效热路法最为保守，ABAQUS 和 COMSOL 两种有限元软件在不同载流下的计算温度存在差异，相较而言，后者与试验数据更为接近。为了更准确地模拟出脐带缆内核的温度场，选择使用 COMSOL 软件计算脐带缆截面的温度场分布，结果见图 7.24。

在进行脐带缆的温度场数值分析时，考虑径向上的传热，则脐带缆温度场分析将被视为二维导热问题，在 COMSOL 中通过添加电磁场和热场，并使用多物理场耦合计算脐带缆温度场分布情况。为便于模拟海水向远离脐带缆方向传热的过程，脐带缆外增加电磁域和热域，其尺寸远大于脐带缆截面尺寸，网格划分时，为减少计算量，整体使用自由三角形网格进行生成，只对脐带缆截面区域进行局部加密，网格总数分别为 24820 个和 26122 个，具体划分见图 7.25。设定传输电流为 600A，传输液体温度为 50℃，与环境间的导热系数为 $6\mathrm{W}/(\mathrm{m}^2{\cdot}\mathrm{K})$。

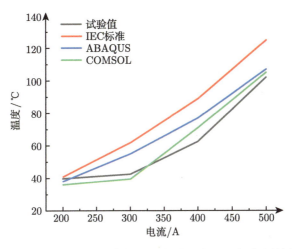

图 7.24 不同电流下线芯温度的 IEC 标准、有限元和试验结果曲线图

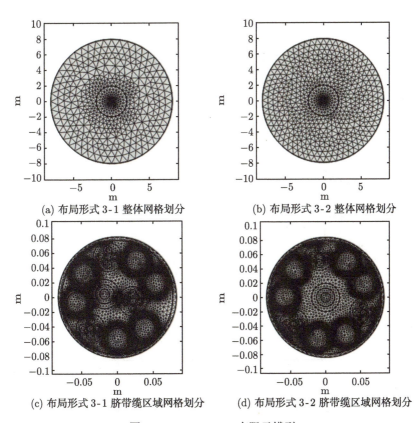

(a) 布局形式 3-1 整体网格划分

(b) 布局形式 3-2 整体网格划分

(c) 布局形式 3-1 脐带缆区域网格划分

(d) 布局形式 3-2 脐带缆区域网格划分

图 7.25 COMSOL 有限元模型

3. 热-力耦合分析模型设置

脐带缆结构的组成材料主要为金属材料和聚乙烯材料。金属材料力学性能中，弹性模量 E 和剪切模量 G 随温度的升高而减小，泊松比 ν 随温度变化不大，线膨胀系数 α 随温度升高而近似线性增大，但当温度低于 100℃ 时，脐带缆中包含的三种金属材料力学性能变化不明显，可以忽略。相较之下，聚乙烯材料的力学性能对温度变化非常敏感。在聚乙烯材料中，交联聚乙烯 (cross linked polyethylene, XLPE) 在绝缘性能上保持了聚乙烯原有的良好的绝缘特性，且绝缘电阻进一步增大，并且具有良好的耐热性能，长期工作温度可达 90℃，力学性能也相对较好，常用作脐带缆结构中的绝缘材料；而高密度聚乙烯 (high density polyethylene, HDPE) 的性能相对较好，常用作脐带缆的护套材料及填充材料。随温度上升，聚乙烯材料的力学性能不断降低，XLPE 材料和 HDPE 材料的杨氏模量与温度之间的关系如式 (7.32) 和式 (7.33)，相应的变化曲线见图 7.26。

$$E_{\mathrm{X}}(T) = 0.027T^2 - 4.64T + 232 \tag{7.32}$$

$$E_{\mathrm{H}}(T) = 0.0001T^3 + 0.047T^2 - 16.7T + 1326.5 \tag{7.33}$$

式中，$E_{\mathrm{X}}(T)$ 是 XLPE 的杨氏模量；$E_{\mathrm{H}}(T)$ 是 HDPE 的杨氏模量；T 是材料的温度。

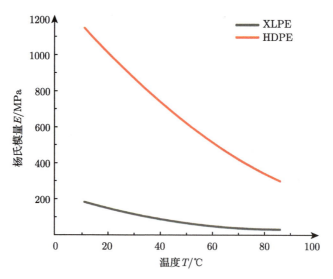

图 7.26　XLPE 和 HDPE 的杨氏模量随温度变化的曲线

脐带缆在位运行时会受到来自铠装钢丝的径向压力，该荷载主要由作为护套的聚乙烯材料承担，通过热–力耦合分析温度对脐带缆力学性能的影响，可验证热分散性的意义。数值分析时各功能构件材料的主要参数见表 7.6。

表 7.6　脐带缆截面模型相关材料属性

参数	电缆		光缆	钢管	护套
	铜	XLPE	镀锌钢	超双相不锈钢	HDPE
密度/(g/cm³)	8.93	0.92	7.80	7.82	0.95
杨氏模量/MPa	117000	$E_X(T)$	200000	210000	$E_H(T)$
泊松比	0.32	0.35	0.29	0.33	0.38
热膨胀系数/($\times10^{-6}$°C)	16.4	100	12	13.5	108
导热系数/[W/(m·K)]	385	0.48	52	17	0.4

4. 结果分析和比较

脐带缆截面径向变形的比较：截面布局的紧凑性可以通过脐带缆截面的平均径向变形进行衡量，截面径向刚度越大，拉伸刚度越高。通过 ABAQUS 数值仿真得到两种脐带缆截面布局形式的位移云图和径向变形图，见图 7.27 和图 7.28。径向位移比较见表 7.7。

脐带缆截面温度场的比较：截面布局的热分散性可以通过脐带缆截面的最高温度的大小来判断。热分散性越好的布局，在传输相同大小的电流时，截面最高温度越低。通过 COMSOL 热–电耦合数值仿真分析得到两种脐带缆截面布局形式的温度云图，见图 7.29。截面最高温度比较见表 7.8。

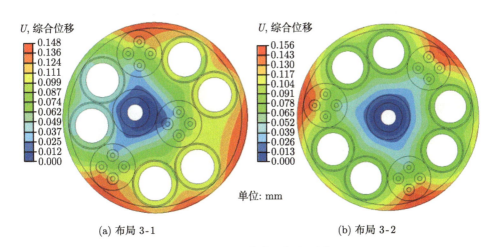

(a) 布局 3-1　　　　　　　　　　　(b) 布局 3-2

图 7.27　脐带缆截面位移云图

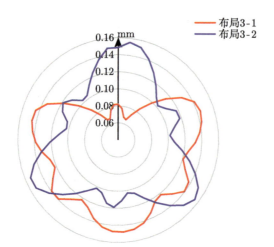

图 7.28　脐带缆截面径向变形图

表 7.7　径向位移比较

布局形式	平均径向变形/mm	相差/%	径向变形最大差值/mm	相差/%
布局 3-1	0.119	−40.32	0.082	54.72
布局 3-2	0.124	——	0.053	——

表 7.8　截面最高温度比较

布局形式	最高温度/℃	相差/%
布局 3-1	65.504	2.97
布局 3-2	63.598	——

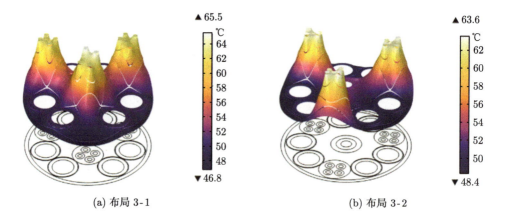

(a) 布局 3-1　　　　　　　　　　　　　　(b) 布局 3-2

图 7.29　脐带缆截面温度云图

　　脐带缆截面热力耦合下径向变形的比较：由于聚乙烯材料的特性，截面布局受温度场影响后平均径向变形发生变化。温度越低，聚乙烯材料的弹性模量越高，在受到相同的径向压力时，径向刚度越大，整体拉伸刚度越高。通过 ABAQUS 将温度场导入后进行热–力耦合数值仿真得到两种脐带缆截面布局形式的热–力耦合位移云图和径向变形图，见图 7.30 和图 7.31。径向位移比较见表 7.9。

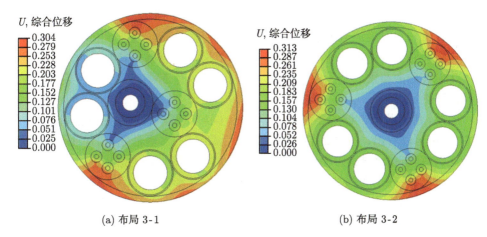

(a) 布局 3-1　　　　　　　　　　　(b) 布局 3-2

图 7.30　脐带缆截面热–力耦合位移云图

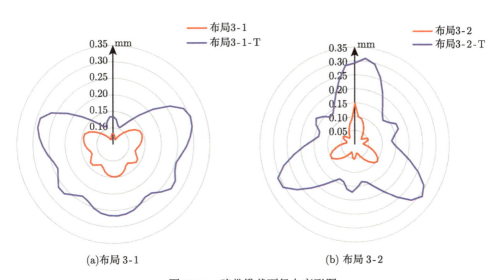

(a)布局 3-1　　　　　　　　　　　(b) 布局 3-2

图 7.31　脐带缆截面径向变形图

表 7.9   径向位移比较

布局形式	热−力耦合平均径向变形/mm	相差/%	考虑温度场前后平均径向变形差值/%
布局 3-1	0.225	−0.88	89.08
布局 3-2	0.227	—	83.06

从脐带缆截面布局数值仿真分析来看，以布局 3-2 为基准，布局 3-1 平均径向位移为 0.119mm，比布局 3-2 减小 4.03%，符合其紧凑性最佳的评价，并且布局 3-1 径向变形最大差值 0.082mm，相较于布局 3-2 增大 54.72%，符合平衡性不佳的评价。在温度场数值仿真中，布局 3-1 温度最高，达到 65.504℃，分析原因是电缆间距过近造成传输电流过程中热量汇聚，导致截面局部温度升高，而布局 3-2 电缆分散布置，利于电缆散热，最高温度只有 63.598℃，符合其热分散性最佳的评价。

此外，由于截面位移主要在外护套区域，同时该区域材料受温度影响最大。从图 7.31 中可以看出，在考虑温度场影响进行截面热−力耦合分析后，径向变形近似等比例放大，虽然热−力耦合后布局 3-1 平均径向变形仍为最小值，但差值比例达到 89.08%，高于布局 3-2，造成两者平均径向变形差值缩小 3.15%，最终相差仅为 0.88%。因此在截面设计时有必要考虑温度对脐带缆截面设计结果的影响。综上所述，布局 3-2 在紧凑性上稍差于布局 3-1，但在考虑热分散性后和布局 3-1 极为接近，同时在平衡性上远强于布局 3-1，各个方向上的变形更为均匀，有效避免了部分构件承载能力不均衡导致脐带缆提前失效，因此布局 3-2 是脐带缆的最佳等径未分层截面。将数值仿真分析结果与算法评价参数进行对比，二者结果具有一致性，有效验证了本章提出的基于拟物算法的脐带缆截面优化设计方法的可行性。

7.4.5 脐带缆不等径构件截面布局优化设计案例

在设计脐带缆时，需要分析脐带缆的功能需求，脐带缆通常包含液压动力输送、电力及通信输送和化学药剂输送等功能。脐带缆内部构件的种类和数量根据所使用海域、海洋深度以及相应水下生产系统的不同而发生改变。电力需求不同时要求电缆的截面积、芯数、电压等级和绝缘要求发生改变，液压需求变化时要求钢管的管径和压力等级 (管厚、材料) 也要发生变化。因此，脐带缆截面布局设计时涉及的功能构件有等径和不等径的情况。为了提高解决问题的效率，所采用的算法需要对等径和不等径都有良好的适用性。

1. 基本参数

为了验证本算法对于不等径构件截面设计的适用性，本节基于前文所述构件数目和种类数量，将钢管构件的尺寸进行改变，对一组半径不等的脐带缆截面进行布局优化设计。各构件的基本参数见表 7.10。

表 7.10 功能构件的基本参数

功能构件类型	直径 D/mm	虚拟重力 G/N
钢管构件	60	1.7×10^7
电缆构件	40	2.6×10^6
光缆构件	40	9.1×10^6

2. 优化结果分析与比较

与前文中目标组合相同，布局 3-3 和布局 3-4 分别是考虑紧凑性和热分散性的优化组合 1，以及同时考虑紧凑性、平衡性和热分散性的优化组合 2。其后通过迭代运算可以获得两个或三个目标的最优解集，设计结果见图 7.32。提取上述布局形式的截面布局评价参数，见表 7.11，并对最优布局进行对比分析。

(a) 布局 3-3   (b) 布局 3-4

图 7.32 脐带缆截面布局

表 7.11 截面布局评价参数

布局形式	截面半径/mm	Δ/mm	散热性能参数 T
布局 3-3	98.243	0.563	0.039
布局 3-4	103.392	0	0.032

从表 7.11 可以看出，相比之下布局 3-3 紧凑性最佳，但重心偏移距离大，受力平衡性能不良。同时布局 3-3 的散热性能参数 T 较大，相应热源分散程度较小，这将导致电缆之间的距离降低，降低了脐带缆的散热能力，导致截面温度上升，降低了脐带缆的疲劳寿命。在布局 3-4 中，同时考虑了紧凑性、平衡性和热分散性，散热性能最佳，紧凑性也相对较好，并且考虑平衡性后，脐带缆最外层空隙较少，受力更加均匀。因此，布局 3-4 是一组包含 6 根钢管、3 根电缆和 1 根光缆的脐带缆不等径内核的最佳截面布局。

3. 截面布局数值模拟验证

脐带缆有限元模型：与前文中脐带缆有限元分析设置相同，建立不等径截面布局 3-3 和布局 3-4 的有限元模型，见图 7.33 和图 7.34。其中 ABAQUS 网格划分尺寸为 1mm，网格总数分别为 33508 个和 42669 个；COMSOL 网格划分为自由三角形网格和局部加密，网格总数分别为 29222 个和 31876 个。

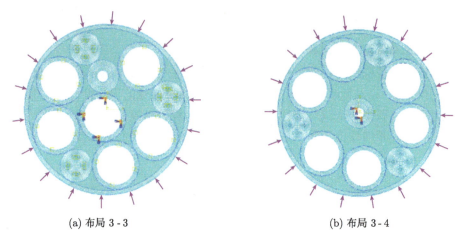

(a) 布局 3 - 3   (b) 布局 3 - 4

图 7.33　ABAQUS 有限元模型

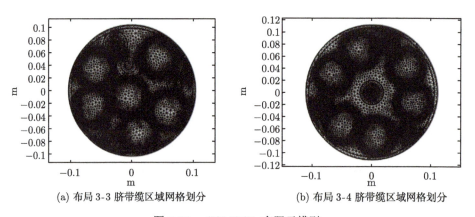

(a) 布局 3-3 脐带缆区域网格划分   (b) 布局 3-4 脐带缆区域网格划分

图 7.34　COMSOL 有限元模型

脐带缆截面径向变形的比较：通过 ABAQUS 数值仿真得到两种脐带缆截面布局形式的位移云图和径向变形图，见图 7.35 和图 7.36。径向位移比较见表 7.12。

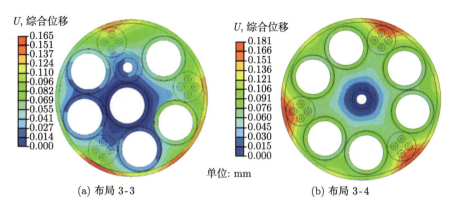

(a) 布局 3-3　　　　　　　　　　　(b) 布局 3-4

图 7.35　脐带缆截面位移云图

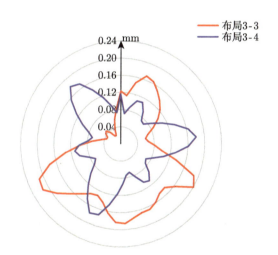

图 7.36　脐带缆截面径向变形图

表 7.12　径向位移比较

布局形式	平均径向变形/mm	相差/%	径向变形差值/mm	相差/%
布局 3-3	0.121	−18.24	0.144	71.43
布局 3-4	0.148	—	0.084	0.00

　　脐带缆截面温度场的比较：通过 COMSOL 热–电耦合数值仿真分析得到两种脐带缆截面布局形式的温度云图，见图 7.37。截面温度比较见表 7.13。

　　脐带缆截面热力耦合下径向变形的比较：通过 ABAQUS 将温度场导入后进行热–力耦合数值仿真得到两种脐带缆截面布局形式的热–力耦合位移云图和径向变形图，见图 7.38 和图 7.39，径向位移比较见表 7.14。

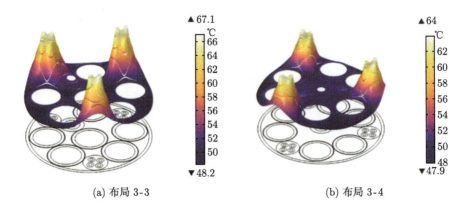

(a) 布局 3-3　　　　　　　　　　　　　　　　(b) 布局 3-4

图 7.37　脐带缆截面温度云图

表 7.13　截面温度比较

布局形式	最高温度/℃	相差/%
布局 3-3	67.111	4.86
布局 3-4	63.998	—

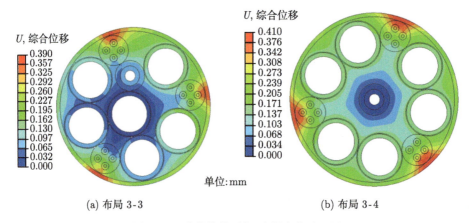

(a) 布局 3-3　　　　　　　　　　　　　　　　(b) 布局 3-4

图 7.38　脐带缆截面热–力耦合位移云图

　　从脐带缆截面布局数值仿真分析来看,以布局 3-4 为基准,布局 3-3 平均径向位移比布局 3-4 减小 18.24%,是两种截面布局中最小的,符合其紧凑性最佳的评价,并且布局 3-3 径向变形最大差值 0.144mm,相较于布局 3-4 增大 71.43%,符合平衡性不佳的评价。在温度场数值仿真中,布局 3-3 温度最高,达到 67.111℃,分析原因是电缆间距过近,传输电流过程中热量汇聚,造成温度升高,而布局 3-4 电缆分散布置,利于电缆散热,最高温度只有 63.598℃,符合其热分散性最佳的评价。此外,热–力耦合后布局 3-3 平均径向变形的差值比例达到 103.31%,高于布局 3-4，造成两者平均径向变形差值缩小 6.42%，最终相差 11.83%。

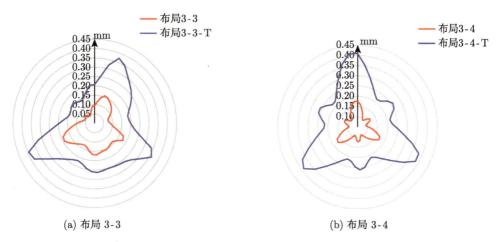

(a) 布局 3-3 （b) 布局 3-4

图 7.39 脐带缆截面径向变形图

表 7.14 径向位移比较

布局形式	热-力耦合平均径向变形/mm	相差/%	考虑温度场前后平均径向变形差值/%
布局 3-3	0.242	−11.83	103.31
布局 3-4	0.279	—	88.51

综上所述，布局 3-4 在紧凑性上稍差于布局 3-3，但在考虑热分散性后和布局 3-3 差距较小，同时在平衡性上远强于布局 3-3，各个方向上变形更为接近，有效避免了部分构件承载能力不均衡导致脐带缆提前失效，因此布局 3-4 是脐带缆的最佳不等径未分层截面。将数值仿真分析结果与算法评价参数进行对比，二者结果具有一致性，有效验证了本节提出的基于拟物算法的脐带缆截面优化设计方法对于不等径构件的适用性。

7.4.6 结语

关于脐带缆截面布局问题，在前文提出的多目标优化问题的数学模型和物理模型基础上，以包含 6 根钢管、3 根电缆和 1 根光缆的脐带缆为例，得到了脐带缆等径构件截面布局的最优布局形式。为了验证该多目标优化算法的有效性，对两种不同目标组合下脐带缆的截面性能进行讨论，通过数值仿真结果验证了该多目标方法的可行性。随后对脐带缆不等径构件截面进行了设计，并通过数值仿真对优化结果进行验证，结果表明 7.4 节所提出的方法对于脐带缆等径构件截面和脐带缆不等径构件截面都有较强的通用性。

7.5   基于粒子群算法的截面布局优化设计

7.5.1   引言

　　现有脐带缆截面布局设计规范中只是要求各类构件的排布尽可能对称紧凑，对于内核功能构件的排布方法的研究也相对较少，特别地，综合考虑脐带缆力学性能指标、几何指标 (紧凑性和对称性) 与热场分布均匀的研究工作国内外至今还非常不足。而对于给定构件数目下截面多层排列布局问题为典型的 NP(non-deterministic polynomial) 问题，传统理论方法往往难以实现快速的优化设计。本节首先给出截面布局紧凑、平衡、对称和温度分布评定指标的定义以及数学描述。进而考虑上述多个目标基于粒子群优化算法提出了脐带缆截面布局设计多场优化求解策略，为脐带缆截面布局的快速优化设计提供了具体可行的设计方法。

　　随着脐带缆功能构件的数目与种类集成度越来越高，截面的布局形式将骤然增多。假定某一脐带缆截面排布包含 6 个液压钢管、3 根电缆和 1 根光缆，在布局设计中为了保证缆截面圆整，可以适当添加若干填充构件。如果将一根钢管排布在中心，那么脐带缆截面的排布形式有 56 种可能，见图 7.40；而如果将三根电缆排布于中心，脐带缆截面布局形式有 28 种可能，见图 7.41。如果逐一分析求解上述所有可能截面布局的力学性能，将会非常繁琐而且耗时。因此，有必要建立可以量化的且方便操作的截面布局优化快速设计方法。

电缆 ----
钢管 ----
光缆 ----

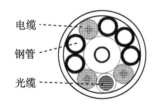

图 7.40   中心钢管的不同截面布局形式

填充 ----
光缆 ----
钢管 ----
电缆 ----

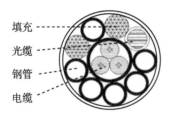

图 7.41   中心三根电缆的不同截面布局形式

　　考虑到缆体储存运输的经济性与力学性能方面的要求，现有脐带缆设计规范要求截面构件布局尽可能紧凑与对称。紧凑性能够确保材料用量小，同样卷盘下可以存放更多的脐带缆；而且紧凑密实的脐带缆内核径向刚度大，能够有效地提升脐带缆的抗拉扭性能。同时，不同类别的构件要求尽可能排布平衡与对称，对称性良好的截面在面临复杂海洋环境荷载的情况下，能够使各构件尽可能鲁棒地承担荷载，且截面内部各构件受挤压力相对均匀，从而有效降低了构件间的摩擦力，提升了脐带缆的疲劳寿命。对于上述截面布局几何性的要求，规范并未给出具体的量化指标，不便于工程实践设计。此外，考虑到大功率电缆构件在位运行过程中产生的严重的热辐射效应，目前仅根据经验将电缆构件尽可能分散布置，以保证脐带缆截面最高温度较低。

因此，截面布局设计长期依赖工程经验，缺少理性的设计准则与优化设计技术。本节将系统地考虑几何紧凑性、平衡性、对称性以及温度场分布多目标量化操作方法，开展脐带缆最优布局优化设计方法研究。实际脐带缆内核构件螺旋缠绕角度通常不高于 5°，故脐带缆可以看作平面外包络圆包含若干构件的排列问题。假设脐带缆集成的所有构件半径相同，那么脐带缆截面布局可归结为典型的多场多目标等圆 Packing 优化问题。

7.5.2 截面布局优化设计因素

1. 截面布局紧凑性

脐带缆截面布局紧凑性意味着在给定数目构件下使其排列后的外包络圆半径最小。假定截面内各个构件为弹性体，通过引入模拟物理相互作用力的方法实现圆截面构件紧凑性排布 (He et al., 2013)，将各半径为 R 的圆截面构件看作具有线弹性变形范围内的圆盘，将其包络在一个半径为 R_0 的圆圈约束内，当外包络圆不断缩小时圆截面构件之间相互挤压并不断调整其位置，最终达到使外包络圆的直径最小，同时圆截面构件之间不再出现相互弹性挤压的状态 (Huang and Ye, 2010)，见图 7.42。为了量化操作上述目标，假定包络圆内含有 N 个

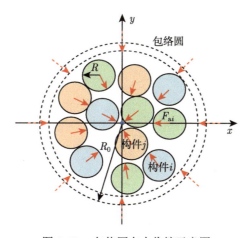

图 7.42 包络圆向内收缩示意图

圆截面构件。以外包络圆的圆心为坐标原点，并标记第 i 个圆截面构件的圆心坐标为 (x_i, y_i)。引入虚拟弹性力、吸引力和排斥力等物理机制，其详细的定义如下。

(1) 排布在包络圆内的圆截面构件在移动的过程中应该避免相互挤压穿透现象，见图 7.43 和图 7.44。因此，可以假设两圆截面构件或者圆截面构件和包络圆存在穿透现象，从而依据穿透距离定义两圆截面构件之间的相互接触弹性力；类比，可以定义圆截面构件和包络圆之间的相互接触弹性力。定义圆截面构件 i 与圆截面构件 $j\,(i, j = 1, 2, 3, \cdots, N; i \neq j)$ 之间的穿透距离为 O_{ij}，如式 (7.34)，假设圆截面构件 j 作用于圆截面构件 i 的接触弹性力 F_{eji} 正比于穿透距离，那么其表达式为式 (7.35)，其中 r_{ji} 代表圆截面构件 j 圆心指向圆截面构件 i 圆心的矢量，用来控制方向。同理，圆截面构件与外包络圆之间的穿透距离 O_{oi} 和外包络圆作用于圆截面构件 i 的接触弹性力 F_{eoi} 可表达为式 (7.36) 和式 (7.37)，其中，r_i 代表包络圆圆心指向圆截面构件 i 圆心的矢量。综上，第 i 个圆截面构件受到的总弹性力 F_{ei} 为式 (7.38)。

$$O_{ij} = \max\left\{ 0, 2R - \sqrt{(x_i - x_j)^2 + (y_i - y_j)^2} \right\} \tag{7.34}$$

$$F_{eji} = O_{ij} \cdot \frac{r_{ji}}{|r_{ji}|} \tag{7.35}$$

$$O_{oi} = \max\left\{ 0, \sqrt{x_i^2 + y_i^2} + R - R_0 \right\} \tag{7.36}$$

$$F_{eoi} = O_{oi} \cdot \frac{-r_i}{|r_i|} \tag{7.37}$$

$$F_{ei} = \sum_{j=0}^{N} F_{eji} \tag{7.38}$$

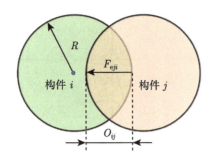

图 7.43　两圆截面构件相互重叠示意图

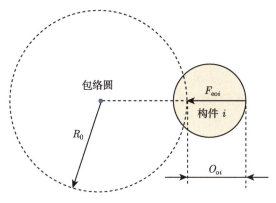

图 7.44 圆截面构件与包络圆重叠示意图

(2) 假定任意圆截面构件与所重叠的其他构件之间存在弹性势能，依据弹性力学理论，定义该弹性势能正比于重叠距离的平方。因此，通过距离平方定义相互之间的势能 U_{ij}，如式 (7.39)。其中任意圆截面构件具有的势能 U_i 如式 (7.40)，从而叠加得到全部圆截面构件的总势能 U，如式 (7.41)。不难发现，全部圆截面构件的总弹性势能越小，布局就越紧凑。

$$U_{ij} = O_{ij}^2 \tag{7.39}$$

$$U_i = \sum_{j=0, j \neq i}^{N} U_{ij} \tag{7.40}$$

$$U = \sum_{i=0}^{N-1} \sum_{j=i+1}^{N} O_{ij}^2 \tag{7.41}$$

(3) 另外，包络圆中的圆截面构件在运动过程中应当不断地向中心靠拢。假定中心对每个圆截面构件都有吸引力，依据圆截面构件中心到包络圆心的距离，可以定义中心的吸引力 F_{ai} 大小如式 (7.42) 所示。可知，距离越远，吸引力越大，从而迫使整个布局不断收缩紧凑。这里通过引入引力系数 λ_1，方便后期控制各个力的大小比例，从而使圆截面构件向着更合理的方向移动。

$$F_{ai} = -\lambda_1 \cdot r_i \tag{7.42}$$

(4) 上述假设仅仅考虑了圆截面构件与周围构件之间的局部相互作用，而对于整个截面排布的紧凑性缺乏全局性考虑。弹性作用力仅仅代表相互接触圆截面构件之间的力学行为，而对于两个非相邻的圆截面构件位置无从感知。因此，引入圆截面构件之间相互排斥力的概念。前述可知整个布局的弹性势能应该在排列收缩过程中逐渐降低，避免过分集中于某一局部位置，这样才能实现紧凑的目的。显然图 7.45(b) 截面布局中构件所具有的整体势能比图 7.45(a) 的整体势能要小。借用上述弹性势能的定义引入任意两个圆截面构件之间的排斥力，构件 j 的势能越大，其对构件 i 的排斥越大，这样可以避免布局过分集中于 j 构件。因此，基于上述假设定义任意两个构件之间的排斥力 $F_{\mathrm{r}ji}$，如式 (7.43)。其正比于所受到的弹性势能，反比于两构件距离的平方，式中 λ_2 为比例系数，优化过程中通常设置其为大数 (一般大于 100) 以调节收敛结果。以圆截面构件 i 为例，其受到其他圆截面构件的排斥力总和为 $F_{\mathrm{r}i}$，如式 (7.44)。

$$F_{\mathrm{r}ji} = \lambda_2 \cdot \frac{U_j}{U} \cdot \frac{r_{ji}}{|r_{ji}|^3} \tag{7.43}$$

$$F_{\mathrm{r}i} = \sum_{j=1,j\neq i}^{N} F_{\mathrm{r}ji} \tag{7.44}$$

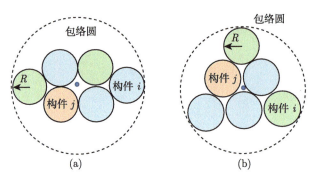

图 7.45　不同弹性势能下的截面布局

(5) 综上，每个圆截面构件在引入上述假设后，受到的力有弹性力 $F_{\mathrm{e}i}$、中心吸引力 $F_{\mathrm{a}i}$ 和相互排斥力 $F_{\mathrm{r}i}$。矢量合成大小和方向为每个圆截面构件的最终合力，如式 (7.45)，其推动圆截面构件在包络圆内移动，直到截面布局最为紧凑。

$$F_i = F_{\mathrm{e}i} + F_{\mathrm{a}i} + F_{\mathrm{r}i} \tag{7.45}$$

基于上述虚拟物理力的假设，随机给定圆截面构件的初始布局，每个构件将逐步向最优的位置移动，其迭代形式如式 (7.46)。其中 t 为迭代步数，ε 为协调参数，需要根据实际运算问题调整。最终得到的最佳布局，其势能最小且外包络圆半径最小。

$$r_i^{(t+1)} = r_i^{(t)} + \varepsilon F_i^{(t)} \tag{7.46}$$

2. 截面布局平衡性

脐带缆内核截面中包含着不同的构件类型，如钢管、电缆、光缆和填充等，布局形式也多种多样。由于材料力学性能的差别，每种构件的截面承载能力不尽相同。当脐带缆截面布局承载能力不平衡时，在拉伸、弯曲和扭转组合荷载作用下个别构件将容易发生过载破坏，导致脐带缆截面各个构件的承载能力不能充分发挥其作用。为了有效地实现脐带缆截面平衡性目标的可量化操作，本节引入了虚拟指标。考虑到安装敷设及在位运行过程中脐带缆截面承受着巨大的拉伸荷载，选取每个构件截面轴向拉伸刚度作为构件虚拟重力指标 $\overline{g_i}$，如式 (7.47)，其中 i 代表某一构件。其方向铅直向下，大小代表构件截面抵抗荷载的能力。虽然引用了构件截面拉伸刚度大小作为虚拟重力指标值，但是该指标同样可以代表各个构件抵抗其他荷载 (弯矩或者扭矩) 的能力。该虚拟重力指标越大，构件的面外承载能力越大。如图 7.46 所示，钢管的虚拟重力指标最大，电缆的次之，光缆的最小。那么实现脐带缆截面布局的平衡性类似于在给定包络圆内如何放置具有不同虚拟重力指标的构件，从而使整个截面达到平衡。基于上述构件虚拟重力指标，脐带缆截面中各构件将呈现一组平行力系。该组平行力系可合成转化为一个合力和一个弯矩的组合；当弯矩为零时，此合力起始点位置为该平行力系的中心平衡点位置，通过式 (7.48) 可求得整个平行力系中心平衡点位置 (x_0, y_0)，其中 $(x_\text{c}^i, y_\text{c}^i)$ 为每个构件的圆心坐标。为使脐带缆截面受力平衡，要求整个截面的虚拟重力中心尽可能靠近截面几何中心，见图 7.47；反之，说明截面构件排布相对不平衡。

$$\overline{g_i} = E_\text{c}^i A_\text{c}^i \tag{7.47}$$

$$\begin{cases} \overline{G} x_0 = \sum_i^N \overline{g_i} x_\text{c}^i \\ \overline{G} y_0 = \sum_i^N \overline{g_i} y_\text{c}^i \end{cases} \tag{7.48}$$

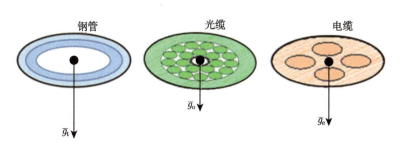

图 7.46 不同构件虚拟重力指标

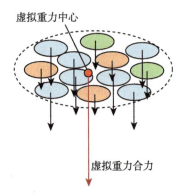

图 7.47　截面虚拟重力中心

3. 截面布局对称性

上文讨论了截面平衡性的数学描述，但是，平衡性较好的脐带缆截面可能会出现同类型的构件在一侧过于集中的情况。而规范要求脐带缆截面内构件排布应当尽可能对称。对于如何实现平面图形的对称判定，群论给出了详细的描述。一个图形具有对称性是指图形经过某种操作，仍然能保持图形内两点之间的相互距离不变，即图形的复原。脐带缆截面为典型的几何图形，因此可以借用上述群论对其进行对称性评估。在数学上，对称实现包括三个基本操作，即旋转、映射和平移操作。为了在数学上描述上述三种操作，首先假定某一平面图像内部任一点 P_0 的坐标为 (x_0, y_0, z_0)，见图 7.48。

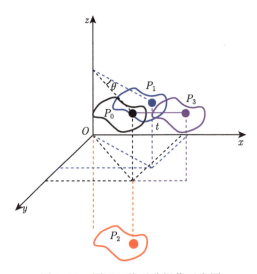

图 7.48　图形三维对称操作示意图

(1) 旋转操作，即假定某一图形围绕旋转轴 z 旋转某一角度 θ。该旋转操作可用转化矩阵表示，如式 (7.49)。原始坐标点 $P_0(x_0, y_0, z_0, 1)$ 通过旋转后的坐标值如式 (7.50)。其中，1 为辅助坐标值，没有实际几何意义。

$$C = \begin{bmatrix} \cos\theta & -\sin\theta & 0 & 0 \\ \sin\theta & \cos\theta & 0 & 0 \\ 0 & 0 & 1 & 0 \\ 0 & 0 & 0 & 1 \end{bmatrix} \tag{7.49}$$

$$P_1 = C(P_0) = C \cdot (x_0, y_0, z_0, 1)^{\mathrm{T}} = (x_0\cos\theta - y_0\sin\theta, x_{\mathrm{D}}\sin\theta + y_0\cos\theta, z_0, 1)^{\mathrm{T}} \tag{7.50}$$

(2) 轴映射操作，即将图形基于平面镜面映射所得到的相应图形，其转化矩阵和坐标值求解如式 (7.51) 和式 (7.52)。

$$\sigma = \begin{bmatrix} 1 & 0 & 0 & 0 \\ 0 & 1 & 0 & 0 \\ 0 & 0 & -1 & 0 \\ 0 & 0 & 0 & 1 \end{bmatrix} \tag{7.51}$$

$$P_2 = \sigma(P_{\mathrm{D}}) = \sigma \cdot (x_0, y_0, z_0, 1)^{\mathrm{T}} = (x_0, y_0, -z_0, 1)^{\mathrm{T}} \tag{7.52}$$

(3) 平移操作，由于平移操作为空间操作，其将初始图形沿某一矢量方向平移重新得到新图形。假定向量 $\bar{t} = (t, 0, 0)$，那么转化矩阵如式 (7.53)，相应的坐标点变化表达式如式 (7.54)。

$$T = \begin{bmatrix} 1 & 0 & 0 & t \\ 0 & 1 & 0 & 0 \\ 0 & 0 & 1 & 0 \\ 0 & 0 & 0 & 1 \end{bmatrix} \tag{7.53}$$

$$P_3 = T(P_{\mathrm{D}}) = T \cdot (x_0, y_0, z_0, 1)^{\mathrm{T}} = (x_0 + t, y_0, z_0, 1)^{\mathrm{T}} \tag{7.54}$$

平移操作的结果为某一方向无限重复的图像复制。而脐带缆截面为平面图形，因此基于脐带缆截面布局对称性的实现只需考虑旋转与映射两种平面对称操作。对于任一平面对称图形，其所用的对称操作将会组成一个与其对应的群集。二维图形对称群集显然包含以下几种。

(1) 不包含任何映射轴，也可以看作只包含一个级数为 1 的旋转中心，可以记为 C_1 群。

(2) 只包含一个映射轴的对称群，可以记为 D_1 群。

(3) 包含 $n(n > 2)$ 个旋转中心，不包含任何映射轴，可以记为 C_n 群，其级数为 n。

(4) 包含 $n(n > 2)$ 个映射轴，可以记为 D_n 群，或称为二面体群。该种情况下同时伴随存在 $2n$ 级数的旋转中心。

因此，脐带缆截面图形判定对称的操作如下：对于一个给定设计方案的脐带缆，假设某一初始截面布局，见图 7.49，各构件中心点可以通过坐标描述。这些点被分散到包络圆内部构成一个几何图形。该图形通过旋转和映射操作后与原始图形比较，从而可以判定对称群的类别。同时考虑虚拟重力系数，详细操作步骤如下。

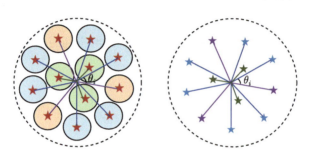

图 7.49　截面布局对应点排列示意图

(1) 对于给定的截面初始布局，明确各构件的坐标位置并计算虚拟重力指标，将其存入对应的数组中 $L(x_i, y_i, 0, \overline{g}_i)$。

(2) 连接各个坐标点到包络圆中心，见图 7.49。计算相邻两条线的夹角值为 θ_i，并将其作为旋转操作的位移值。依次旋转上述角度直到完成一个圆周，在每次旋转操作中与初始几何构型进行对比，如下式所示，从而确定旋转操作的级数。

$$L(x_i, y_i, 0, \overline{g}_i) \cdot C(\theta_i) \wedge L(x_i, y_i, 0, \overline{g}_i) \tag{7.55}$$

(3) 以每条线作为对称轴，映射左右两边的图形并进行对比，从而计算其对称轴的数量。

$$L(x_i, y_i, 0, \overline{g}_i) \cdot \sigma(\theta_i) \wedge L(x_i, y_i, 0, \overline{g}_i) \tag{7.56}$$

(4) 对于平面图形而言，旋转操作的对称级数和映射对称轴数存在二倍的关系，该规律可以用来验证和判别对称群的类型。总而言之，旋转中心级数或映射轴数 N_{group} 越多，脐带缆截面就越对称。

4. 截面热场性能

随着脐带缆集成电缆数目的不断增多，电能传输过程中产生的热量不可忽视，其热量产生的主要决定因素为导体传输功率、电流以及电阻等。同时，内核热量向周边传递主要通过导热的方式，且经历绝缘材料、金属护套、铠装及其他部分的热阻损耗，最终达到一个稳态的过程。依据海缆相关规范 (段佳冰等，2014)，假设某一截面中心包含四芯电缆的典型脐带缆，见图 7.50；分别标示绝缘层和填充热阻为 T_1，内核其他构件的热阻为 T_2，内护套层的热阻为 T_3，铠装层的热阻为 T_4，外护套层的热阻为 T_5，以及脐带缆周围海水的热阻为 T_6，各部分的热阻表达式如下所示：

$$T_1 = \frac{\rho_{T_1}}{6\pi}GK, \qquad T_2 = \xi\frac{\rho_{T_2}}{2\pi}\ln\left(\frac{D_c}{D_e}\right), \quad T_3 = \frac{\rho_{T_3}}{2\pi}\ln\left(\frac{D_s}{D_c}\right)$$
$$T_4 = \zeta\frac{\rho_{T_4}}{2\pi}\ln\left(\frac{D_a}{D_s}\right), \quad T_5 = \frac{\rho_{T_5}}{2\pi}\ln\left(\frac{D_u}{D_a}\right), \quad T_6 = \frac{1}{\pi D_u h(\Delta\theta_\pi)^{1/4}} \tag{7.57}$$

式中，ρ_{T_1}、ρ_{T_2}、ρ_{T_3}、ρ_{T_4} 和 ρ_{T_5} 分别为绝缘层、脐带缆内核、内护套层、铠装层和外护套层材料的热阻系数；G 为几何因数；K 为屏蔽影响因子；D_e 和 D_c 分别表示电缆和内核外径；ξ 和 ζ 为校正系数；D_s 为内护套层外径；D_a 为铠装层直径；D_u 为脐带缆直径；h 为散热系数；$\Delta\theta_\pi$ 表示脐带缆外表面高于周围环境温度的值。

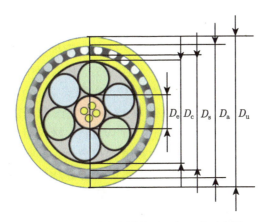

图 7.50　典型脐带缆截面几何尺寸示意图

上述包含单一热源的脐带缆截面温度场的求解可视为一维传导问题，脐带缆中的电缆导体可简化为等效热源，其外层各结构和外部环境可简化为等效热阻。根据傅里叶热传导规律可通过一维等效热路模型对其求解，见图 7.51。但是实际脐带缆截面布局中由于电缆热源排布位置以及数目的不确定性，热路法会导致求解误差较大。而数值模拟方法能够根据实际情况进行脐带缆结构建模，建立温度控制方程，同时添加合适的边界条件；最后利用迭代法或高斯法求解出脐带缆及周围环境的温度场分布。其结果误差相比热路法较小，因此，数值模拟脐带缆截面热传导效应是现阶段一种可行且有效的分析途径。

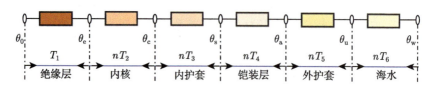

θ_0　　　　θ_e　　　θ_c　　　θ_s　　　θ_a　　　θ_u　　　θ_w

T_1　　　　nT_2　　　nT_3　　　nT_4　　　nT_5　　　nT_6

绝缘层　　　内核　　　内护套　　　铠装层　　　外护套　　　海水

图 7.51　　截面热路模型图

脐带缆内部温度场分布研究属于二维稳态导热问题。首先对其结构进行简化，因为绝缘层相对于导体其厚度较薄；把导体屏蔽层和绝缘屏蔽层归并为绝缘层，并且将脐带缆内部的构件包括电缆、钢管和填充简化成直径相同的圆截面或圆环构件；由于热量在传递的过程中各构件间的间隙空气能够起到一定的热阻作用，所以建模时应该考虑空气的存在。本章利用有限元软件 ANSYS 进行数值模拟，并设置各层材料的属性，主要包括导热系数、比热容以及密度；根据脐带缆的载流量对内部电缆施加相应的热生成率，并在外护套外表面施加温度荷载同时考虑海水的热对流率。经模拟分析最终求得整个脐带缆截面的温度最高值。

根据热传导的基本规律，如果给定空间内存在若干热源，整个空间的最高温度取决于热源与中心的距离以及热源之间所包围的面积。假设截面中电缆热源截面中心的坐标值为 $V_i = (x_i^e, y_i^e)$，见图 7.52，那么距中心距离的平均值和热源相互之间围成面积的计算表达式为式 (7.58) 和式 (7.59)。为了研究这两个因素对截面温度分布的影响，假定半径为 17.0cm 的圆截面内包含三个截面半径为 1.5cm 的热源，其热生成率为 $1.5 \times 10^6 \mathrm{W/m^2}$，材料相关参数见表 7.15。构造不同热源分布情况并建立模型进行数值模拟分析，其结果见表 7.53。随着热源距中心的平均距离不断增大，热量更容易向外界耗散，从而使截面分布的最高温度 $T_{\max}$ 逐渐降低。另一方面，全部热源之间所围成的面积表征热源的相互集中程度。所围面积越小，其热量越集中，截面总体温度分布的最高值将越大。上述分析规律构建了温度分布最大值与热源平均距离和所包围面积的数学描述，其为后期脐带缆截面布局设计提供了可量化操作的优化目标。

$$D^t = \frac{\sum \sqrt{(x_i^e)^2 + (y_i^e)^2}}{n} \tag{7.58}$$

$$S(V_1 V_2 \cdots V_n) = \frac{1}{2} \sum_{i=1}^n \left(x_i^e y_{i+1}^e - x_{i+1}^e y_i^e \right) \tag{7.59}$$

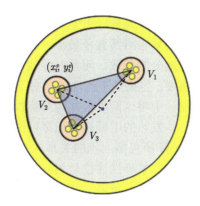

图 7.52　脐带缆截面热源示意图

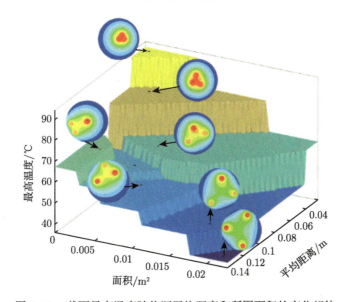

图 7.53　截面最高温度随热源平均距离和所围面积的变化规律

表 7.15　含有三个热源截面的相关物理参数

参数	热源	圆截面
导热系数/[W/(m·℃)]	383	10
密度/(kg/m³)	8900	1500
比热/[W/(kg·℃)]	390	2000

5. 多目标优化列式

前述对脐带缆截面布局需要考虑的目标以及相应的数学表达式进行了详细的阐述,分别从截面紧凑性、力学性能的平衡性、几何对称性和温度场性能四个方面引入了可以量化的指标,其基本设计参数均为脐带缆内核构件类型和相应的坐标值。脐带缆截面布局优化目标涉及几何、力学和温度场不同的学科，脐带缆截面紧凑排布是为了在几何上让其外包络圆直径最小。同时，构件排列平衡和对称是为了在力学性能上能够更好地分配荷载，而且对称性与平衡性具有相互关联，即对称性的布局一定具有平衡性，但某些平衡性的排布不一定能够实现对称。因此，为了提高优化效率，优化设计中将这两者合并为对称性优化目标，平衡性指标仅仅作为后期校验参数。最后，发热的电缆构件应尽可能分散排布以使截面温度较低，考虑到其与热源平均距离和所包围面积的关系，将两者乘积作为优化目标。某一布局下，截面具有的对称性和紧凑性往往是相互矛盾的，而且满足对称性的布局不一定能够实现温度分布最小化。所以，脐带缆截面布局优化目标最终归结为寻求紧凑性、对称性和温度场效应三者相互平衡和彼此兼顾的问题。综上所述，脐带缆截面布局多场优化问题可以用如下数学格式表达：

$$\text{to find}\quad (x_i, y_i)\quad (i, j = 1, 2, \cdots, N)$$

$$\min\quad \left[R_0, 1/N_{\text{group}}, 1/\left(D^t \cdot S \right) \right]$$

$$\text{s.t.}\quad \begin{cases} \sqrt{(x_i - x_j)^2 + (y_i - y_j)^2} \geqslant 2R, & i \neq j \\ \sqrt{x_i^2 + y_i^2} + R \leqslant R_0, & i = 1, 2, \cdots, N \end{cases} \tag{7.60}$$

7.5.3　粒子群算法

在对上述多目标优化问题进行优化的过程中，往往会陷入局部最优解的陷阱中，此时脐带缆截面外径并非全局最优解，因此，针对截面构件排布形式的复杂性和优化目标的多样性，需要引入具有全局寻优能力的多目标优化算法来求解上述优化问题。粒子群算法 (PSO) 对于求解该类型问题有着天然的优势 (Shi and Eberhart，1998)。标准粒子群算法是 20 世纪 60 年代托马斯受研究鸟群觅食行为启发而提出的，随着其在优化问题中的应用越来越广泛，近年来粒子群优化算法获得大量成功应用；本章引入粒子群优化算法对式 (7.60) 描述的多目标优化问题进行求解。代表备选解的一组粒子在搜寻空间内不断移动，最终到达最优位置，见图 7.54。在搜索过程中，每一个粒子通过记忆和群体性经验不断更新自身位置和速度。粒子群算法基本流程如下。

(1) 假设存在一群粒子，并设置精度或者最大迭代次数，在可行域中随机生成粒子初始速度 V 和初始位置 X；然后对种群进行评价，计算每一个粒子的适应度函数值 P_i。

(2) 而每个粒子的速度由两部分决定，一部分为该粒子演化历史中的最优解；另一部分为整个种群中的最优解。因此，记录下个体历史最优值 Pbest_k^i 和种群历史最优值 Gbest_k，如果 P_i 优于 Pbest_k^i，则赋值 $\text{Pbest}_k^i = P_i$；比较 Pbest_k^i 与

Gbest_k，如果 Pbest_k^i 优于 Gbest_k，则赋值 $\text{Gbest}_k = \text{Pbest}_k^i$。

(3) 基于上述结果，通过数学表达式 (7.61) 寻求下一时刻的粒子路径。

(4) 不断重复第 (2) 步和第 (3) 步，直到收敛到最优解，迭代停止。

$$\begin{cases} V_k^i = wV_k^i + c_1 r_1 \left(\text{Pbest}_{k-1}^i - X_{k-1}^i\right) + c_2 r_2 \left(\text{Gbest}_{k-1} - X_{k-1}^i\right) \\ X_k^i = X_{k-1}^i + V_k^i \end{cases} \tag{7.61}$$

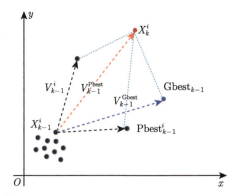

图 7.54 粒子群搜寻示意图

综上所述，脐带缆截面布局设计中各优化目标权重不尽相同，因此，在执行优化的过程中首先考虑紧凑性目标，进而分析评估其他优化目标。引入粒子群优化算法实现截面布局优化流程可描述如下。

(1) 首先根据脐带缆功能实际要求，确定内核功能构件的种类和数目；进而依据几何尺寸和材料属性计算构件的虚拟重力指标，并存储在数组 $G = [g_1, g_2, \cdots, g_i]$ 中。

(2) 构建平面坐标系，根据上述构件情况在计算机中分配一个动态数组，用于存储优化过程中构件对应的中心坐标和虚拟重力指标，即 L_{tube}、L_{ele}、L_{opt} 和 L_{fill} 分别用来存储液压管道、电缆、光缆和填充的相关信息。

$$L_{\text{tube}} = \left[\left(x_1^{\text{tube}}, y_1^{\text{tube}}, 0, g_1^{\text{tube}}\right), \left(x_2^{\text{tube}}, y_2^{\text{tube}}, 0, g_2^{\text{tube}}\right), \cdots, \left(x_i^{\text{tube}}, y_i^{\text{tube}}, 0, g_i^{\text{tube}}\right)\right] \tag{7.62}$$

$$L_{\text{ele}} = \left[\left(x_1^{\text{ele}}, y_1^{\text{ele}}, 0, g_1^{\text{ele}}\right), \left(x_2^{\text{ele}}, y_2^{\text{ele}}, 0, g_2^{\text{ele}}\right), \cdots, \right.$$
$$\left. \left(x_j^{\text{ele}}, y_j^{\text{ele}}, 0, g_j^{\text{ele}}\right)\right] \tag{7.63}$$

$$L_{\text{opt}} = \left[\left(x_1^{\text{opt}}, y_1^{\text{opt}}, 0, g_1^{\text{opt}}\right), \left(x_2^{\text{opt}}, y_2^{\text{opt}}, 0, g_2^{\text{opt}}\right), \cdots, \right.$$
$$\left. \left(x_k^{\text{opt}}, y_k^{\text{opt}}, 0, g_k^{\text{opt}}\right)\right] \tag{7.64}$$

$$L_{\text{fill}} = \left[\left(x_1^{\text{fill}}, y_1^{\text{fill}}, 0, g_1^{\text{fill}}\right), \left(x_2^{\text{fill}}, y_2^{\text{fill}}, 0, g_2^{\text{fill}}\right), \cdots, \left(x_l^{\text{fill}}, y_l^{\text{fill}}, 0, g_l^{\text{fill}}\right)\right] \tag{7.65}$$

将上述各类型数组整合为一个数组 $L = [L_{\text{tube}}, L_{\text{ele}}, L_{\text{opt}}, L_{\text{fill}}]$，则 L 代表某一截面布局的基本信息，即可看作粒子群优化算法中的一个粒子。

(3) 基于预设坐标系，随机初始化构件的几何位置，进而基于所提优化模型计算相应的优化目标。

(4) 依据模拟物理相互作用力的 Packing 算法获得紧凑性的外包络圆截面：①基于当前截面布局获得整个截面的总弹性势能，进而计算每个构件受到的接触弹性力、中心吸引力和非接触排斥力，并获得合力大小和方向；②迭代计算紧凑性指标，直至构件之间不再相互穿透且整体势能最小，或迭代步数超出所设定的最大值，最终获得某一初始紧凑性截面布局结果。

(5) 基于上述截面布局，根据前述对称性操作评估，进行相应的数学运算并获得对应该截面布局的对称群类型和级数。

(6) 针对该临时截面布局通过计算电缆热源的平均中心距离和所包围面积，判定截面布局的热场分布最高温度。

(7) 将步骤 (4)~(6) 嵌套在粒子群算法内，设定一定的迭代步数和上述三个优化目标的综合判定指标，循环迭代直至给出最优解前沿。

(8) 最终综合评定紧凑性、平衡性、对称性和温度指标，进而给出截面布局最优方案。

截面布局优化设计流程见图 7.55。

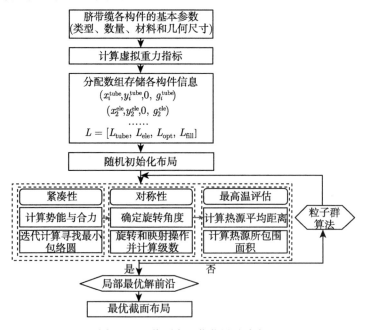

图 7.55　截面布局优化设计流程

7.5.4 脐带缆截面布局优化设计实例

1. 基本参数换算

该脐带缆功能构件包括 6 根钢管、3 根电缆和 1 根光缆，见图 7.56。各构件参数见表 7.16 和表 7.17。基于各构件材料和尺寸的基本参数，可以计算各构件的虚拟重力指标，见表 7.18，代入脐带缆截面布局优化设计程序进行迭代计算。

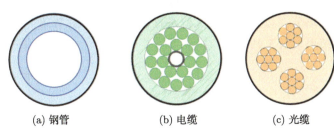

(a) 钢管　　　　　　　(b) 电缆　　　　　　　(c) 光缆

图 7.56　脐带缆各构件示意图

表 7.16　钢管脐带缆结构尺寸

构件名称	材料名称	数量	内径/mm	厚度/mm	外径/mm
	铜导体	—	—	—	3.15
电缆	交联聚乙烯绝缘	12	3.15	0.725	4.60
	聚乙烯护套	3	30.1	1.5	33.1
	双相不锈钢管	6	12.7	1.0	14.7
液压钢管	聚乙烯护套	6	14.7	1.0	16.7
	无缝不锈钢管	1	2.6	0.2	3.0
光缆	钢丝内层	7	3.0	2.0	7.0
	钢丝外层	13	7.0	2.0	11.0
内护套	聚乙烯护套	1	68.0	3	74.0
铠装钢丝	内层 $a = 20°$	46	74.0	5	84.0
	外层 $a = 20°$	52	84.0	5	94.0
外护套	聚乙烯	1	94.0	5	104.0

表 7.17　脐带缆结构材料属性

构件名称	材料	弹性模量/GPa	泊松比
钢管	低碳钢	206	0.33
电缆铜导体	铜	108	0.33

表 7.18　各构件虚拟重力指标

构件类型	$\bar{g}_t$/N
钢管	1.32×10^7
电缆	2.6×10^6
光缆	9.1×10^6

2. 优化结果分析与比较

　　将各个构件的基本参数和位置初始坐标输入到相应的数组中，通过迭代计算可以获得考虑紧凑性、对称性和截面热分布多个目标的临时最优解集，见图 7.57。对上述所获得的布局形式，提取各自的最小包络圆半径、虚拟重力中心距离、对称群级数，以及电缆热源平均距离和围成的面积进行对比分析，进一步选取最优布局。同时，为了验证温度分布量化指标和优化算法的有效性，通过数值模拟对上述三种截面热场分布以及温度最大值进行了分析，见图 7.58 ～ 图 7.60。统计上述所有指标结果见表 7.19。

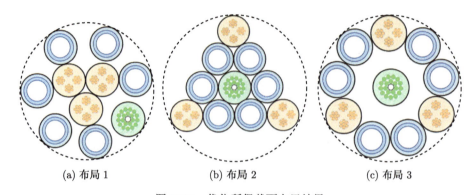

(a) 布局 1　　　　　　　(b) 布局 2　　　　　　　(c) 布局 3

图 7.57　优化所得截面布局结果

表 7.19　三种截面布局评估参数统计

截面布局	包络圆半径 /mm	虚拟重力中心偏移距离 r/mm	对称群类型	热源平均距离 /mm	热源包围面积 /mm²	最高温度/℃
布局 1	35.18	0.167	D1	9.64	14.46	183.41
布局 2	37.27	0.00	D2	28.89	200.42	49.68
布局 3	32.77	0.00	D3	24.42	169.20	62.77

　　图 7.57(a) 所示为三根电缆置于中心的布局 1 形式，虽然该布局截面外径较小，但是电缆热源所围成的面积最小，将会导致热量集中，产生局部高温，最高温达 183.41℃。与布局 3 比较，该布局形式的包络圆半径较大且对称性较差。图 7.57(b) 所示的布局 2 形式，虽然对称性非常高，但是截面半径高达 37.27mm，紧凑性指标不够理想。相较上述两种布局形式，图 7.57(c) 中所示的中心光缆布局 3 形式，不仅对称性高，而且包络圆半径达到了最小；电缆均匀分散到截面周边，电缆热源平均距离和围绕面积均相对较大，方便散热；其最高温度为 62.77℃，仅略高于布局 2 形式的 49.68℃。其充分验证了平均距离和围绕面积是衡量热量释

放程度的重要指标。综上分析，工程设计中更偏向于使用图 7.57(c) 所示的脐带缆截面布局形式。

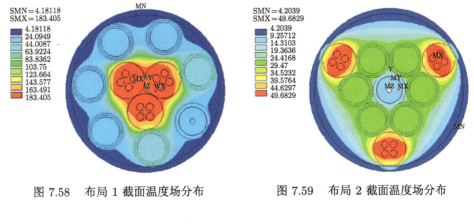

图 7.58　布局 1 截面温度场分布　　　　图 7.59　布局 2 截面温度场分布

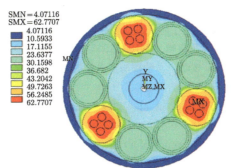

图 7.60　布局 3 截面温度场分布

7.5.5　结语

随着油气开采不断走向深水，脐带缆集成程度越来越高，截面内部包含数目繁多的各种功能构件。目前传统设计规范仅仅给出了原则性和经验性指导，对于所涉及的性能指标缺乏系统的、可量化的和可执行的设计方法和理论。本章节同时考虑了几何紧凑性、力学性能平衡性、对称性以及热分布情况，提出了脐带缆多场多目标截面布局优化设计方法。其中，紧凑性通过引入拟物理作用力的方法以实现包络圆半径最小，平衡性通过虚拟重力指标的引入实现，而对称性通过群论对称操作的数学描述加以判断，最后，热场分布通过热传导原理提取了关键描述参数，即热源距离中心的平均距离和所包围的面积。综合考虑上述多场性能，提出了脐带缆截面布局优化模型，进而引入粒子群优化算法对其进行优化迭代以寻找最优截面布局形式，最后通过工程实例验证了上述优化设计方法的可行性。该优化设计方法明显节约了人工试算成本，弥补了工程经验的不可替代性，缩短了设计周期，为脐带缆工程设计提供了有益的设计思路。

参 考 文 献

曹邦兴. 2019. 拟牛顿法在求解无约束多维函数极值中的应用. 大理大学学报, 4(6): 1-4.

段佳冰, 尹成群, 吕安强, 等. 2014. 基于 IEC 60287 和有限元法的高压海底电缆温度场分析方法. 高压电器, 50(1): 1-6.

何琨, 杨辰凯, 黄梦龙, 等. 2016. 动作空间带平衡约束圆形 Packing 问题的拟物求解算法. 软件学报, 27(9): 2218-2229.

李世林, 李红军. 2016. 改进的最小包围球随机增量算法. 图学学报, 37(2): 166-171.

李文, 董骁雄, 朱强, 等. 2019. 基于可靠度的备件保障中心多目标选址模型. 南京航空航天大学学报, 51(6): 835-840.

汪卫, 王文平, 汪嘉业. 2000. 求一个包含点集所有点的最小圆的算法. 软件学报, 11(9): 1237-1240.

王峰, 张衡, 韩孟臣, 等. 2021. 基于协同进化的混合变量多目标粒子群优化算法求解无人机协同多任务分配问题. 计算机学报, 44(10): 1967-1983.

杨新花, 周昱帆, 沈爱玲, 等. 2022. 基于拉马克进化的差分进化算法求解 KPC 问题. 计算机工程与应用, 58(10): 162-171.

Bharany S, Sharma S, Bhatia S, et al. 2022. Energy efficient clustering protocol for FANETS using moth flame optimization. Sustainability, 14(10): 6159.

Broyden C G. 1970. The convergence of a class of double-rank minimization algorithms 1. General Considerations. J. Inst. Maths. Appl., 6: 76-90.

Clerc M, Kennedy J, Télécom F. 2003. The particle swarm: explosion , stability , and convergence in a multi-dimensional complex space. IEEE Trans. Evolutionary Computation, 6(1): 58-73.

Dolgopolik M V. 2017. Existence of augmented lagrange multipliers: reduction to exact penalty functions and localization principle. Mathematical Programming, 166(1): 297-326.

Fletcher R. 1970. A new approach to variable metric algorithms. Comput. J., 13(3): 317-322.

Frank N R N. 2005. A fast deterministic smallest enclosing disk approximation algorithm. Information Processing Letters, 93(6): 263-268.

Garrido C, Otero A, Cidras J. 2002. Theoretical model to calculate steady-state and transient ampacity and temperature in buried cables. IEEE Power Engineering Review, 22(11): 54.

Gela G, Dai J J. 1988. Calculation of thermal fields of underground cables using the boundary element method. IEEE Transactions on Power Delivery, 3(4): 1341-1347.

Goldfarb D. 1970. A family of variable-metric methods derived by variational means. Mathematics of Computation, 24(109): 23-26.

He K, Mo D, Ye T, et al. 2013. A coarse-to-fine quasi-physical optimization method for solving the circle packing problem with equilibrium constraints. Comput. Ind. Eng., 66(4): 1049-1060.

Huang W, Ye T. 2011. Quasi-physical global optimization method for solving the equal circle packing problem. Science China Information Sciences, 54(7): 1333-1339.

Kannan D, Khodaverdi R, Olfat L, et al. 2013. Integrated Fuzzy multi criteria decision making method and multi-objective programming approach for supplier selection and order allocation in a green supply chain. Journal of Cleaner Production, 47: 355-367.

Shanno D F. 1970. Conditioning of quasi-Newton methods for function minimization. Mathematics of Computation, 24(111): 647-656.

Shi Y, Eberhart R C. 1998. Parameter selection in particle swarm optimization. Evolutionary Programming, 7: 591-600.

Vijian P, Arunachalam V P. 2007. Modelling and multi objective optimization of LM24 aluminium alloy squeeze cast process parameters using genetic algorithm. Journal of Materials Processing Technology, 186: 82-86.

第 8 章 脐带缆整体线型优化设计

8.1 浅水线型优化设计

海洋浮式平台不断建造于浅水海域，随着空间的缩小，脐带缆线型设计面临巨大挑战，按照传统设计方法显得捉襟见肘，脐带缆线型设计问题逐渐得到人们重视，必须对之进行优化。

8.1.1 优化思路

常规线型往往难以满足浅水复杂的条件，所以工程上优化浅水线型设计的新思路是发展新概念线型，即使用与常规线型不同的附件或不同附件布局使脐带缆呈现出新的形态，主要思路如下。

(1) 充分利用横向空间，增强脐带缆线型对浮体运动的顺应性。使线型在水下形成多个缓波形态，如图 8.1 所示。

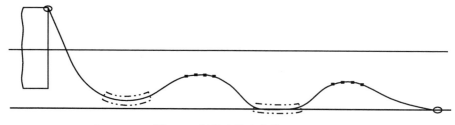

图 8.1 极浅水的脐带缆线型

(2) 使用新型附件抵抗波、流荷载，防止过度变形、位移或失稳引起的各类失效。图中在线型的波谷区域使用了配重附件来保证线型稳定；还有系泊链配重的方式，以及固定式机械装置，如图 8.2 所示。

8.1.2 基于代理模型的线型优化设计方法

根据上述优化思路，下面基于代理模型来进行线型优化设计，其中，将脐带缆线型设计的工程问题转化为优化问题，需要完成如下的基础工作。

(1) 确定线型方案，选择设计变量。首先，应确保线型方案在目标系统和海洋环境中具备可行性。当前对于脐带缆线型概念设计的研究相对匮乏，一般基于工程案例，或参考行业标准对各常规线型的结构性能进行定性比较，进而选择线型方案。然后对线型进行简化，选取必要的参数作为设计变量。

(2) 明确关键的荷载工况与失效模式。脐带缆线型的动态极值分析往往需要分析成百上千的组合荷载工况。所以，同时考虑所有荷载工况进行线型的优化设计是不切实际的，大量的荷载工况是立管优化设计的一个极具挑战的难题。但在多数立管线型设计中，只有少量的荷载工况是关键工况，这为优化设计的实施提供了可能性。基于力学概念、工程经验，以及一定量的试算，选择少许关键工况进行优化设计是一个可行办法。

(3) 将设计问题转化为优化问题，给定设计空间、优化目标函数和约束条件。

转化为一个单目标优化问题一般包含如下三步：①选择一个关键性能作为优化目标函数，其他的失效准则作为约束条件；②基于设计经验或一定量的试算，确定设计变量的取值范围；③考虑不同荷载工况及其对应的失效模式，确定各项约束条件的上、下限值。

图 8.2 用于浅水脐带缆的张紧式机构

综上所述，以上工作共同决定了所构造的线型优化模型是否合理、能否达成预期的设计目标。因此可以按上述方法将设计问题转化为一个单目标优化问题，并建立优化数学模型，进行后续优化工作。

8.1.3 代理模型及其构造方法

基于一定数量的样本与响应值，使用代理模型技术可以模拟出变量与极值响应之间的函数关系。代理模型的基本方程可以表示如下：

$$f_{\text{p}}(x) = \widehat{f}(x) + \varepsilon(x) \tag{8.1}$$

其中，f_{p} 是在点 x 的真实响应；$\widehat{f}$ 为模型预测；$\varepsilon(x)$ 是代理模型的误差。

代理模型的构造主要有四个步骤：试验设计 (DOE)，对选定样本模拟，代理模型的构造和模型验证。

1. 试验设计

试验设计即设计在变量空间里面的取样方案。将脐带缆线型简化，并提取若干关键设计变量，依据几何形态给定变量的取值空间作为设计空间，然后进行取样。

由于浅水脐带缆线型通常比较复杂，所以采用优化超立方取样 (LHS)，它的优点是不受水平数与因素数的限制，能够生成任意数量的样本，具有极高的灵活性。LHS 方法在设计空间随机取样，但是难以保证取样能够均匀覆盖设计空间。人们改进 LHS 后形成了优化拉丁超立方方法 (optimal LHS)、正交拉丁超立方方法 (oA-basedLHS) 等，既继承了 LHS 的随机性，又兼顾了均匀性 (Queipo et al., 2005)，是目前推荐的取样方法。

2. 对选定样本模拟

通过试验设计获得样本，需要基于非线性时域分析方法对设计样本进行模拟。浅水脐带缆线型设计通常关心的响应有：极值张力、曲率、与海床最小间距、与海面最小间距等。

3. 代理模型的构造

建立代理模型常用的有多项式回归模型、Kriging 模型、RBF 模型等。由于多项式模型在处理高度非线性问题时存在不足，因此推荐使用 Kriging 模型或 RBF 模型。

1) Kriging 模型

Kriging 模型的主要思路是基于给定的基本方程，采用最大似然估计方法，预测非样本点的位置响应值，常用的用于估计确定性函数的 Kriging 模型可表述为

$$f(x) = \mu + \varepsilon(x), \quad E(\varepsilon) = 0 \tag{8.2a}$$

$$\mathrm{cov}\left(e\left(x^{(i)}\right), e\left(x^{(j)}\right)\right) \neq 0, i, j \tag{8.2b}$$

式中，μ 是在样本点的平均响应；ε 是期望值为零的误差，其包括一个样本数据点间距的相关函数。

$\widehat{f}(x)$ 为近似模型，当 $f(x)$ 与 $\widehat{f}(x)$ 的均方差最小时，$\widehat{f}(x)$ 变为

$$\widehat{f}(x) = \widehat{\mu} + r^{\mathrm{T}}(x)R^{-1}\left(f - \widehat{\mu}i\right) \tag{8.3}$$

式中，$\widehat{\mu}$ 是 μ 的估计值；R^{-1} 是相关矩阵 R 的逆阵；r 是相关向量；f 是含有 n 个样本的观察数据；i 是由 n 个 1 组成的向量。

2) RBF 模型

RBF 模型是一种含一个隐含层与一个输出层的神经网络，隐含层为径向基元，输出层为线性元。RBF 模型具备广义回归能力，其基本结构如图 8.3 所示。

$$f(x) = \sum_{i=1}^{N} w_i h(x) + \varepsilon_i \tag{8.4}$$

式中，w_i 是系数；$h(x)$ 是基函数；ε_i 是具有方差 σ^2 的独立误差；N 是径向基函数的数量。

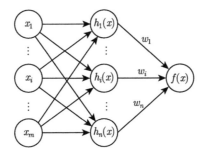

图 8.3 RBF 网络图

4. 模型验证

基于上述模型，用误差估计方法来评定代理模型的精度，使用复相关系数 R^2 值进行误差估计 (Zhou et al., 2013)

$$R^2 = 1 - \sum_{i=1}^{n} (y_i - \widehat{y_i})^2 / \sum_{i=1}^{n} (y_i - \overline{y_i})^2 \tag{8.5}$$

式中，n 是观察的样本数；y_i 是真实值；$\widehat{y_i}$ 是代理模型的预测值；$\overline{y_i}$ 是 y_i 的平均值。R^2 越接近 1 表明预测精度越高。

8.1.4 适用的优化算法

由上述可知，脐带缆线型的变量与脐带缆响应之间的函数关系是非线性、多峰，甚至是不连续的，所以脐带缆线型优化的工作大多采用具有全局寻优特性的智能算法，如遗传算法、人工免疫系统算法、粒子群算法等。

其中遗传算法的应用非常广泛。它是一种与函数的梯度、复杂程度无关的全局搜索算法。所以，遗传算法适用于浅水脐带缆线型这类相对复杂、变量与响应之间不存在显式函数关系的优化问题。

遗传算法使用二进制遗传编码，它的繁殖分为交叉与变异两个独立步骤，其基本执行过程一般包含如下四步。

(1) 初始化。确定种群规模 N、交叉概率 P_c、变异概率 P_m 和终止进化准则；随机生成 N 个样本作为初始种群 $X(0)$。

(2) 个体评价。计算或评价 $X(t)$ 中各个体的适应度。

(3) 种群进化。包含选择母体、交叉、变异、选择子代四个操作。

(4) 终止检验。如果满足终止准则，就可以输出 $X(t+1)$ 中有最大适应度的个体作为最优解，终止计算；否则继续进行种群进化。

传统遗传算法的优化效率比较低，也可以采用混合的优化策略提高优化效率，先使用遗传算法找到近似的全局最优解，再利用梯度算法实现快速和精确寻优。

8.2　截面-整体双尺度协同优化设计

目前脐带缆的设计流程依赖于传统规范的指导，即截面和整体分为独立的两部分进行分析和设计，但是为了提高脐带缆整体力学性能和设计效率，有必要考虑局部截面结构和整体两个尺度耦合影响的集成设计方法。

将截面与整体线型设计相结合进行优化分析设计，设计变量如下。

(1) L_1：上悬链长度，顶部浮体连接位置与浮筒段起始位置之间的管道长度；

(2) L_2：浮筒段长度；

(3) L_3：下悬链长度，浮筒段结束位置与海底触地点之间的管道长度；

(4) θ_1：顶端脱离角，顶端管道与水平线之间的夹角；

(5) d_w：水深；

(6) X：水平投影长度；

(7) Z：悬链线两端的相对高度；

(8) θ_3 和 θ_4：三段悬链线连接点切线方向与水平方向的夹角。

设计变量在实际设计中往往依赖经验而被限定在一定的取值范围内，且其中部分变量满足一定的几何关系。在协同优化设计中，既要提升力学性能，保障安全，又要降低成本，发挥设计的最大效益。

截面和整体设计目标之间往往存在相互竞争的关系，当脐带缆截面抗拉刚度增强时，其截面柔顺性将会变差；整体动态张力响应较小的线型其曲率响应往往过大。因此，优化结果往往得不到唯一的最优解，而是一组内部不存在相互支配关系的无支配解集，称为 Pareto 前沿。综上所述，基于脐带缆截面和整体的设计变量以整体动态截面拉伸应变和弯矩响应为目标的多目标优化问题可描述为下式：

$$\text{find } X = (t, \alpha, q_1, L_1, L_2, L_3)$$

$$\min \quad [F_{\max}/K_{\mathrm{F}}, \kappa_{\min}K_{\mathrm{B}}]$$

$$\mathrm{s.t.} \quad \begin{cases} F_{\max} \leqslant \widehat{F} \\ \kappa_{\max} \leqslant \widehat{\kappa} \\ \underline{\alpha} \leqslant \alpha \leqslant \overline{\alpha} \\ \underline{L_1} \leqslant L_1 \leqslant \overline{L_1} \\ \underline{L_2} \leqslant L_2 \leqslant \overline{L_2} \\ \underline{L_3} \leqslant L_3 \leqslant \overline{L_3} \\ \underline{\theta_1} \leqslant \theta_1 \leqslant \overline{\theta_1} \end{cases} \qquad (8.6)$$

式中，$F_{\max}$ 和 $\kappa_{\max}$ 分别为脐带缆动态响应最大张力和最大曲率；而 $\widehat{F}$ 和 $\widehat{\kappa}$ 分别为最大许用张力和曲率。

8.2.1 试验设计

由上可知，对于脐带缆水动力学分析，现有相关研究大多采用数值仿真。但是该方法缺乏目标函数的显式表达，优化迭代性能评价将依赖于耗时的有限元求解过程。因此，在保证一定精度的前提下，可以通过有限的数值模拟结果建立近似代理模型实现快速优化。而试验样本点选取是构建近似模型的基础，同时也直接决定着模型的近似精度。

由于控制脐带缆性能的参数明显分为两个尺度，即局部截面的参数和整体线型的几何参数，故采用最优拉丁超立方方法对样本点进行设计，如图 8.4 所示。根据实际工程经验，目前采用的铠装钢丝截面厚度范围为 $3 \sim 7\mathrm{mm}$，螺旋缠绕角度设计范围为 $15° \sim 45°$。脐带缆线型总长度通常为所应用水深的 $1.5 \sim 3.0$ 倍，而顶端脱离角通常在 $60° \sim 85°$。为了充分表征截面和整体变量对脐带缆动态响应的影响，选取每一变量在对应范围的 6 个水平进行抽样分析。

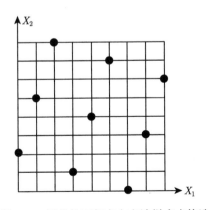

图 8.4　最优拉丁超立方方法样本点构造

8.2.2　近似模型构建

海洋脐带缆动力响应与截面和整体线型控制参数有着显然的关联，而且脐带缆动态响应对截面和整体设计参数的敏感性各不相同，如果能够依据线型的动态响应合理调节相应的脐带缆截面参数，将会有力地提升脐带缆抵抗环境荷载的能力。但是，由于海洋荷载以及浮体运动边界条件的复杂性，脐带缆动态响应分析为典型的强非线性问题，难以给出脐带缆动态响应函数的明确函数表达。因此，要依据样本空间构造近似代理模型，为后续优化提供基础。

其中基于径向基函数 (RBF) 的神经网络应用较为广泛，其为一种高效的多层前馈网络模型，原理简单，使用方便，训练收敛速度快，且无需经过复杂的推导，从而可以基于现有样本构建近似度较高的代理模型，一般形式为

$$\widehat{y_i}(x) = \sum_{i=1}^{N} \lambda_{ij} \varphi\left(\left\|x - x^i\right\|\right) \quad (j = 1, 2, \cdots, p) \tag{8.7}$$

其中，λ_{ij} 为权重系数；φ 为径向基函数；N 为径向基函数的数量；p 为目标函数的个数。

整个网络包括三层：输入层、隐含层和输出层。输入层由一些感知元构成，用来连接整个网络外部环境；隐含层的功能是将输入空间映射到高维空间；输出层为激励函数的线性函数，并响应输入的相关信息。基本原理示意如图 8.5 所示。

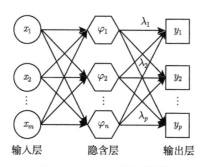

图 8.5　RBF 神经网络图

为了验证所构建代理模型的有效性，需要通过已知样本对其收敛性和误差进行评估。通常采用复相关系数 R^2 对近似模型的精度进行评价，表达式如下所示：

$$R^2 = 1 - \frac{\sum\limits_{i=1}^{n}(y_i - \widehat{y_i})^2}{\sum\limits_{i=1}^{n}(y_i - \overline{y})^2} \tag{8.8}$$

其中，y_i 为校验真实值；$\widehat{y_i}$ 为近似模型预测值；$\overline{y}$ 为校验样本点的平均值；n 为用于检验的数据样本点的数目。R^2 值越靠近 1，表示代理模型全局近似程度越好。

8.2.3 优化算法

对于多目标优化设计问题，目前已经提出了多种方法尝试从中获得最优变量区间。NSGA-II 在优化效率以及解集形态上均优于其他算法，其克服了前期 NSGA 算法计算量过大，无精英保存策略，设置分享参数限制的缺点，并通过引入快速无支配排序方法和密度估计等技巧，有效地提高了算法的搜索效率，摆脱了主观设定一些算法参数所带来的麻烦。故采用 NSGA-II 算法对上述多目标优化问题进行搜索求解，并获得最优解集。截面–整体双尺度协同优化设计流程可描述如下。

(1) 针对所选取出来的关键设计变量，通过最优拉丁超立方抽样方法构造适当数目的样本点，确保样本点尽可能充分覆盖设计空间。同时为了提高计算效率，对样本点的数量进行评估。进而基于样本设计变量求解脐带缆截面刚度，以及对前述两种极端海况下的整体线型进行动态分析并获得最大张力和曲率。

(2) 基于上述样本数据，通过 RBF(Fang and Horstemeyer，2006) 神经网络建立近似模型，并对其进行误差分析，确保基于近似模型所获得的响应与检查样本之间的误差尽可能小，以获得最大的拟合度。

(3) 针对具体实例 (如脐带缆集成设计问题) 构造双尺度集成优化列式，并采用 NSGA-II 算法在设计变量空间内搜索使各个目标尽可能同时趋于最小化的前沿，具体步骤如图 8.6 所示。

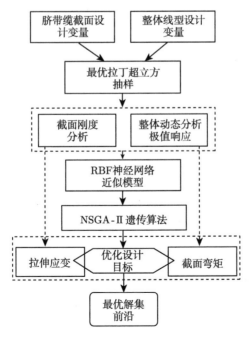

图 8.6 截面–整体双尺度协同优化设计

8.3 基于脐带缆疲劳寿命的整体线型优化设计

8.3.1 疲劳寿命分析

脐带缆的失效主要来自疲劳失效，这是由浮体运动和环境荷载引起的拉力和曲率变化引起的，疲劳寿命分析是海洋电缆设计的核心内容，对海洋能源开发中水下生产系统的安全性和可靠性具有重要意义。

依据理论分析和工程经验得出海洋电缆中最容易发生疲劳失效的部位位于缆体和上部浮体的连接处，目前针对海洋电缆疲劳寿命分析的流程主要分为三个步骤：首先基于波浪、流、浮体运动等参数通过输入缆的结构性能参数 (如外径、湿重及刚度等) 进行整体荷载分析，确定外部荷载幅值 (拉伸荷载和弯曲荷载)；其次将外部荷载结果代入局部分析模型，结合海洋电缆截面的结构形式与特点通过理论或数值的方法计算疲劳热点位置的交变应力；最后通过代入构件的 S-N 曲线计算累积损伤与疲劳寿命，具体流程如图 8.7 所示。

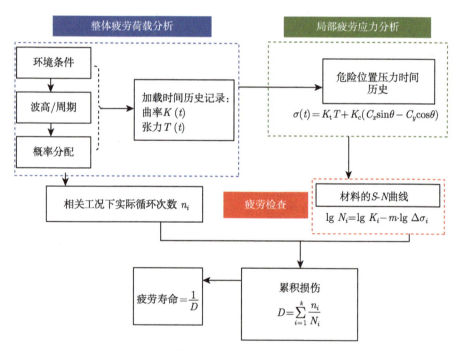

图 8.7　海洋电缆疲劳寿命分析流程图

图 8.7 中关键参数的意义：K_t 为承力结构的拉力–应力系数；T 为海洋电缆所受拉力；K_c 为全滑动阶段承力结构的曲率应力系数；C_x 和 C_y 分别是 x 轴、y 轴的曲率分量；θ 为铠装钢丝沿圆周分布的位置角；N_i 为 S-N 曲线中应力水平

对应的疲劳失效发生时的循环次数；K_t 和 m 均为一定环境下疲劳测试得到的材料拟合系数；$\Delta\sigma_i$ 为交变应力；n_i 为各交变应力实际的循环次数；k 为海洋荷载工况数目。

目前可通过引入可靠性分析的方法进行海洋电缆结构的疲劳分析，从而保障结构设计的安全性，也为海洋电缆的安全设计提供了理论指导。

8.3.2　疲劳寿命计算

目前脐带缆的疲劳寿命计算方法是基于材料 S-N 曲线的 Miner 损伤累积方法，首先计算短期海况下的整体荷载响应时程，然后计算荷载分配到单元的局部应力并组合成局部应力时程，最后结合危险单元材料的 S-N 曲线，再通过概率统计获得疲劳寿命。主要步骤如下。

(1) 整体响应分析。采取时域分析方法，将脐带缆划分为一系列没有质量的线段和相应节点，再基于 Longuet-Higgins 方程 (Longuet-Higgins，1983)，分别计算每个海况下的拉伸和曲率荷载时程，将给定的不规则波浪散布图离散为一系列具有代表性的规则波的波浪散布图。计算公式为

$$n_i = 365 \times 24 \times 3600 \times p_i/T_{zi} \tag{8.9}$$

式中，p_i 为相关海况一年内发生次数的概率百分比；T_{zi} 为对应工况的周期；n_i 为一年内此种工况实际发生的次数。

(2) 局部应力分析。将整体分析得到的拉力及曲率荷载作用在局部结构上，计算脐带缆中易发生疲劳失效的单元的局部应力。方程为

$$\sigma = K_t T + K_c \left(C_x \sin\theta - C_y \cos\theta \right) \tag{8.10}$$

式中，K_t 为有效张力–应力系数；K_c 为曲率–应力系数；θ 为计算点处应力沿圆周分布的位置；C_x 为缆单元 x 方向的曲率分量；C_y 为缆单元 y 方向的曲率分量。

(3) 材料 S-N 曲线。单元的抗疲劳能力由材料的 S-N 曲线表示。S-N 曲线表示在交变应力 $\Delta\sigma_i$ 下，单元发生 N_i 次疲劳破坏。

$$N_i = 10^\alpha \left(\Delta\sigma_i\right)^{-m} \tag{8.11a}$$

$$\lg\left(N_i\right) = \alpha - m\lg\left(\Delta\sigma_i\right) \tag{8.11b}$$

式中，N_i 为交变应力循环的破坏次数；α 和 m 为试验得到的材料常数。

在脐带缆疲劳寿命估算中，为了消除平均应力对疲劳寿命的消极作用，通常采用古德曼线对疲劳极限曲线进行简化并修正平均应力，如图 8.8 所示。其中直线 AB 代表古德曼线，横轴表示平均应力，纵轴为应力幅值。

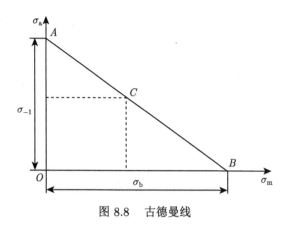

图 8.8　古德曼线

每一个点表示经过某一指定循环次数下，发生疲劳失效的循环应力，同时根据下式将 C 点在非对称循环应力作用下的疲劳分析问题转化为 A 点平均应力为零的对称循环疲劳寿命分析。

$$\sigma_\alpha = \sigma_{-1}\left(1 - \frac{\sigma_m}{\sigma_b}\right) \tag{8.12}$$

式中，σ_α 为 C 点的应力幅值；σ_{-1} 为应力循环比 $r = -1$ 时的疲劳极限；σ_m 为 C 点的平均应力；σ_b 为强度极限。

(4) 脐带缆的疲劳寿命。由上述结果利用 Miner 公式，可以得到一年内的疲劳损伤累积，如下式所示：

$$D = \sum_{i=1}^{N}\left(\frac{n_i}{N_i}\right) \tag{8.13}$$

式中，N 为交变应力种类的个数；D 为疲劳损伤累积量，当 $D = 1$ 时，说明有疲劳损伤，当 $D = 0$ 时，说明没有发生疲劳损伤。而脐带缆的疲劳寿命为疲劳损伤的倒数，即

$$\text{Life} = \frac{1}{D} \tag{8.14}$$

8.3.3　基于疲劳寿命的整体线型优化设计

接下来需要解决疲劳问题，其中抗疲劳校核需要综合数以百计的设计工况，而抗疲劳的设计需要数万种工况的计算，就其人力、物力和时间成本来看是巨大的，所以我们要从中选出最优的设计方案，从而发挥其最大效用，目前采用的是：对于初始设计给出所有工况下的疲劳损伤计算值，并进行高低排序，选取前五个损伤最大的疲劳工况，以此为代表并限定设计的计算范围。然后采用拉丁超立方技术

进行脐带缆线型设计变量的抽样，并据此构造整体有限元计算模型，基于脐带缆整体分析的专业软件 Orcaflex 进行水动力分析，针对脐带缆疲劳失效的危险截面，提取包含有效张力与弯短矩的内力信息，计算脐带缆组成钢管构件的疲劳应力。

考虑现有的研究基础，海洋环境荷载、线型设计变量与疲劳应力响应之间没有显式的函数表达，故采用代理模型技术建立了单一海洋环境荷载下，以线型设计变量为输入变量，以疲劳应力为输出变量的近似数学模型。

最后，采用序列二次规划法 (NLPQL)，以线型设计长度与疲劳应力组合为优化目标，对上述建立的近似优化模型进行求解，得到优化的设计解集。从优化解集中选取满足工程设计需求的设计点，并对其进行全部工况的疲劳寿命验证。主要优化设计流程如图 8.9 所示。

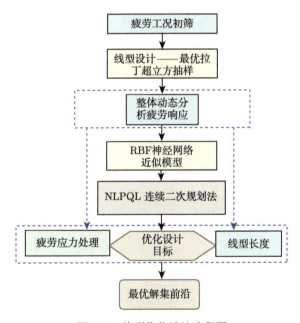

图 8.9　线型优化设计流程图

参 考 文 献

De Leeneer Y. 2004. Multiple riser system for shallow water. Offshore Technology Conference, 16721.

Fang H, Horstemeyer M F. 2006. Global response approximation with radial basis functions. Engineering Optimization, 38(4): 407-424.

Longuet-Higgins M S. 1983. On the joint distribution of wave periods and amplitudes in a random wave field. Proceedings Royal Society London, Series A, Mathematical and

Physical Sciences, 389(1797): 241-258.

Queipo N V, Haftka R T, Shyy W, et al. 2005. Surrogate-based analysis and optimization. Progress in Aerospace Sciences, 41(1): 1-28.

Zhou L, Yan G, Ou J. 2013. Response surface method based on radial basis functions for modeling large-scale structures in model updating. Computer-Aided Civil and Infrastructure Engineering, 28(3): 210-226.